美院底色新师范
美育与艺术教育系列丛书

张莹莹　吴慧平　著

学前儿童艺术教育

中国文联出版社

图书在版编目（CIP）数据

学前儿童艺术教育 / 张莹莹，吴慧平著 . -- 北京：中国文联出版社，2025.7. -- ISBN 978-7-5190-5801-2

I . G613.5

中国国家版本馆 CIP 数据核字第 20259AP475 号

著　　者　张莹莹　吴慧平
责任编辑　王九玲
责任校对　秀点校对
装帧设计　贾闪闪

出版发行　中国文联出版社有限公司
社　　址　北京市朝阳区农展馆南里 10 号　　邮编 100125
电　　话　010-85923091（总编室）　　　　010-85923025（发行部）
经　　销　全国新华书店等
印　　刷　廊坊佰利得印刷有限公司

开　　本　710 毫米 ×1000 毫米　　1/16
印　　张　16.5
字　　数　309 千字
版　　次　2025 年 7 月第 1 版第 1 次印刷
定　　价　78.00 元

版权所有·侵权必究
如有印装质量问题，请与本社发行部联系调换

前　言

　　艺术领域作为学前儿童五大教育领域中的一个，儿童艺术领域学习不仅是实施美育的主要途径，更是培养艺术领域核心经验的重要阶段。本书以《3—6岁儿童学习与发展指南》《幼儿园教育指导纲要（试行）》《幼儿园教师专业标准（试行）》等纲领性文件为精神指导，从艺术学科教育教学原理出发，根据学前儿童艺术领域学习和发展规律，为早期儿童教育工作者和研究者更好地理解学前儿童艺术教育提供有力的抓手。

　　本书将探讨学前儿童艺术教育的理论基础、美术教育、音乐教育、戏剧教育以及相应的教学策略和评价。学前儿童艺术教育是培养孩子创造力、表达能力和审美情趣的启蒙阶段。其中，美术教育、音乐教育和戏剧教育被认为是最重要的组成部分。通过这些艺术形式的学习，幼儿可以在感知世界、表达情感和发展个人才能方面获得全面的培养。

　　美术教育在幼儿阶段具有重要意义。通过绘画、手工制作等活动，幼儿可以探索不同材料和颜色，并借此提高他们的观察力和创造力。美术还可以帮助孩子发展空间想象力，并促进他们对形状、大小和比例等概念的理解。此外，在进行美术创作过程中，幼儿还能够锻炼手眼协调能力以及细致动手能力。

　　音乐教育也扮演着非常重要的角色。音乐是一种普遍存在于人类社会中的语言形式，对幼儿成长至关重要。通过参与唱歌、舞蹈、演奏乐器等活动，幼儿能够培养音乐感知能力和节奏感。音乐教育还可以促进幼儿语言发展，通过歌曲的演唱和音律的韵律式学习，帮助幼儿拓展词汇量和语言表达能力。此外，学前儿童通过合作音乐活动也可以培养他们的社交技巧和团队意识。

　　戏剧教育是学前艺术教育中不可或缺的一环。戏剧不仅让孩子有机会获得不同角色的情感体验，增加他们对复杂情绪及人物关系理解，还有助于提高幼儿自信心、口头表达能力以及解决问题的技巧等重要品质。在戏剧活动中，孩子将参与角色扮演、创造情境等互动过程，这些都对他们的认知发展和社交能力有着积极且长远的影响。

　　在学前阶段引入美术教育、音乐教育和戏剧教育对于幼儿的全面发展至关重要。这些艺术形式不仅提供了丰富多样的表达方式，还培养了幼儿的观察力、创造力、自信心和合作能力。通过学习美术、音乐和戏剧，幼儿可以在感知世界、表达情感和发展个人才能方面取得长远而深远的进步。因此，将美术教育、音乐教育和戏剧教育纳入学前儿童教育是非常必要且有益的决策。

第一章介绍了学前儿童艺术教育的理论基础。首先，讨论了艺术教育的内涵、价值与发展趋势，帮助读者快速建立起对艺术教育的特征和发展前沿的一个整体感知。其次，定义了儿童艺术教育，它是通过各种形式的创造性表达来促进幼儿身心发展和个性成长的过程。最后，还在了解世界各国儿童艺术教育目标的基础上，结合我国的国情确定了儿童艺术教育的目标，包括培养幼儿对美感和审美能力的认识，并提高他们在不同表达形式中体验和思考问题的能力。还从经典的儿童发展理论中探讨其在学前儿童艺术教育的应用，提出了儿童艺术作品的评价和指导原则。

第二章讨论了学前儿童美术教育。为了帮助读者理解儿童美术教育，首先介绍了美术与儿童美术的内涵和特征，儿童绘画发展的规律及学前儿童绘画的特征。其次介绍了如何培养幼儿绘画技巧，包括使用不同材料和工具进行创作，并给予他们适当指导。最后，探讨了手工艺品设计与制作以及雕塑教育对幼儿发展的积极影响和创造力发展的作用。

第三章关注学前儿童音乐教育。首先，在介绍音乐的起源和本质特征的基础上，讨论了学前儿童音乐教育的特点和方法，并重点讨论了培养幼儿音乐素养的方法，包括感知和鉴赏训练以及歌唱和合唱教学策略。其次，还介绍了舞蹈和身体表达在学前儿童教育中的价值，并提出了基本原则和动作编排的训练方法。最后，探讨了幼儿参与乐器演奏的益处以及乐器启蒙教学策略和技巧。

第四章探讨了学前儿童戏剧教育。首先，强调戏剧游戏和戏剧节目设计对幼儿发展的价值，并提供指导原则。其次，介绍了培养幼儿表演技巧的方法，包括肢体语言、面部表情等方面的培养，并引导他们创造并扮演角色。

第五章探讨了有效的学前儿童艺术教学策略和评价方式。首先，介绍了一些有效的艺术教学策略和方法，包括具体的教学策略与方法，以及课堂管理与组织。其次，讨论了艺术作品评价和指导的有效途径和方法，并强调家庭参与在评价与指导中的重要性。最后，探讨了学前儿童艺术教育的评估与反思。

总结起来，学前儿童艺术教育是培养幼儿创造力、审美能力和思维能力的关键阶段。通过美术、音乐、戏剧等多种形式的表达和创作活动，幼儿可以全面发展并建立自信心。同时，在教学过程中采用合适的策略和评价方式对幼儿进行引导，并将家庭参与纳入考虑范围内，这样才能更好地促进他们在艺术领域取得进步,并为他们未来的发展奠定基础。

在本书写作中尽量把握国际学术前沿,对一些热门的理论和话题进行了探讨。

首先,在学前艺术教育中,如何平衡孩子们的自主性和引导性是一个重要的理论问题。过度引导可能会限制孩子们的创造力和想象力发展,而过度自由则难以确保他们掌握基本技能和知识。因此,在设计学前艺术教育课程时,需要找到一个合适的平衡点,在尊重孩子们个体差异和兴趣爱好基础上,提供适当的指导与激励。

其次,在跨文化环境下进行学前艺术教育研究也是一个具有挑战性的理论问题。由于不同文化背景下对于艺术表达方式、审美观念以及价值观念等因素有所差异,如何在不同文化背景下开展有效的学前艺术教育研究是一个值得探讨的问题。这需要我们充分尊重和理解不同文化间的差异,并找到适合不同文化背景下幼儿发展的艺术教育方法。

最后,学前艺术教育中还存在着技术与人性之间的平衡问题。随着科技的进步,数字技术在艺术创作和表达中扮演越来越重要的角色。但是,在培养孩子们对于传统艺术形式和手工制作技能的兴趣与能力时,也不能忽视对于人类情感、创造力以及社交互动等方面的培养。因此,在学前艺术教育中,如何有效结合科技和传统手工制作成为一个理论前沿问题。

学前艺术教育研究中存在着一些理论前沿问题需要我们深入探讨。平衡孩子们自主性和引导性、跨文化环境下进行研究以及科技与人性之间的平衡都是需要我们思考且寻找突破口的问题。通过深入研究这些理论前沿问题,可以不断提升学前艺术教育的质量与效果,为孩子们的全面发展奠定良好的基础。

目 录

第一章　学前儿童艺术教育理论基础　1
　　第一节　艺术教育概述　2
　　第二节　学前儿童与艺术教育　11
　　第三节　儿童教育心理学理论在学前儿童艺术教育中的应用　29
　　第四节　儿童艺术作品的评价和指导原则　33

第二章　学前儿童美术教育　39
　　第一节　美术、儿童美术与学前儿童美术教育　40
　　第二节　学前儿童绘画教学　70
　　第三节　学前儿童手工艺品设计与制作教学　102
　　第四节　学前儿童材料探索活动与雕塑装置创作教学　113

第三章　学前儿童音乐教育　127
　　第一节　音乐的本质特征及学前儿童音乐教育　128
　　第二节　学前儿童音乐素养的培养　142
　　第三节　学前儿童舞蹈律动与艺术表现　162
　　第四节　学前儿童乐器认识与演奏表现　173

第四章　学前儿童戏剧教育　187

第一节　戏剧的本质特征及学前儿童戏剧教育　188
第二节　戏剧游戏和戏剧节目的设计　192
第三节　儿童戏剧的故事创作和角色扮演　197
第四节　儿童戏剧表演的技巧　205

第五章　学前儿童艺术教育的教学策略和评价　213

第一节　有效的学前儿童艺术教育教学策略与方法　214
第二节　学前儿童艺术教育的组织与管理　218
第三节　艺术作品的评价和指导的途径及方法　225
第四节　学前儿童艺术教育的评估与反思　231

结　语　242
余　论　246

第一章

学前儿童艺术教育理论基础

第一节 艺术教育概述

艺术教育是指通过各种艺术形式（如绘画、音乐、舞蹈、戏剧等）的教学活动，培养学生艺术知识、技能、审美情趣和创造力的一种教育方式。儿童艺术教育则是针对儿童的年龄特点和心理需求，以培养儿童艺术素养为目标的艺术教育活动。儿童艺术教育是艺术教育的组成部分，理解艺术教育是认识儿童艺术教育的前提和基础。

一、艺术教育的概念与内涵

艺术教育由"艺术"和"教育"两个部分组成。"艺术"是艺术教育的内容和方式，"教育"是艺术教育的目的和结果。艺术教育是通过传授艺术知识、技能和审美观念，培养学生创造性思维和艺术实践能力，以实现特定教育价值的活动。

（一）艺术及其特征

艺术是一种创造性的人类活动，它通过各种形式和媒介来表达情感、思想、观念和美学价值。艺术作品具有独特的风格和技巧，可以传达作者的内心感受，还能引起观者的共鸣和思考。艺术是人类文化的重要组成部分，可以跨越时空和地域，传递不同民族和历史时期的价值观和生活方式。事实上，艺术从人类诞生开始，就与人类和人类所创造的文明共生共存。人类的艺术活动从原始艺术算起，至今已有数万年的历史。当今的社会里，艺术更是无处不在。

事实上，在人类社会早期的时候，知识都是混沌的、模糊的，人类行为中包含了对世界各种的认识和不同的知识，如巫术和巫术仪式就是包含了人类对世界的各种原始的认识和混沌的、未分化的知识。巫术仪式中的歌唱、舞蹈、道具慢慢发展变化，形成了音乐、舞蹈、民间美术的各种形式；原始彩陶上璀璨的纹样，逐渐发展成为中华博大精深的纹样文化的组成部分；墓葬中出土的"引魂升天"的帛画，为了解中国绘画的起源提供了重要的实物材料……这些艺术形式和艺术品，当时都是要么从生活实用中发展而来，要么就是出于各种仪式的需要出现，并慢慢发展为一种艺术的形式。社会分工让部分人得以专门从事某些领域任务的机会，促使知识的分化，并逐渐形成学科领域知识。从中国先秦时期和古希腊开始，人们给艺术下的上百种定义中，不难发现"艺术"是个流变的概念，其内涵和外延在不同历史时期有不同的侧重和表现。然而，我们可以从艺术的本质特征，把握"艺术"的内涵，从而理解"艺术"。

彭吉象指出："艺术作为一种特殊的社会意识形态，艺术生产作为一种特殊的精神生产，决定了艺术必然具有形象性、主体性、审美性的基本特征。"[1] 他指出任何一种艺术都有形象，尽管不同艺术门类所塑造的艺术形象具有不同的特点。他从艺术生产的角度看，艺术创作的过程——艺术活动、艺术创作的结果——艺术作品，和对艺术作品三个方面都体现出艺术的主体性特点。他认为，艺术是对现实生活进行审美化处理的过程，因此艺术具有审美性的特征。艺术家通过对现实的审美观照，将平凡的事物转化为具有美感的艺术形象，使之具有超越现实的意义和价值。这种审美创造不仅使艺术作品具有美感，还使人们在欣赏艺术作品时能够体验到美的享受和精神洗礼。

《义务教育艺术课程标准（2022年版）》指出"艺术是人类精神文明的重要组成部分，是运用特定的媒介、语言、形式和技艺等塑造艺术形象，反映自然、社会及人的创造性活动"[2]。2001年教育部制定颁布的《幼儿园教育指导纲要（试行）》（以下简称《纲要》）指出"艺术是实施美育的主要途径，应充分发挥艺术的情感教育功能，促进幼儿健全人格的形成。要避免仅仅重视表现技能或艺术活动的结果，而忽视幼儿在活动过程中的情感体验和态度的倾向"[3]。《3—6岁儿童学习与发展指南》（以下简称《指南》）指出"艺术是人类感受美、表现美和创造美的重要形式，也是表达自己对周围世界的认识和情绪态度的独特方式"[4]。在教育部对基础教育和学前教育制定出台的

---

[1] 彭吉象.艺术学概论[M].北京：北京大学出版社，2006:9.
[2] 中华人民共和国教育部.义务教育艺术课程标准：2022年版[M]北京：北京师范大学出版社，2022:1.
[3] 中华人民共和国教育部.幼儿园教育指导纲要：试行[M]北京：北京师范大学出版社，2001:8.
[4] 中华人民共和国教育部.3—6岁儿童学习与发展指南[M].北京：首都师范大学出版社，2012:57.

这几份重要的标准、纲要和发展指南中，发现艺术作为儿童教育的一个重要的领域，其形象性、情感性和审美性方面得到普遍的关注。

事实上，艺术的特征除了形象创造、情感表达及对美的追求以外，还表现在沟通交流、社会功能、创造性等方面。

形象创造：形象创造是艺术家通过审美活动，将现实生活中的事物、情感和思想加以提炼、升华，创造出具有审美价值的艺术形象。艺术家根据自己的审美观念、价值取向和生活经历，对现实进行独特的解读和表现，使得艺术形象具有个性化特征。艺术形象创造既可以是具象的，也可以是抽象的。艺术家需要不断挑战传统，寻求新的表现手法和艺术语言，使艺术形象具有时代感和独创性。艺术形象创造是一个综合性的过程，它涉及多种艺术元素的运用和组合。艺术家通过对色彩、线条、形状、空间、音乐、舞蹈等艺术元素的综合运用，创造出具有高度审美价值的艺术形象。

情感表达：艺术作品通常是艺术家对自己内心情感的表达。这种情感可能源于对现实世界的观察，也可能来自艺术家的内心世界。通过艺术作品，艺术家们试图与观众分享他们的感受，引起共鸣。

美的追求：艺术作品往往具有美的特质，即它们在某种程度上能够给人们带来愉悦的审美体验。这种美可能体现在形式、色彩、线条、音调等方面。艺术家们通过对美的探索和追求，创造出具有独特魅力的艺术作品。

沟通交流：艺术作品是一种特殊的语言，能够跨越时间和空间的限制，实现艺术家与观众之间的沟通与交流。通过欣赏艺术作品，观众可以进入艺术家的内心世界，了解他们的思想和情感，从而实现文化的传承和传播。

社会功能：艺术作品往往反映了一定时期的社会风貌、价值观念和审美观念。它们可以揭示社会问题，引起人们的思考和关注。同时，艺术作品也可以具有教育和启示的功能，对人们的精神世界产生积极的影响。

创造性：艺术作品是艺术家对现实世界的再现和再创造。他们通过对材料、技法和表现手法的探索，创造出独特的艺术形式和风格。艺术的本质在于不断挑战和突破传统的边界，实现对美的新的诠释。

彭吉象在《艺术学概论》（第三版）中指出，"从广义上讲，艺术也包括作为语言艺术的文学。从狭义上讲，艺术则专指文学以外的其他艺术门类，将文学与艺术并列起来，合称为文艺"。他认为"艺术应该包括实用艺术（建筑、园林、公益美术与现代设计等）、造型艺术（绘画、雕塑、摄影、书法艺术等）、表演艺术（音乐、舞蹈等）、综合艺术（戏剧、戏曲、电影、电视艺术等）、语言艺术（诗歌、散文、小说等），以及杂技、曲艺、木偶、皮影等历史悠久的民族民间艺术"。[1]今天，艺术作为一个学科门类，包括视觉艺术（如绘画、雕塑、摄影、版画等，通过视觉形象来表达艺术家的思想和情感的艺术形式）、音乐艺术（如器乐、声乐、音乐剧等，通过声音和旋律来传达情感和美学价值的艺术形式）、舞蹈艺术（如芭蕾舞、现代舞、民族舞等，通过肢体语言和动作来表达内心情感和故事情节的艺术形式）、戏剧艺术（如话剧、歌剧、木偶戏等，通过角色扮演、表演、舞台设计等多种手段来呈现故事和情感的艺术形式）、电影艺术、建筑艺术、文学艺术等。

（二）艺术教育的内涵

艺术不仅是一种审美体验，还具有教育、启发和批判的功能。艺术作品可以传递思想、情感和价值观，影响人们的观念和行为。同时，艺术也是一种自我表达和自我实现的手段，有助于个人的心灵成长和全面发展。人们主动通过教育的方式，使艺术作为内容得到传播、使人得到教育的行为就是艺术教育。

艾斯纳（Eisner, E. W.）在 *The Arts and the Creation of Mind*（《艺术与心灵创造力》）[2]一书中将儿童艺术教育定义为："通过艺术教育，学生们可以发展其感知、想象和表达能力，以及通过各种艺术媒介进行探索和创造的技能。"苏珊·赖特（Susan Wright）在 *Understanding Creativity in Early Childhood: Meaning—Making and Children's Drawings*（《绘画：开启儿童创造力》）[3]一书中，将儿童艺术教育定义为："一个让儿童通过艺术活动、经验和环境来构建意义和理解世界的过程。"利奥拉·布雷斯勒（Liora Bresler）在 *Handbook of Research in Arts Education*（《国际艺术教育研究手册》）[4]一书中，将儿童艺术教育定义为："一种以艺术为中心的教育实践，旨在培养儿童的创造力、想象力、批判性思维、沟通和表达能力，以及跨学科的知识和技能。"

"广义的艺术教育，是指在日常生活中，一切因接触艺术作品、参加艺术活动（包括艺术创作和欣赏）而产生艺术兴趣、获得艺术能力、提高艺术修养的活动。狭义的艺术教育，则是指按照一定的社会要求，对受教育者所施加的一种有目的、有计划、有系统的艺术影响，学校是其主要实施场所。"[5]

---

1 彭吉象. 艺术学概论 [M]. 北京：北京大学出版社, 2006:1.
2 Eisner, Elliot W.. TheArts and the Creation of Mind[M]. Yale University Press, 2002: 24.
3 Wright, Susan. Understanding Creativity in Early Childhood [M]. SAGE Publications, 2010: 2.
4 Bresler, Liora. Introduction. in: Bresler, Liora (Ed.). International Handbook of Research inArts Education [C]. Springer, 2007:xviii.
5 魏传义. 艺术教育学 [M]. 重庆：重庆出版社, 1990:123—124.

同样地，彭吉象也认为艺术教育在现代社会中有着广义和狭义两种不同的含义和内容。他认为狭义的艺术教育"被理解为培养艺术家或专业艺术人才所进行的各种理论和实践教育"；广义的艺术教育是"作为美育的核心，它的根本目标是培养全面发展的人，而不是为培养专业艺术工作者……广义的艺术教育强调普及艺术的基本知识和基本原理，通过对优秀艺术作品的评价和欣赏，来提高人们的审美修养和艺术鉴赏力，培养人们健全的审美心理结构"。[1]

尽管对艺术教育的界定，不同学者有不同的侧重，但通过以上定义，可以将艺术教育理解为是一种通过各种艺术形式（如绘画、音乐、舞蹈、戏剧、摄影等）的教学活动，以培养学生的艺术知识、技能、审美情趣和创造力的教育方式。它涵盖了从基础教育到高等教育的各个阶段，包括专业艺术教育和非专业艺术教育。

二、艺术教育的价值

彭吉象认为，"艺术教育作为美育的核心内容，它对人们道德的完善和智力的开发也将产生深远的影响，它可以丰富人的想象力，发展人的感知力，加深人的理解力，增强人的创造力，培养全面发展的人"[2]。艺术教育具有多方面的价值，对个人和社会的发展具有重要意义。

对个人而言，艺术教育有助于培养学生的审美能力，使人们能够欣赏、体验、理解和创造美。通过艺术教育，学生可以学会如何感受、评价和创造美的事物，提高自己的审美水平和生活品质，丰富人的精神世界，提高审美情趣。艺术教育不仅有助于培养学生的艺术技能和审美能力，还可以促进他们在心理、情感、社交等方面的发展。通过艺术创作和表达，学生可以更好地了解自己的内心世界，培养自尊和自信心，以及与他人沟通和合作的能力。艺术教育有助于培养创新和创造性思维。艺术创作往往需要对事物进行新颖的表达和解释，这使得学生在艺术教育中可以锻炼自己的思维能力和解决问题能力。艺术教育可以帮助学生传承和了解本民族和其他民族的文化传统，增强文化认同感。通过学习不同的艺术形式和作品，学生可以更好地了解自己所属的文化背景，同时开阔视野，认识和尊重其他文化。艺术教育有助于培养跨学科的能

---

1 彭吉象. 艺术学概论 [M]. 北京：北京大学出版社, 2006:50.
2 彭吉象. 艺术学概论 [M]. 北京：北京大学出版社, 2006:50—51.

力。艺术涉及多种领域，例如科学、历史、哲学等，因此，学习艺术可以帮助学生建立跨学科的联系，开阔视野，从而促进个人的全面发展。艺术教育有助于培养学生的综合素质和多元化思维，为他们在未来的职业和生活中取得成功奠定基础。艺术活动中的合作创作、表演等活动有助于培养学生的团队协作精神和能力，使他们更好地适应社会生活。艺术创作和欣赏活动有助于学生舒缓压力、调整情绪，对心理健康具有积极的疗愈作用。

通过艺术教育，学生可以接触和了解不同民族、国家的艺术文化，增进对多元文化的理解和尊重，促进文化交流和融合。对社会而言，艺术教育不仅可以传承艺术知识，促进艺术学科的发展，推动人类文明的进步，还可以作为一种"黏合剂"，增进文化理解，促进多元文化和社会和谐发展。艺术教育强调美的培养和追求，有助于引导学生形成正确的价值观和道德观，提高整个社会的道德水平。艺术教育不仅培养出艺术"生产者"，还培养出有品位的艺术"消费者"，为社会创造了巨大的经济价值。

艺术教育在现代教育体系中占有重要地位，被认为是促进学生全面发展和提高教育质量的重要手段。不同的国家和地区受其文化、历史、教育理念等因素的影响，其艺术教育的价值取向会有不同的侧重。

美国的艺术教育着重培养学生的审美能力、艺术技能、艺术表达能力和创造力。美国的艺术教育强调个性发展和多样性，鼓励学生在多种艺术形式中自由探索和创新。此外，美国艺术教育还关注跨学科的融合，将艺术与其他学科相结合，提高学生的综合素质。欧洲的艺术教育目标主要包括培养学生的艺术技能、审美能力和多元文化认同。欧洲艺术教育强调艺术与文化的交流与融合，鼓励学生在欣赏和学习不同国家和地区艺术的过程中，形成开放、包容的文化观念。此外，欧洲的艺术教育还关注创新和实践，鼓励学生在艺术创作中发挥个性和创造力。日本的艺术教育关注学生的艺术技能的培养，重视审美情趣和对传统文化的尊重。日本艺术教育注重在继承传统文化的基础上，发展现代艺术教育，使学生在掌握各种艺术技能的同时，具备深厚的文化底蕴。此外，日本艺术教育还强调学生的创造力和表现力的培养，鼓励学生在艺术实践中展现个性。

进入21世纪以来，我国艺术教育进入了一个全新的阶段，在"信息化、网络化与学习化社会的要求"[1]下，我国进入了世纪之交最重要的一次教育改革。在这次改革中，美育的地位被正式确立，并随着基础教育课程改革，持续影响

1　王任梅. 改革开放以来中国学前儿童艺术教育历史演变研究[D]. 南京：南京师范大学, 2012.

着我国的艺术教育。2015年9月15日，国务院办公厅以国办发〔2015〕71号印发《国务院办公厅关于全面加强和改进学校美育工作的意见》。该意见指出"美育是审美教育，也是情操教育和心灵教育，不仅能提升人的审美素养，还能潜移默化地影响人的情感、趣味、气质、胸襟，激励人的精神，温润人的心灵"。艺术教育是实施美育最主要的内容和最基本的途径，要实现以美育人、以文化人的育人目标。2018年8月，习近平总书记给中央美院8位老教授回信，2018年9月，习近平总书记在全国教育大会上对美育工作作出重要指示，2019年3月全国"两会"期间，习近平总书记在看望文艺界社科界委员时，对文化文艺工作又提出明确要求，2020年9月22日，习近平总书记在教育文化卫生体育领域专家代表座谈会上，再次强调加强和改进学校美育。2019年3月，教育部印发了《关于切实加强新时代高等学校美育工作的意见》，2020年9月，中共中央办公厅、国务院办公厅印发了《关于全面加强和改进新时代学校美育工作的意见》，使学校美育工作进一步走上了发展的快车道。其中，2020年印发的《关于全面加强和改进新时代学校美育工作的意见》指出"学校美育课程以艺术课程为主体，主要包括音乐、美术、书法、舞蹈、戏剧、戏曲、影视等课程"。从大中小幼相衔接的美育课程体系建设的角度出发，建立以艺术领域课程为主体的完善的课程设置。在内容上"学前教育阶段开展适合幼儿身心特点的艺术游戏活动。义务教育阶段丰富艺术课程内容，在开好音乐、美术、书法课程的基础上，逐步开设舞蹈、戏剧、影视等艺术课程。高中阶段开设多样化艺术课程，增加艺术课程的可选择性。职业教育将艺术课程与专业课程有机结合，强化实践，开设体现职业教育特点的拓展性艺术课程。高等教育阶段开设以审美和人文素养培养为核心、以创新能力培育为重点、以中华优秀传统文化传承发展和艺术经典教育为主要内容的公共艺术课程"。在课程目标上"学前教育阶段培养幼儿拥有美好、善良心灵和懂得珍惜美好事物。义务教育阶段注重激发学生艺术兴趣和创新意识，培养学生健康向上的审美趣味、审美格调，帮助学生掌握1—2项艺术特长。高中阶段丰富审美体验，开阔人文视野，引导学生树立正确的审美观、文化观。职业教育强化艺术实践，培养具有审美修养的高素质技术技能人才，引导学生完善人格修养，增强文化创新意识。高等教育阶段强化学生文化主体意识，培养具有崇高审美追求、高尚人格修养的高素质人才"。

我国正以"美育"为导向，对我国艺术教育进行重要的"顶层设计"，并将艺术教育纳入"构建德智体美劳全面培养的教育体系"的重要抓手，加强对艺术教育的引导。从近20多年来发布的一系列文件中不难发现，作为学校美育课程主体的艺术课程，对"立德树人"根本任务、社会主义核心价值观的引领、提高学生审美和人文素养的目标的追求，及在"弘扬中华美育精神，以美育人、以美化人、以美培元，把美育纳入各级各类学校人才培养全过程，贯穿学校教育各学段"的高度重视。由此看出，我国的艺术教育更关注培养学生的艺术素养、审美情趣和民族文化认同。强调在传统文化的传承中，发展现代艺术教育，使学生能够熟练掌握各种艺术技能，同时具有丰富的人文素养。此外，中国的艺术教育还注重培养学生的创造力和团队合作能力，为国家的发展贡献力量。

尽管不同国家和地区的艺术教育取向存在一定的差异，但艺术教育在全球范围内具有多样性和共通性，尤其是在培养学生的艺术素养、促进学生的个性发展、提高学生的综合素质、增强学生的社会交往能力、丰富学生的学习体验等方面。

培养学生的艺术素养：通过对不同艺术形式的学习，使学生掌握基本的艺术知识、技能和表现手法，提高他们的艺术鉴赏能力和审美品位。

促进学生的个性发展：艺术教育鼓励学生充分发挥自己的想象力、创造力和表现力，有助于培养他们的独立思考能力和个性特长。

提高学生的综合素质：艺术教育可以促进学生在多个智能领域的发展，如音乐智能、空间智能、情感智能等，从而提高他们的综合素质。

增强学生的社会交往能力：艺术教育中的合作和交流活动，可以帮助学生学会与他人沟通、协作，提高他们的社交能力和团队协作能力。

丰富学生的学习体验：艺术教育为学生提供了丰富多样的学习内容和形式，使他们在愉悦的氛围中进行学习和成长，培养他们对学习的兴趣和热情。

三、艺术教育的挑战与发展趋势

（一）艺术教育的挑战

艺术教育作为一种特殊领域的教育形式，在急速发展和剧烈变化的现代社会也面临着一系列的挑战。

对艺术教育育人功能认识不到位。虽然经过多年的努力，重应试轻素养、重少数轻全体、重比赛轻普及，应付、挤占、停上美育课的现象仍然存在。

资源不足和不均衡分配。优质的艺术教育需要良好的教学设施、专业的教师队伍和丰富的艺术资源支持。然而，许多学校和地区面临着教育资源不足和不均衡分配的问题，导致学生无法享受到艺术教育的机会。这种资源不平衡的情况限制了学生的艺术发展和创造力的培养。这个问题在我国这样一个人口众多、资源分布不均、经济发展差异大的国家，艺术教育方面资源配置不达标、师资队伍仍然缺额较大的问题表现突出，缺乏统筹整合的协同推进机制。

教师素质和培训不足。优秀的教师是优质艺术教育的核心。然而，现实中存在一些艺术教育教师培训不足、教育理念陈旧等问题。一些教师缺乏专业知识和艺术技能，无法提供高质量的教育。此外，教师的培训也需要与时俱进，了解最新的艺术教育理念和方法。

社会认可和就业前景。与其他学科相比，艺术教育在社会认可和就业前景方面面临着一定的挑战。一些人认为艺术教育只是一种兴趣爱好，对学生的职业发展没有明显的帮助。这种观念限制了艺术教育的发展，并影响到学生对艺术教育的选择和投入。同时，在学校教育中，受传统观念影响艺术教育的现实地位长期处于边缘的位置。虽然这种情况在近20年来有了很大的改变，但人们的固有观念、人才选拔机制的改革、区域经济发展的不平衡等因素，使艺术教育受重视的程度在不同的地区表现出较大的差异。

技术发展的冲击。随着科技的迅猛发展，数字化、虚拟现实等技术手段在艺术领域的应用不断增多，这对传统艺术形式和教育模式带来了冲击和挑战。教育者需要不断学习和掌握新技术，以便将其应用于教学中，同时还需要平衡传统艺术技能的传授与科技创新的需求。

教育评估体系的缺失。艺术教育的评估体系相对较为薄弱。传统的评估方法主要关注学生的学术成绩，而忽视了以学生的艺术表现和创造力为核心的能力和素养的有效考查。这种评估体系的缺失可能会影响学生对艺术教育的投入和动力，限制了艺术教育的发展。

（二）艺术教育的发展趋势

艺术教育作为一种独特的教育形式，不仅可以培养学生的艺术技能和审美能力，还能激发学生的创造力和表达能力。在当今社会，艺术教育展示出新的发展趋势。

（1）艺术教育的未来发展趋势之一是跨学科融合。通过将艺术与科学、技术、工程、数学等学科结合起来，可以培养学生的创造力、解决问题的能力和综合素养。这种跨学科的教育模式有助于学生全面发展，培养出更具创新力和竞争力的人才。

（2）随着社会的变化和发展，传统的教育模式已经不能满足现代学生的需求。因此，艺术教育正朝着更加创新和多样化的方向发展。学校和教育机构开始引入新的教育理念，如设计思维、项目制学习等，以激发学生的创造力和创新思维。

（3）艺术教育强调学生的实践和体验，不仅仅是理论的学习。学生通过亲身参与艺术创作、观摩艺术作品和参与艺术活动，可以更好地理解艺术的本质和表达方式。实践与体验相结合的艺术教育有助于学生培养自信心和创作能力。

（4）随着科技的发展，数字化技术在艺术教育中的应用也越来越广泛。学生可以通过虚拟现实、增强现实、数字艺术等技术手段来创作和表达。这些技术不仅提供了新的艺术创作方式，还可以扩大学生的艺术视野和创作空间。

（5）艺术教育也越来越注重将艺术与社会问题相结合。通过艺术创作和表达，学生可以关注和探讨社会问题，传递自己的观点和情感。艺术教育的发展趋势之一是培养学生的社会责任感和公民意识。

第二节 学前儿童与艺术教育

学前儿童艺术教育是艺术教育的重要组成部分，其目标都是培养学生的艺术素养、创造力和审美能力。对于学前儿童来说，艺术教育可以帮助他们建立审美观念，激发想象力和创造力，为今后的艺术学习奠定基础。学前儿童艺术教育和艺术教育的内容都涵盖了音乐、舞蹈、戏剧、视觉艺术等多个领域。学前儿童艺术教育注重培养幼儿对艺术的兴趣和基本技能，而艺术教育则进一步拓展和深化这些技能，使学生在艺术领域取得更高的成就。学前儿童艺术教育为艺术教育奠定基础。幼儿时期是人生中最关键的发展阶段，良好的艺术教育可以使孩子在心理、情感、认知等方面得到全面发展。而艺术教育则在学前儿童艺术教育的基础上，进一步培养学生的艺术修养和专业技能。要更好地认识学前儿童艺术教育，首先需要对艺术教育有基本的了解。

一、理解学前儿童艺术教育的内涵

（一）儿童艺术教育的定义

儿童艺术教育的定义可以从不同角度进行阐述。

早在1943年，Herbert Read（1943）提出艺术教育是一个有助于儿童发展审美观念、创造力和表达能力的过程。尽管他没有给出一个明确的"儿童艺术教育"的定义，但他提出了一个观点，即艺术教育是一种自然的、有机的教育方法，可以帮助儿童发展心智、情感和审美能力。[1]

Howard Gardner（1980）强调儿童艺术教育的重要性，认为它有助于发展儿童的多元智能，包括语言、音乐、空间、身体动觉、逻辑数学等。[2]

Elliot Eisner（2002）认为艺术教育是一种具有普遍性的教育领域，通过艺术教育，儿童可以获得一种特殊的认知和感知方式，这种方式有助于培养他们的创造性思维。[3]

Arthur Efland（2002）认为艺术教育是一种整合性的教育方式，通过参与艺术活动，儿童可以发展他们的跨学科技能，提高学习能力和创造力。[4]

Olivia Gude（2004）提出了一个"螺旋课程"模型，强调儿童艺术教育应该以创新和探索为基础，培养儿童的审美能力、创造力和批判性思维。[5]

Lois Hetland & Ellen Winner（2001）研究表明，艺术教育可以帮助儿童在认知、情感和社交方面取得更好的发展，同时提高他们的学业成绩。[6]

这些定义都强调了儿童艺术教育在培养创造力、审美能力、批判性思维和跨学科技能等方面的重要性。

儿童艺术教育在我国的发展主要建立在美术教育与音乐教育这两个学科教育的基础上。随着社会的发展和研究的深入，现在大部分幼儿园的艺术教育内容已从过去的美术、音乐、舞蹈，拓展到戏剧等综合艺术领域，而"儿童艺术""儿童美术""儿童音乐""儿童舞蹈""儿童戏剧"等成为儿童艺术教育的主要内容。

从以上来看，儿童艺术教育定义可以归纳为"通过视觉艺术、音乐、舞蹈和戏剧等艺术形式，为幼儿提供创造性的、以主体性为导向的学习和表达经历的过程"。

1　Herbert Read.Education Through Art[M]. Faber and Faber Limited, 1943:15—35.
2　Gardner, H.Artful Scribbles: The Signi cance of Children's Drawings[M]. Basic Books, 1982:2—18. 虽然这本书没有给出一个明确的"儿童艺术教育"的定义，但它提供了关于儿童如何通过绘画表达自己的想法和感受的见解。
3　Eisner, E.W.The Arts and the Creation of Mind[M]. Yale University Press, 2002:70—92.
4　Efland, A.Art and Cognition: Integrating the Visual Arts in the Curriculum[M]. Teachers College Press, 2002. 这本书的第四章"Cognitive Perspectives on the Integration of Art and the Curriculum"（认知视角下的艺术与课程整合）讨论了艺术教育作为一种整合性教育方式的重要性。虽然在这一章中没有明确给出所提到的语句，但整章内容都在阐述这一观点。特别是在第 108—109 页，Efland 讨论了艺术教育如何帮助儿童发展跨学科技能和提高创造力。
5　Gude, O. Postmodern Principles: In Search of a 21st Century Art Education[J]. Art Education, 2004, 57(1):6—14.
6　Hetland, L., Winner, E.The Arts and Academic Achievement: What the Evidence Shows[J]. Arts Education Policy Review, 2001, 102(5):3—6.

（二）学前儿童艺术教育的内涵

学前阶段是幼儿从家庭走向社会的重要阶段，通常是指3—6岁的幼儿。这个阶段儿童逐渐离开家庭，进入人生的第一个集体生活的环境——幼儿园或托育机构等，为后续的学习做准备。因此，学前阶段是一个关键时期，孩子们正在努力建立他们的身份，培养他们的感知能力、思考能力和情感发展。艺术教育在学前阶段发挥着不可替代的作用，因为它提供了一个创造性、表达性和自主学习的空间。

针对学前儿童这个特殊群体的艺术教育，学者和研究者们关注的重心有不同的侧重。

根据伯顿（Burton）、霍罗威茨（Horowitz）和阿贝尔斯（Abeles）在2000年的研究，他们发现艺术教育对幼儿的认知、情感和社交发展具有积极影响。他们的研究表明，参与艺术活动的幼儿在阅读、写作、数学和科学等学科上的表现要优于那些没有参与艺术活动的幼儿。此外，艺术教育还有助于培养幼儿的创造力、批判性思维和解决问题的能力，以及与他人合作的能力。[1]通过参与艺术活动，幼儿可以发展自己独特而富有想象力的思维方式。例如，在绘画中，他们可以使用颜料、纸张和画笔来表达内心感受。这种自由创作激发了幼儿头脑中无限可能性的想象力，并帮助他们开拓思维边界。在艺术活动中，幼儿有机会表达自己的情感和想法。通过舞蹈、音乐、戏剧等表演艺术形式，他们能够用非语言的方式来传达情感和沟通意图。因此，学前儿童艺术教育不仅帮助他们学会与他人交流，也培养了他们对自己情绪和内心世界的认知。

此外，艺术教育还能促进幼儿的综合发展。从认知到身体发展，从社交技能到情感智慧，都可以通过参与各种艺术活动来实现。在绘画中，幼儿需要运用观察力、色彩与图形感知和空间意识等认知技能；在音乐中，他们需要掌握节奏、旋律和合作演奏等技巧；在戏剧中，则鼓励幼儿扮演不同角色并学习解决问题。在学前阶段进行艺术教育还有助于培养孩子的创造性思维。创造性思维是一个积极主动地寻求新颖解决方案或独特观点的过程，在日常生活中具有广泛应用价值。通过参与艺术活动，幼儿将被激发出不同的思考方式，培养创新和独立思考的能力。

创造力是人类独有的特质之一。通过参与艺术活动，幼儿可以发展自己独特而富有想象力的思维方式。例如，在绘画中，他们可以使用颜料、纸张和画

1　Burton, J. M., Horowitz, R., Abeles, H.Learning in and through the arts: The question of transfer[J]. Studies in Art Education, 2000, 41(3) : 228—257.

笔来表达内心感受。这种自由创作激发了幼儿头脑中无限可能性的想象力,并帮助他们开拓思维边界。美术在学前儿童的艺术教育中扮演着重要的角色。通过绘画、手工制作和观察作品等活动,幼儿可以培养自己对颜色、形状和纹理等元素的感知能力。此外,视觉艺术还可以激发幼儿的想象力和创造力,在他们尝试将自己的内心世界表达出来时起到积极作用。音乐是学前儿童艺术教育中不可或缺的一部分。音乐可以帮助孩子们发展听觉技能,并培养他们对节奏、旋律和声音质地等方面的欣赏能力。通过学习唱歌、演奏乐器或参与音乐游戏,幼儿可以建立对音乐的积极态度,并培养他们在团队合作中的能力。舞蹈在艺术教育中也起到重要的作用。通过舞蹈活动,幼儿可以发展自己的身体协调性和平衡感,并培养他们对空间、时间和动作等元素的感知能力。此外,舞蹈还可以帮助孩子们表达情感和释放压力,在身体运动中享受快乐和自由。戏剧是学前儿童艺术教育中不可或缺的一部分。通过角色扮演、阅读剧本和参与戏剧表演等活动,幼儿可以培养自己的表达能力和想象力。戏剧还可以帮助孩子们理解不同角色之间的关系,并促进他们在社交互动中发展出更强大的沟通技巧。

从教育角度来看,将艺术形式融入学前课程具有多方面优势。首先,艺术教育不仅可以提高幼儿的审美欣赏能力,还可以培养他们对美的敏感性。这将有助于他们更好地理解、欣赏和创造艺术作品。其次,艺术教育可以促进幼儿的创造性思维和表达能力的发展。通过参与各种艺术活动,幼儿将学会用自己独特的方式表达内心世界,并积极探索新的想法和观点。

此外,研究也表明,艺术教育对学前儿童综合发展具有积极影响。它不仅对智力、情感和社交方面产生影响,还有助于培养幼儿在不同领域中获得成功所需的关键技能和品质。例如,通过参与团队合作、分享创意以及接受他人意见等活动,幼儿将建立起自信心、自尊心和归属感;为了呈现意见更完美的作品,儿童需要养成"精益求精"的精神和"持之以恒"的品质。

二、儿童学习艺术的重要意义

(一)增强认知、社交和情感发展

根据 Winner 和 Hetland(2000)的研究[1],学前儿童艺术教育被发现可

---

1 Winner, E., Hetland, L. The Arts and Academic Achievement: What the Evidence Shows[M]. Journal of Aesthetic Education, 2000, 34(3/4): 174—183.

以增强认知、社交和情感发展。它帮助儿童培养批判性思维能力、解决问题的能力和创造力。

学前教育是一个关键的阶段,对于孩子们全面发展具有重要意义。而艺术教育在学前阶段尤为重要,因为它可以促进孩子们在认知、社交和情感层面上的综合发展。通过参与各种艺术活动,如音乐、舞蹈、绘画等,孩子们可以培养出一系列重要的技能和能力。

(1) 在认知方面,艺术教育可以激发孩子们的想象力和观察力。例如,在绘画课堂上,孩子们需要观察并描绘周围环境或自己内心世界的事物。这样做不仅有助于提高他们对色彩、形状和纹理等视觉元素的理解,还培养了他们注意力以及观察的能力。此外,在音乐课堂上演奏乐器或唱歌也能够提高孩子们的音乐感知和节奏感,进而促进他们的听觉和语言发展。

(2) 在社交方面,艺术教育可以帮助孩子们与同伴建立联系并培养合作精神。通过参与集体艺术项目,如舞蹈表演或戏剧表演,孩子们学会了与他人协作、分享和倾听。这种合作经验不仅有利于培养孩子们的团队意识和沟通技巧,还有助于建立友谊和加强彼此之间的理解。

(3) 在情感方面,艺术教育可以促进孩子们情绪管理和自我表达的能力。"艺术要求我们调动所有的感觉,同时运用我们的心智与肢体。艺术创作给人们提供了一种表达观念与情绪、展示个人体验的方式。"[1]在创造过程中,孩子们可以通过绘画、写作或舞蹈等方式来表达他们内心深处的情感。这样做不仅帮助他们更好地理解自己,并找到适当的方式来处理各种情绪,还培养了他们的美学价值观和审美意识。

总结起来,学前儿童艺术教育在认知、社交和情感发展上发挥着重要作用。它不仅能够增强孩子们的认知能力,还可以帮助他们培养批判性思维能力、解决问题的能力和创造力。因此,在学前阶段给予孩子们丰富的艺术教育经验是非常有必要的,这将为他们未来的发展奠定坚实基础。

(二) 促进自我表达和沟通技巧的发展

学前儿童艺术教育对于促进自我表达和沟通技巧的发展具有重要的作用。通过绘画、音乐、舞蹈等各种艺术形式,儿童能够有效地表达他们的思想和情感。

(1) 学前儿童艺术教育为孩子们提供了一个充分展示自己创造力和想象力

---

1 爱泼斯坦,特里米斯. 我是儿童艺术家——学前儿童视觉艺术的发展 [M]. 冯婉桢,等译. 北京:教育科学出版社, 2012: 4.

的平台。绘画是其中最常见也是最容易实施的一种形式。通过绘画，孩子们可以用色彩、线条和形状来表达他们内心深处的情感和思想。这不仅帮助他们认识到自己内在世界中复杂而丰富多样的感受，还培养了他们观察事物、理解抽象概念以及进行非语言交流等能力。

每年端午节，赵紫辰都会在幼儿园和家里参与相关的活动。划龙舟是她每年都会观看的活动。虽然大部分情况下，她都是通过电视转播、录影或照片了解到划龙舟的盛况，但热闹的端午节，配合老师组织的和家长陪伴的活动，让划龙舟这个活动极大地吸引了幼儿的注意。从这3张同一主题的画作中（图1—1、图1—2、图1—3），既可以看到幼儿绘画能力的变化，从图形分化比较简单到越来越复杂，又可以看到多人同划一艇、有人打鼓有人划船、船桨整齐的特征保持一致，细节变化从简单到复杂的发展过程。这些不但反映出孩子不同年龄绘画发展的规律，随着幼儿对绘画工具、材料熟悉程度的提高，绘画活动在幼儿对细节的观察与表现方面有积极影响。

图1—1

图1—3

图1—2

图1—1、1—2、1—3　赵紫辰小朋友3岁半、4岁半、6岁时绘画的《划龙舟》

（2）在音乐方面，学前儿童可以通过唱歌或演奏乐器来表达自己的情感。音乐是一种直接触动人心的艺术形式，它可以引发孩子们内心深处的共鸣，并帮助他们表达出无法用语言来描述的情绪和感受。例如，当一个孩子在演唱一个欢快而快节奏的歌曲时，他会感受到自己身体和情绪上的积极变化。这种经验不仅培养了孩子对音乐及其表现力的认识，还使他们能够更好地与他人进行交流和沟通。

孩子们在歌唱的时候，需要跟着音乐和节奏进行歌唱，有时需要结合一些律动和肢体表达，孩子们投入歌唱活动的过程中，被音乐的旋律、节奏、情绪带动，很容易引发个体的情感共鸣，使孩子们能够在歌唱的过程中体会到愉悦和美好的感觉。有的歌唱活动需要配合其他小朋友甚至大朋友一起，因此他们需要学习聆听，学会配合，共同完成一件美好的事情。（图1—4、图1—5、图1—6）

图1—4

图1—5

图1—6

图1—4、1—5、1—6　深圳市南山区大新幼儿园举办的合唱节活动与节日活动中幼儿进行的合唱和歌唱表演

（3）舞蹈也是学前儿童艺术教育中重要的一部分。通过舞蹈表演，孩子们可以利用身体语言来传达情感和意义。（图1—7）舞蹈不仅锻炼了孩子们的协调性、灵活性和肌肉控制能力，还培养了他们对空间、时间和节奏等概念的理解。通过学习各种舞蹈动作和编排整个舞台剧场景，孩子们在团队合作中发挥个人特长，并与其他团队成员进行有效沟通。

（4）在学前儿童艺术教育中还有许多其他形式，如剧院表演、手工艺制作等。（图1—8、图1—9）这些活动都为孩子们提供了不同的方式去表达自己的想法和情感。

研究显示，学前儿童艺术教育对于促进自我表达和沟通技巧的发展有着积极的影响。一项研究发现，参与绘画活动的学前儿童在非语言交流能力上得分更高，并且在情感理解、观察力和解决问题能力等方面表现出更好的水平。另外一项研究还指出，参与音乐活动的学前儿童在社交互动中体验到更大程度上

图1—7 幼儿通过舞蹈的学习，利用身体语言表达不同的情绪，幼儿的协调性、灵活性和肌肉控制能力也在舞蹈练习和表演的过程中得到锻炼和发展

图1—8

图1—9 幼儿把绘本《花格子大象艾玛》改编为一个小木偶剧的案例。案例中，孩子们投票选择了大家都比较喜欢的绘本故事《花格子大象艾玛》，并通过制作木偶的手工活动，制作了剧场表演的各个角色。在老师的协助下，孩子们结合自己的生活，合作改编了原来的绘本故事，并通过木偶剧表演的方式传达他们的想法

的满足感，并且拥有更好的沟通技巧和人际关系建立能力。这些研究结果都强调了学前儿童艺术教育对于培养孩子们全面发展和提升他们社交与沟通技能方面起到重要作用。因此，在教育实践中，应该充分重视学前儿童艺术教育，并将其纳入早期教育的课程中，以促进孩子们自我表达和社交沟通技巧的发展。

（三）提高儿童语言发展和识字能力

在现代社会中，教育被认为是一个非常重要的领域，关乎到人们的成长和发展。随着研究的不断深入，人们发现艺术教育对于儿童的语言发展和识字能力具有积极影响。Wright 等人（2017）进行的一项研究表明[1]，在学前阶段参与艺术活动可以提高儿童的语言表达能力、讲故事能力以及音韵意识。学前阶段是孩子最为关键和敏感的时期之一，他们正处于快速发展身体和认知功能的阶段。因此，在这个阶段提供给孩子丰富多样化、创造性和互动性强的艺术体验是十分重要的。

（1）通过参与绘画、剪纸、手工制作等各种形式的视觉艺术活动，可以锻炼儿童对色彩、形状和空间概念等方面进行观察，并通过绘画或制作来表达自己的内心世界。这种视觉创作过程不仅培养了他们对美感的欣赏能力，还提高了他们使用语言来描绘和交流的能力。通过观察和描述自己的艺术作品，儿童可以逐渐学会选择合适的词汇来形容颜色、形状和纹理。

（2）音乐是另一种重要的艺术形式。学前阶段参与音乐活动有助于培养儿童对音调、节奏和韵律的敏感性。根据 Wright 等人（2017）的研究结果，通过唱歌、跳舞或演奏乐器等音乐活动，可以提高儿童对语言中声音变化和重复模式的注意力，从而增强他们发展语言技能所需的听力和口语表达能力。

（3）戏剧表演也是非常有益于儿童发展语言能力的一种艺术教育方式。在角色扮演过程中，孩子们不仅可以体验到不同角色扮演所带来的情感体验，并且还可以锻炼他们讲故事、使用恰当语境以及改变声调与情绪等方面的技巧。这些活动无论是在家庭中进行还是在幼儿园或学校里开展都具有很大的意义。

（4）除了以上提到的艺术形式，还有许多其他类型的艺术活动，如舞蹈、雕塑等也可以促进儿童语言发展和识字能力。通过写作，儿童可以表达自己的思想和情感，并且逐渐学会使用正确的语法并运用其中。通过舞蹈和雕塑，他们可以用身体语言来传达信息，并锻炼他们对空间的感知和创造性思维。

1　Garvis, S., Jeanneret, N., Gray, C., Wright, E., Barton, G. Early Childhood Arts Education: A Palimpsest of Possibilities[M]. Routledge, 2017:17—34.

Wright 等人（2017）进行的研究表明，在学前阶段参与艺术教育活动对于儿童语言发展和识字能力具有积极影响。视觉艺术、音乐、戏剧表演以及其他各种形式的艺术体验都能够提高儿童对于颜色、形状、声音等方面的认知，并帮助他们在使用语言时更加准确地描述自己的所见所闻。因此，为了促进孩子们全面发展并提高其未来成功的机会，在幼儿园和学校中应给予足够重视并推广这些艺术教育活动。

（四）培养接受、尊重多样性和跨文化理解

根据美国幼儿教育协会（NAEYC）的观点[1]，学前儿童艺术教育通过让孩子接触来自不同文化背景下的多样化艺术形式来促进文化欣赏。这有助于培养接受、尊重多样性和跨文化理解等价值观。

艺术是一种表达和传达情感、思想和经验的方式。对于学前儿童而言，艺术活动是他们发展创造力、表达自我以及理解世界的重要途径。除此之外，学前儿童还可以通过接触不同文化背景下的多元化艺术形式来增强对其他社区和民族的了解与尊重。

学前儿童在早期阶段对各种艺术形式都非常敏感。绘画、音乐、舞蹈等各种艺术形式能够激发他们独特而丰富的想象力，并帮助他们表达自己内心深处所感受到的情感与体验。当孩子们接触到来自不同文化背景下独特而多样化的艺术作品时，他们将被启发去思考和咀嚼这些作品所传递的信息。通过这种方式，他们积极参与并学习其他文化的艺术表达形式。

（1）学前儿童艺术教育能够促使孩子们对不同文化进行积极的观察和比较。当他们了解到其他社区和民族拥有独特的艺术传统时，他们会开始思考背后的历史、价值观以及文化特色。通过这种比较与探索，孩子们能够培养跨文化理解，并且增长对多元性和包容性的认识。

（2）学前儿童在接触多样化艺术形式时将培养出一种尊重多样性的态度。随着孩子接触到来自不同社区和民族所创造出来的各式各样美丽而独特的艺术作品，在欣赏中培养出尊重他人差异以及欣赏不同审美的价值观念。

（3）通过推广学前儿童接触多元化艺术形式，可以建立起更加包容和平等的社会环境。当孩子们从小就学会欣赏和尊重来自不同文化背景的人和事物

1　美国幼儿教育协会（NAEYC）网站：National Association for the Education of Young Children (NAEYC). (n.d.). Promoting cultural appreciation through the arts. Retrieved from https://www.naeyc.org/resources/topics/arts.

时，他们将更加容易与其他社区和民族建立联系，并且培养出跨文化交流与合作的能力，从而为未来的国际交往奠定基础。

因此，在培养下一代更加宽容且具有包容性思维方式方面，学前儿童艺术教育具有重要意义。

（五）促进幼儿整体发展

Isenberg 和 Jalongo 在他们的书籍《幼儿创造性思维》（2001）[1]中，强调了学前儿童艺术教育在促进幼儿整体发展方面的重要性。他们认为参与创造性活动可以增强身体协调能力、认知能力、情感福祉和社交互动。

在学前阶段参与艺术活动对于幼儿全面发展至关重要。通过锻炼身体协调能力、促进认知能力发展、提高情感福祉以及增强社交互动等方面的影响。因此，教育者和家长们应该重视艺术活动在幼儿早期发展中的作用，并积极鼓励与支持幼儿参与各种艺术活动。

三、学前艺术教育存在的问题

学前儿童艺术教育是一个多学科交叉的领域，涉及教育学、心理学、艺术学等学科，并直接受学前教育、艺术教育等专业领域的研究而不断发展。虽然近20多年来，随着我国教育改革的影响，特别是国家对美育的高度重视，学前艺术教育得到广泛的关注，并且在很多方面取得了显著的进展，但其研究仍处于刚刚起步的阶段，学前艺术教育还存在许多迫切需要解决的问题。

（一）缺乏专业的艺术教师

缺乏专业师资这个问题在学前艺术教育中表现得尤为突出。在我国，艺术教育的专业师资主要来自高等师范院校或高等艺术院校的"美术学""音乐学"专业的毕业生，这些学生面临目前中小学校艺术师资的巨大缺口本就是个很大的问题。这些艺术教育的毕业生进入学前教育领域的情况少之又少，导致在很多幼儿园和学前教育机构中，缺乏专业的艺术教师。而在学前教育领域中，学前艺术教育作为一个研究起步较晚的课程，在学前教育专业中仍停留在比较初

---

1 Isenberg, J. P., Jalongo, M. R.Creative Thinking and Arts-Based Learning: Preschool Through Fourth Grade[M]. Merrill Prentice Hall, 2001.

级的阶段，许多教育观念和教学方法仍比较传统。一些教师甚至可能没有接受过艺术教育方面的专业培训，导致他们在教学过程中难以引导和激发儿童的艺术潜能。

（二）对艺术教育缺乏理解

艺术教育的价值之一是促进学生的个性发展。但在艺术教育过程中，由于缺乏对艺术教育价值的认识，容易忽视儿童的个体差异，过分追求统一的教学标准和评价体系。这可能导致儿童的个性和特长得不到充分发展，影响他们在艺术领域的兴趣和成就感。

（三）对儿童艺术缺乏理解

儿童，特别是学前儿童作为一个特殊的学习群体，对其艺术教育的研究是近100年才开始的。人们对儿童艺术学习和教学往往是以"自身经验"为基础的，自己小时候怎么学，长大以后就怎么教。面对儿童的艺术教育，教育者由于缺乏"儿童艺术"的认识，很容易以成人的艺术标准衡量儿童。在美术中表现为"我画一步你画一步"，在音乐中表现为"死记硬背、练习、模仿、重复"等单调、枯燥的"技术训练"的泥沼。过分强调技能训练的实质是对儿童艺术本质理解的一种偏差，这将使教育者更容易忽视儿童自主探索和创造的过程，导致儿童在艺术学习中缺乏兴趣，甚至产生抵触情绪。

（四）艺术活动设计与艺术课程设置的随意性

"赢在起跑线上"的观点，叠加长期以来"学会数理化，走遍天下都不怕"的思想，使基础教育的课程设置过于重视知识性课程，而忽视了艺术课程。"教育功利化"问题在一些地区有前移的倾向。而在经济比较发达的地区，艺术教育在学前阶段得到较多的重视，但艺术活动设计的随意性却比较突出，这可能导致儿童在学前阶段缺乏更好的艺术体验，影响他们的审美能力和创造力的发展。

（五）艺术教育资源不均衡

在不同地区和学前教育机构之间，艺术教育资源分配存在不均衡现象。一些地区和机构可能缺乏艺术教育所需的教材、设备和场地等资源，限制了儿童艺术教育的质量和效果。

（六）家长观念的影响

学前教育中，家长是至关重要的影响因素，家长的观念会直接影响儿童艺术教育的质量。一些家长可能认为学前阶段的艺术教育不重要，过分关注儿童的学术成绩，不重视儿童艺术的艺术学习和表现。这种观念可能会影响到儿童艺术教育的重视程度，进而影响儿童在艺术领域的成长。有些家长缺乏对儿童艺术的理解，片面地用固化的教育观念影响儿童的艺术学习，如在美术中"画得像""画得东西多"才好的观念，在音乐中更关注技巧而轻视表达等，都直接影响着儿童艺术学习持久兴趣的培养。

（七）偏离儿童艺术教育的宗旨

由于艺术表现需要一定技能技巧的支撑，而技能技巧的获得又需要必需的训练和练习实现，因而在艺术教育中技能技巧的学习和训练长期以来都备受重视，技能技巧的表现也是考核艺术表现能力的其中一个重要的标准。但儿童艺术教育的宗旨，是指向儿童的个性、审美、创造的全面发展，任何技能技巧的学习，都需要充分保护儿童的艺术学习兴趣和个性的培养。更有甚者不自觉地受升学压力的影响，将艺术学习与升学加分联系起来，偏离了儿童艺术教育的初衷，使儿童艺术教育走向歧途。

四、学前儿童艺术教育的目标

由于不同国家、地域、文化和传统等因素的不同，在学前儿童艺术教育的目标方面呈现出不同的价值取向。

美国的儿童艺术教育发展得比较早，受杜威、加德纳、艾斯纳等人的影响，美国学前儿童艺术教育制定了比较明确的目标。美国学前儿童艺术教育的目标就是要面向全体学生，并为他们服务。在实施艺术教育时，引导者要合理利用起周边的有效资源，以保证每个学生的学习资源和学习条件。同时，还要注意到儿童的创作要与艺术感受、艺术史及其他外在于艺术的活动联系起来。学前儿童的艺术教育要坚持"宁缺毋滥"的原则，学生只精通一种艺术形式，比对多种艺术形式都一知半解要好。加德纳强烈反对制订从幼儿园到高中的连续性艺术教育计划，认为艺术教育的课程必须以螺旋式发展的特点为基础。[1]

教育部2001年颁布的《纲要》中指出，学前儿童艺术领域教育的目标为：

1　张钡．美国学前儿童艺术教育的研究[D]．桂林：广西师范大学，2010．

1. 能初步感受并喜爱环境、生活和艺术中的美；
2. 喜欢参与艺术活动，并能大胆地表现自己的情感和体验；
3. 能用自己喜欢的方式进行艺术表现活动。[1]

《纲要》还对学前儿童艺术教育给出了具体的指导意见，要"充分发挥艺术的情感教育功能，促进幼儿健全人格的形成。要避免仅仅重视表现技能或艺术活动的结果，而忽视幼儿在活动过程中的情感体验和态度的倾向"，"支持幼儿富有个性和创造性的表达，克服过分强调技能技巧和标准化要求的偏向"，强调"教师的作用应主要在于激发幼儿感受美、表现美的情趣，丰富他们的审美经验，使之体验自由表达和创造的快乐。在此基础上，根据幼儿的发展状况和需要，对表现方式和技能技巧给予适时、适当的指导"。[2]

教育部2012年9月颁布的《指南》指出，"艺术是人类感受美、表现美和创造美的重要形式，也是表达自己对周围世界的认识和情绪态度的独特方式……幼儿艺术领域学习的关键在于充分创造条件和机会，在大自然和社会文化生活中萌发幼儿对美的感受和体验，丰富其想象力和创造力，引导幼儿学会用心灵去感受和发现美，用自己的方式去表现和创造美"。《指南》还明确指出，"幼儿对事物的感受和理解不同于成人，他们表达自己认识和情感的方式也有别于成人……成人应对幼儿的艺术表现给予充分的理解和尊重，不能用自己的审美标准去评判幼儿，更不能为追求结果的'完美'而对幼儿进行千篇一律的训练，以免扼杀其想象与创造的萌芽"，并从学习与发展目标和教育建议对学前儿童艺术领域教育给出了具体的指引。

---

1 中华人民共和国教育部.幼儿园教育指导纲要：试行[M].北京：北京师范大学出版社,2001:7.
2 中华人民共和国教育部.幼儿园教育指导纲要：试行[M].北京：北京师范大学出版社,2001:19.

（一）感受与欣赏

目标1 喜欢自然界与生活中美的事物

3—4岁	4—5岁	5—6岁
1. 喜欢观看花草树木、日月星空等大自然中美的事物。 2. 容易被自然界中的鸟鸣、风声、雨声等好听的声音吸引	1. 在欣赏自然界和生活环境中美的事物时，关注其色彩、形态等特征。 2. 喜欢聆听各种好听的声音，感知声音的高低、长短、强弱等变化	1. 乐于收集美的物品或向别人介绍所发现的美的事物。 2. 乐于模仿自然界和生活环境中有特点的声音，并产生相应的联想

目标2 喜欢欣赏多种多样的艺术形式和作品

3—4岁	4—5岁	5—6岁
1. 喜欢听音乐或观看舞蹈、戏剧等表演。 2. 乐于观看绘画、泥塑或其他艺术形式的作品	1. 能够专心地观看自己喜欢的文艺演出或艺术品，有模仿和参与的愿望。 2. 欣赏艺术作品时会产生相应的联想和情绪反应	1. 艺术欣赏时常常用表情、动作、语言等方式表达自己的理解。 2. 愿意和别人分享、交流自己喜爱的艺术作品和美感体验

（二）表现与创造

目标1 喜欢进行艺术活动并大胆表现

3—4岁	4—5岁	5—6岁
1. 经常自哼自唱或模仿有趣的动作、表情和声调。 2. 经常涂涂画画、粘粘贴贴并乐在其中	1. 经常唱唱跳跳，愿意参加歌唱、律动、舞蹈、表演等活动。 2. 经常用绘画、捏泥、手工制作等多种方式表现自己的所见所想	1. 积极参与艺术活动，有自己比较喜欢的活动形式。 2. 能用多种工具、材料或不同的表现手法表达自己的感受和想象。 3. 艺术活动中能与他人相互配合，也能独立表现

目标2 具有初步的艺术表现与创造能力

3—4岁	4—5岁	5—6岁
1. 能模仿学唱短小歌曲。 2. 能跟随熟悉的音乐做身体动作。 3. 能用声音、动作、姿态模拟自然界的事物和生活情境。 4. 能用简单的线条和色彩大体画出自己想画的人或事物	1. 能用自然的、音量适中的声音基本准确地唱歌。 2. 能通过即兴哼唱、即兴表演或给熟悉的歌曲编词来表达自己的心情。 3. 能用拍手、踏脚等身体动作或可敲击的物品敲打节拍和基本节奏。 4. 能运用绘画、手工制作等表现自己观察到或想象到的事物	1. 能用基本准确的节奏和音调唱歌。 2. 能用律动或简单的舞蹈动作表现自己的情绪或自然界的情境。 3. 能自编自演故事,并为表演选择和搭配简单的服饰、道具或布景。 4. 能用自己制作的美术作品布置环境、美化生活

党的十八大报告指出,"坚持教育为社会主义现代化建设服务、为人民服务,把立德树人作为教育的根本任务,培养德智体美全面发展的社会主义建设者和接班人"。为贯彻党的十八大精神,教育部启动了"立德树人"工程。围绕"培养什么人、怎样培养人"的问题,北京师范大学林崇德教授通过核心素养的教育政策研究、国际比较研究、传统文化分析、课标分析以及实证调查等支撑性研究,构建了三大领域六个指标的中国学生核心素养体系总框架。[1]中华人民共和国教育部制定颁布的《普通高中课程方案(2017年版)》中指出"中国学生发展核心素养是党的教育方针的具体化、细化。为建立核心素养与课程教学的内在联系,充分挖掘各学科课程教学对全面贯彻党的教育方针、落实立德树人根本任务、发展素质教育的独特育人价值,各学科基于学科本质凝练了本学科的核心素养,明确了学生学习该学科课程后应达成的正确价值观念、必备品格和关键能力,对知识与技能、过程与方法、情感态度价值观三维目标进行了整合"。[2]2017年,普通高中课程方案及各个学科课程标准的颁布,预示着我国基础教育进入了"核心素养"的时代。2022年,教育部制定和颁布的《义务教育课程方案(2022年版)》指出,义务教育课程"聚焦核心素养,面向未来"的基本原则,"依据学生终身发展和社会发展需要,明确育人主线,加强正确

---

[1] 林崇德. 中国学生核心素养研究 [J]. 心理与行动研究, 2017, 15(2):145—154.
[2] 中华人民共和国教育部. 普通高中课程方案: 2017年版 [M]. 北京: 人民教育出版社, 2018.

价值观引导，重视必备品格和关键能力培育"[1]。《义务教育艺术课程标准（2022年版）》进一步指出"核心素养是课程育人价值的集中体现，是学生通过课程学习逐步形成的适应个人终身发展和社会发展需要的正确价值观、必备品格和关键能力。艺术课程要培养的核心素养主要包括审美感知、艺术表现、创意实践、文化理解等"[2]。从普通高中的学科核心素养，到义务教育各个课程培养核心素养培养目标的确定，标志着以"立德树人"为根本任务的中国学生发展核心素养的教育目标体系基本建立。与义务教育相衔接的学前教育，其教育目标需要主动融入中国学生核心素养的体系之中。

徐韵、林琳等在《学前儿童艺术学习与发展核心经验》一书中指出："核心经验是指对于儿童掌握和理解某一学科领域的一些至关重要的概念、能力或技能。对于学前儿童的艺术学习领域而言，核心经验就是学前儿童在这一年龄段阶段中可以获得的最重要、最关键的艺术能力。"[3]并进一步在学前儿童艺术感受、艺术表现和艺术创造中的核心行为列出具体的表现。

艺术感受中儿童的核心行为：第一，注意力的指向与集中；第二，审美感知；第三，审美想象；第四，审美情感。

艺术表现中儿童的核心经验是：能够对选择的作品或自然生活中有美感的事物进行一定的分析和解读，为后面的表演或制作做好准备；发展和完善一些基础的、必要的艺术形式语言，便于后期的艺术表现；通过表演、绘画和手工制作艺术作品来传达个性化的意义理解。

艺术创造中儿童的核心经验是：儿童在头脑中形成审美心理意象，能利用艺术的形式语言、艺术的工具和材料将它们重新组合，创作出对其个人来说是新颖独特的艺术作品。[4]根据徐韵、林琳等的研究，当前儿童艺术核心经验可以理解为是在学前阶段，儿童通过参与各种艺术活动而获得的关于审美、创造力、表达能力等方面的关键性成长体验或学习发展机会。这些经验对于儿童的整体成长和发展具有重要意义。

2015年国务院发布的《国务院办公厅关于全面加强和改进学校美育工作的意见》提出要科学定位美育课程目标，并对幼儿园阶段美育的目标确定为

1　中华人民共和国教育部.义务教育课程方案：2022年版[M].北京：北京师范大学出版社,2022:4.
2　中华人民共和国教育部.义务教育艺术课程标准：2022年版[M].北京：北京师范大学出版社,2022:5.
3　徐韵,阮婷,林琳,等.学前儿童艺术学习与发展核心经验[M].南京：南京师范大学出版社,2021:4.
4　徐韵,阮婷,林琳,等.学前儿童艺术学习与发展核心经验[M].南京：南京师范大学出版社,2021:5—7.

"要遵循幼儿身心发展规律,通过开展丰富多样的活动,培养幼儿拥有美好、善良的心灵,懂得珍惜美好事物,能用自己的方式去表现美、创造美,使幼儿快乐生活、健康成长"。结合学者们的研究,以及国家对学校美育的通盘考虑,可由此描绘出学前儿童艺术教育目标大致的面貌如下:

(1)在感知与认知发展方面,学前儿童通过参与艺术活动,锻炼和提高他们的感知能力,如观察、聆听和触摸;提高儿童的认知能力,如注意力、记忆力、想象力、判断力和解决问题能力等。在不同的艺术活动中,学前儿童通过诉诸视觉的美术欣赏与感受、诉诸于听觉的欣赏与感受中,打通视觉与听觉等感知通道,为他们的发展提供多元的学习方式。

(2)在审美体验与艺术感受方面,学前儿童在艺术活动中,通过欣赏、参与和创作各种艺术形式(如绘画、音乐、舞蹈等),培养自己的审美意识和品位。通过审美体验帮助学前儿童初步形成独立的审美观念,学会关注美的存在,感受美的价值,增强对美的追求和创造。

(3)在艺术表现的基本能力与技巧方面,学前儿童通过参与艺术活动,积累对生活中与艺术作品中具有美感的事物的分析和解读的经验;通过运用基本和必要的形式语言进行艺术创造活动积累表现经验;通过具体的艺术活动传达个性化的理解积累艺术创作的经验;通过艺术活动初步形成审美心理意象,积累利用形式语言、组合工具和材料的经验,体验创作具有创新表达或独特理解的艺术作品的过程。

(4)在社会与情感发展方面,通过艺术活动帮助学前儿童表达和调整情感,培养同理心和情感智慧。在艺术实践中,为学前儿童带来愉悦、激动、安慰等各种情感体验,这有助于他们认识、理解和控制自己的情感,从而促进情感健康发展。学前儿童在艺术活动中,通过与其他儿童和成人互动合作完成任务,培养团队合作精神,建立责任感、自尊心和自信心,并更好地理解和尊重他人的观点和感受。

(5)在创造力与创新发展方面,在艺术活动中,幼儿得以从没有经验作为支撑的幻想,到在一定经验基础上的联想,培养审美想象的经验。艺术活动能激发学前儿童的想象力和创造力。在艺术创作过程中,儿童能够自由地表达自己的想法和情感,发挥想象,尝试不同的表现手法和技巧。这有助于培养儿童的创新思维和问题解决能力,为他们未来的学习和生活打下良好基础。

(6)在跨学科学习与发展方面,艺术活动与其他学科领域相结合,为促进学前儿童的跨学科学习和发展提供了绝佳的机会。例如,通过绘画、音乐和戏剧等艺术形式,儿童还可以学习到数学、科学、社会和自然等方面的知识和技能。

（7）在语言与沟通发展方面，艺术活动为儿童提供了丰富的语言和沟通契机。通过艺术创作，如绘画、音乐、舞蹈和戏剧等，儿童可以学会用美术、音乐、舞蹈和戏剧等方式表达自己的想法、感受和体验，从而提高他们的表达能力、沟通能力和人际交往能力。

第三节 儿童教育心理学理论在学前儿童艺术教育中的应用

学前教育是儿童发展的重要阶段，而艺术教育在学前阶段尤为关键。艺术教育不仅可以激发孩子们的创造力和想象力，还有助于他们全面发展和培养各种技能。然而，在进行学前儿童艺术教育时，我们需要借助于有效的理论模型来指导实践活动。

一、皮亚杰认知发展理论

皮亚杰是研究儿童认知和智力发展最有影响力的心理学家之一。他提出了以构建主义为基础的认知发展四个阶段：感知运动阶段、前运算阶段、具体运算阶段和形式运算阶段。[1]

这些阶段对于设计和实施学前艺术课程非常重要。例如，在感知运动阶段，通过创造性游戏和直观体验，可以帮助幼儿形成基本审美意识和艺术技巧。在前运算阶段，可以引导幼儿进行表演、绘画和音乐等活动，以培养他们的创造性思维和表达能力。

在学前教育中，可以将皮亚杰认知发展理论与艺术结合起来，帮助孩子们全面地感受并表达自己对世界的看法。通过绘画、音乐、舞蹈和戏剧等艺术形式，孩子们可以通过身体、感官和情感参与其中，从而促进身心整合地发展。

---

1 皮亚杰.发生认识论原理[M].王宪钿，等译.北京：商务印书馆，1981:36—86.

（一）自我探索

皮亚杰认为，儿童是积极的学习者，他们通过自己的经验来建构知识。在学前儿童艺术教育中，应该给予孩子们尽可能多的机会去探索和发现。

例如，在绘画活动中，老师可以提供各种不同材料和工具，并鼓励孩子们尝试不同的表达方式。这样可以激发孩子们的创造力和想象力，并培养他们独立思考和解决问题的能力。

（二）合作与交流

除了个人探索外，合作与交流也是学前儿童艺术教育中至关重要的一环。皮亚杰认为社会交往对于儿童认知发展具有重要影响。

在团体活动中，如音乐表演或戏剧演出时，孩子们需要相互协作并共同完成任务。这样做可以培养他们理解别人观点、沟通以及解决冲突等社会技能，并且通过与他人合作，他们可以从彼此的经验中学到更多。

（三）批判性思维

学前儿童艺术教育应该培养孩子们的批判性思维能力。皮亚杰认为，儿童在发展过程中需要不断挑战和质疑现有观念。

在艺术活动中，老师可以给予孩子们自由表达的空间，并鼓励他们提出问题、分析和评估。这样可以培养孩子们对待事物的审慎态度，并帮助他们形成独立思考和判断的能力。

在学前儿童艺术教育中应用皮亚杰认知发展理论有助于促进身心整合、自我探索、合作与交流以及批判性思维等方面的发展。通过艺术活动，孩子们能够全面地感受并表达自己对世界的看法，并且从中获得乐趣与满足感。因此，在学前教育实践中要充分利用皮亚杰认知发展理论来指导我们对儿童进行艺术教育的方法与策略，以促进他们全面发展，并培养他们的创造力和思维能力。

二、埃里克森心理社会发展理论

埃里克森（Erik Erikson）的心理社会发展理论是一种描述人类在不同生命周期阶段面临的心理和社会挑战的理论。根据埃里克森的理论，人类生命周期共分为八个阶段，每个阶段都有一个主要的心理发展任务需要完成。在学前儿童艺术教育中，可以借鉴埃里克森的心理社会发展理论来指导教育实践。

学前儿童的发展阶段主要包括以下两个阶段：

（1）自主vs羞怯、怀疑（1.5—3岁）：在这个阶段，儿童开始寻求自主性，尝试独立完成一些任务，如穿衣、吃饭等。教育者需要在艺术教育中充分尊重儿童的自主性，鼓励他们自由地表达和探索。例如，可以让儿童选择自己喜欢的颜色、材料和主题进行绘画创作，培养他们的独立思考和创新能力。同时，避免过多干预和批评，以免让儿童产生羞愧和怀疑，影响他们的自信心和创造力。

（2）主动vs内疚感（3—5岁）：在这个阶段，儿童开始展现主动性，愿意尝试新事物，主动与环境和他人互动。艺术教育应充分发挥儿童的主动性，提供丰富的艺术活动和体验，激发儿童的兴趣和好奇心。例如，可以组织各种音乐、舞蹈、戏剧等活动，让儿童自由参与和表现。同时，教育者需要给予积极的鼓励和支持，帮助儿童建立成就感，以避免产生内疚情绪。

在学前儿童艺术教育中应用埃里克森心理社会发展理论，需要注意以下几点：

（1）关注儿童的个体差异：每个儿童的心理发展速度和特点都有所不同。因此，在艺术教育中，教育者需要关注儿童的个体差异，因材施教，满足不同儿童的需求。

（2）创设支持性的环境：为了让儿童充分发挥自主性和主动性，教育者需要创设一个支持性的环境，让儿童感到安全、自由和被尊重。这包括提供丰富的艺术材料和设施，以及建立积极的师生关系和同伴关系。

（3）融入生活情境：将艺术教育融入儿童的日常生活情境，帮助他们将艺术知识和技能应用于实际问题的解决，从而增强儿童对艺术教育的认同感和参与度。

（4）促进家庭参与：家庭是儿童成长的重要环境，教育者需要与家长保持良好的沟通，鼓励家长参与艺术教育活动，共同促进儿童的心理社会发展。

总之，在学前儿童艺术教育中，教育者可以运用埃里克森的心理社会发展理论来指导实践，关注儿童的心理需求，提供适宜的艺术活动和支持，从而促进儿童的全面发展。

三、维果茨基儿童的发展观

维果茨基（Lev Vygotsky）的教育理论强调社会文化环境对儿童认知发展的影响，以及教育者在儿童发展中的关键作用。以下是维果茨基理论在学前儿童艺术教育中的应用：

（1）重视社会文化环境：维果茨基认为，儿童的认知发展是在特定的社会文化环境中进行的。在艺术教育中，教育者应关注儿童所处的社会文化背景，将本土文化和世界文化融入艺术教育活动，让儿童了解和体验多元文化，从而提高他们的艺术素养和审美能力。

（2）发挥教育者的引导作用：维果茨基提出了"最近发展区"的概念，强调教育者在儿童发展过程中的重要作用。在艺术教育中，教育者应充分发挥引导作用，帮助儿童在适当的挑战和支持下，发展他们的艺术技能和知识。例如，教育者可以通过提问、示范、合作等方式，引导儿童探索艺术创作过程，克服困难，实现自我发展。

（3）促进同伴互动和合作：维果茨基认为，同伴互动是儿童发展的重要推动力。在艺术教育中，教育者应鼓励儿童之间的合作和交流，让他们在相互帮助和学习中提高艺术技能和认知水平。例如，教育者可以组织小组绘画、合唱、舞蹈等活动，让儿童共同完成艺术作品，体验团队合作的乐趣。

（4）关注儿童的内在动机：维果茨基强调儿童内在动机在发展过程中的重要性。在艺术教育中，教育者应关注儿童的兴趣和需求，激发他们的内在动机，从而提高艺术学习的效果。例如，教育者可以根据儿童的喜好，提供不同的艺术活动和材料，让儿童自由选择和探索，享受艺术创作的过程。

（5）以儿童为中心的教育方式：维果茨基的理论强调以儿童为中心的教育方式。在艺术教育中，教育者应关注儿童的个体差异，因材施教，满足不同儿童的需求。此外，教育者还应关注儿童的情感和心理需求，为他们提供关爱和支持，帮助他们建立自信心和良好的心理品质。

在学前儿童艺术教育中运用维果茨基的认知发展理论和儿童发展观，有助于教育者更好地了解和满足儿童的发展需求，提高艺术教育的效果。

通过应用皮亚杰著名儿童发展理论，埃里克森心理社会发展理论和维果茨基教育心理学相关理论，可以更好地设计并实施学前儿童艺术教育课程。这些理论提供了指导原则以及对幼儿认知、情感和社交发展等方面的深入了解。借助于这些理论模型，在学前阶段为孩子们提供富有意义且有效率的艺术教育将更有可能。

然而，在教育实践中应用相关的理论仍存在一些挑战与障碍，例如匆忙的课时安排、师资力量不足等问题，需要进一步研究和探索如何将理论与实践相结合，以提供更高质量的学前儿童艺术教育。

尽管如此，在学前儿童艺术教育中应用儿童发展理论是非常重要的。这些著名心理学家的理论为我们提供了宝贵的指导原则，并帮助我们更好地满足幼儿的个体差异和需求。通过深入研究和不断改进，可以为孩子们创造一个富有想象力、创造力和情感表达能力的艺术教育环境，从而有效地促进他们在学前阶段全面发展。

第四节 儿童艺术作品的评价和指导原则

艺术对于儿童的发展和成长起着重要的作用。儿童通过创造性表达自己的想法和情感，培养出独特的思维方式和审美能力。然而，评价儿童艺术作品并提供有效指导却是一项极富挑战性的任务。

一、评价儿童艺术作品

（一）把握学前儿童的特点

（1）理解个体差异：每个孩子都是独一无二的，他们有不同程度的创造力、技能水平和感知能力。在评价过程中需要尊重并理解这些个体差异，注重每个孩子所表达出来的独特之处是基本的前提。

（2）关注过程与结果：与成人不同，对于儿童来说，他们参与到艺术活动中更加关注过程而非结果。幼儿作画过程所带来的快感，往往大于画作最后给幼儿带来的满足感；幼儿随心歌唱时的愉悦，往往大于完美表演之后获得的成就感。因此，在评价时应该注重孩子在整个创作过程中所展现出来的动机、决策、思维方式和学习状态。

（3）鼓励积极表达：幼儿的艺术活动是他们探索世界和表达自我的手段和途径。鼓励孩子表达真实的想法和情感，无论其作品是否符合传统艺术规范。关注他们的创造力和独特性，并提供积极的反馈，以鼓励他们继续尝试，不断积累经验，并逐渐体验创造和自由表达带来的快乐。

（二）评价儿童艺术作品的过程

儿童艺术作品是孩子们用纸、笔、画板或其他艺术材料创作的作品。这些作品不仅展现了孩子们的想象力和创造力，还能反映出他们的情感和思维方式。评价儿童艺术作品不仅有助于提高孩子们的艺术表达能力，而且对于了解他们的内心世界以及发现潜在才华都非常重要。本节将探讨如何评价儿童艺术作品，并指出其对教育和发展的积极影响。

1. 观察与描述

评价儿童艺术作品首先需要进行观察与描述。可以从色彩运用、构图、主题等方面来分析和解读他们的绘画。通过仔细观察，可以看到孩子选择了哪些颜色，并尝试包括谈话、提问、观察分析等方式理解这些颜色代表什么情感或意义；也可以注意到画中是否有明确的主题以及构图是否合理；等等。在这个过程中，应该尊重孩子独具特色的视角，学会欣赏他们独特的创造力，并由衷地为他们的发现、创造和表达给予鼓励和积极的回应。我们还需要观察儿童在进行艺术表现活动过程中的表现，以便了解他们遭遇怎样的问题或困难，了解其解决的方式及其对结果的影响，增加对儿童艺术创造活动的了解。

2. 表达与沟通

儿童艺术作品是他们表达内心情感和思考的一种方式。评价艺术作品的过程应当注重对孩子们意图和信息传递的理解。应该尽量尝试去体会他们绘画时所体验到的情感，包容他们各种真实的感受和情绪，真正走进他们的内心世界，而不仅仅是看到画面上的形象表现水平或表演技巧。通过与孩子进行交流，可以更好地了解他们为何选择特定图像或主题，并探讨他们想要传递给观众的信息。可以通过倾听儿童的音乐表现，感受他们的情感，并通过沟通，了解他们的心情和感受，增进儿童通过音乐表现的方式表达自己的动力。

3. 鼓励和赞赏

在评价儿童艺术作品时，鼓励和赞赏是至关重要的。通过肯定孩子们已经取得的成就，能够激发他们对艺术创作进行更多的探索与尝试。无论作品是否完美，都应该向孩子传达出对其付出努力和独特见解所表示的认可之情，并由衷地赞美他们大胆的表达、无尽的创意和积极探索的精神。需要注意的是，在具体的艺术教育实践中，鼓励和赞赏需要具体，而且需要同时对儿童在艺术创作过程中的表现给予关注和肯定。艺术学习都是在艺术实践过程中进行的学习活动。尤其是像美术创作、音乐练习、戏剧排演等，这些过程是艺术实践的主要内容，艺术表现知识与技能的获得也是在实践的过程中内化而获得的，幼儿在活动过程中的状态、想法、投入程度都应该得到充分的关注。

4. 培养批判性思维

评价儿童艺术作品还有助于培养孩子的批判性思维能力。在提供肯定性反馈之余，也可以引导孩子自我反省并从中学习改进。例如，可以询问："你觉得这幅画最成功或者最喜欢的部分是什么？有没有什么地方可以改进？"或者"刚刚你演奏的这首曲子里哪个部分你觉得处理得最满意？有没有哪些地方可以换一种怎样的方式表现？"等。通过这种方式，不但激发了孩子们对自己作品的深入思考与评判，还帮助孩子养成自我反思的良好习惯。

评价儿童艺术作品不仅是一种欣赏和解读的过程，更是一种促进孩子成长和发展的机会。通过细致观察、沟通交流、鼓励赞赏以及培养批判性思维，能够帮助孩子们提高他们的艺术表达能力，并为他们提供一个展示才华和个性的平台。同时，通过评价儿童艺术作品，我们也能更好地了解孩子们的内心世界，并为他们提供全面发展所需的资源与支持。

重视对儿童艺术作品进行评价在教育领域中具有独特的意义和价值。这不仅有助于儿童在创意表达方面得到认可和支持，还可以推动其整体发展并潜在地开启其未来在艺术领域中发挥才华的可能性。因此，在研究教育领域时应重视如何评价儿童艺术作品的研究，并为教育者提供相关的培训和指导，不仅可以更好地保护孩子们喜爱艺术、善于创造的天性，更能有效地支持孩子们在艺术创作方面的成长与发展。

二、指导原则

评价儿童艺术作品的指导原则是指对儿童参与艺术创作和表达的作品进行评价的准则和方法。这些指导原则旨在帮助教育工作者、艺术家、家长以及其他相关人士更好地理解和评价儿童的艺术作品，为其提供适当的反馈和引导。

（一）提供激发创造力的环境

为儿童提供一个丰富多样、安全舒适并能够激发创造力的环境。这包括提供各种安全的、适切的、丰富的艺术创作材料、工具，各种展示作品的机会和有利于艺术创作的空间、场地和环境等物理环境，以及被包容和接纳的、自由的人际环境。此外，对儿童的创意构思和独特表现始终保持好奇，通过不断的关注和提问，也是激发儿童艺术创造活力的外部环境。

（二）引导思考与观察

在指导过程中，引导儿童通过观察、描述和思考来更深入地理解自己所创作出来的作品。帮助他们发现自己作品中可能存在的问题，并促使他们找到解决方案。此外，还可以鼓励孩子们欣赏其他人的作品，通过观察和描述表达自己的感受和认识，激发思考，形成自己的理解。也可以通过对经典艺术作品的欣赏，引导孩子感受艺术家的创意、表现方法和艺术效果，帮助孩子慢慢建立一种艺术学习的定向印象，为后续持续学习奠定基础。

（三）鼓励合作与交流

艺术不仅是个体表达，也可以成为一种交流和合作方式。通过鼓励孩子与其他同龄人分享并讨论自己或彼此的作品，可以促进互动与学习。事实上，有许多形式的艺术创作与表现都需要合作完成，如共同完成一个装置、合唱一首歌曲、一起表演一个舞蹈或者演出一个有趣的戏剧等。在这些创作、排练和表演的过程中，就需要交流和合作，共同完成作品的创作或表演。

（四）尊重个体表达与审美价值

尽管艺术作品都有一定的表现技巧和水平层次，但面对儿童，尤其是幼儿，艺术需要避免过于标准化的评价。尊重每个人的独特性，并接受不同的审美观点是基本的前提。引导孩子学会尊重他人的作品，并从中获得启发，也是艺术学习对幼儿品格塑造的机会。

评价儿童艺术作品是一项重要而复杂的任务，需要注意理解个体差异、关注过程与结果，并鼓励积极表达。在提供指导时，应创造一个激发创造力、引导思考与观察、鼓励合作与交流以及尊重个体表达与审美价值的环境。通过这些原则，可以帮助儿童更好地发展他们的艺术才能，并激发他们对艺术世界的兴趣和热爱。

评价儿童艺术作品的指导原则对于儿童的艺术发展有着重要意义。通过遵循关注过程、尊重个人表达方式、平衡评价和包容多样性等原则，可以更好地理解和引导儿童在艺术创作中的成长。这些准则不仅将帮助他们提高技能，也会对他们的自信心、创造力和审美能力产生积极影响。因此，教育工作者、家长以及其他相关人士在进行评价时应该牢记这些指导原则，并致力于为儿童提供积极而富有启发性的反馈和引导。

本章小结

本章探讨学前儿童艺术教育的理论基础，首先概述了艺术教育的概念、内涵、价值以及挑战和发展的趋势。其次关注学前儿童与艺术教育的关系，阐述了儿童学习艺术的重要意义及学前艺术教育所面临的问题。本章还结合儿童发展理论，如皮亚杰、布鲁纳、埃里克森等，在学前儿童艺术教育中寻求应用。最后探讨了儿童艺术作品的评价和指导原则，旨在为学前儿童艺术教育提供理论支持和实践指导，帮助儿童全面发展。

思考题

1. 请简述艺术教育的概念和内涵以及它在学前教育中的重要性。
2. 艺术教育在当今社会中面临哪些挑战和发展趋势？
3. 学前儿童艺术教育的内涵是什么，以及它在儿童成长过程中的作用有哪些？
4. 请列举几个儿童学习艺术的重要意义，并简要解释为什么这些意义对于儿童的成长至关重要。
5. 学前艺术教育目前存在哪些问题，以及如何解决这些问题以提高艺术教育的质量？
6. 请简要阐述皮亚杰、布鲁纳、埃里克森、布朗芬布伦纳和维果茨基等儿童发展理论在学前儿童艺术教育中的应用。
7. 在评价儿童艺术作品时，应该注意哪些方面，以及如何正确引导和指导儿童进行艺术创作？
8. 在学前儿童艺术教育中，如何培养孩子的创造力、思考与观察能力、合作与交流能力以及尊重个体表达与审美价值的能力？

第二章

学前儿童美术教育

第一节 美术、儿童美术与学前儿童美术教育

一、美术

(一) 美术的定义与意义

美术是一种通过视觉媒介，例如绘画、雕塑、摄影等，表达艺术家的创造力、想象力和审美观点的艺术形式。美术以视觉形象和图形符号为媒介，通过构图、色彩、线条等艺术元素，以及对形式、结构和比例的处理，创造出美感和艺术效果。它是一种非语言的艺术表达方式，能够直接影响人们的情感、思考和感知，同时也是一种文化传承方式，传递和保存着特定文化的价值观念、历史记忆和审美意识。

美术作品可以包括绘画、雕塑、摄影、装置艺术、数字艺术等多种形式。美术作品可以呈现自然景观、人物形象、抽象概念等内容，也可以通过形式和风格的多样性展现出不同的艺术风格和流派。美术的目的不仅在于艺术家的个人创作和表达，也在于观众的欣赏和理解，以及艺术作品对社会和文化的影响和反思。

美术活动具有多方面的意义与价值：

(1) 个人的审美体验与情感表达：美术作品能够激发人们的情感，带来美的享受和感受，满足个体对美的需求，同时也是艺术家个人情感和思想的表达。

(2) 文化传承与历史记忆：美术作品是文化传承的一种方式，它保存和传递着特定文化的历史记忆、价值观念和审美观点，同时也能够促进不同文化之间的交流和理解。

(3) 社会反思与思想启示：美术作品常常具有批判和反思社会问题的意义，能够引发人们对社会现实和人生意义的思考和启示，同时也为社会和人类的进步提供了思想和精神的支持。

（4）美学教育与艺术修养：美术作品不仅是艺术家的个人创作，也是观众的审美体验和教育，它能够培养个体的审美能力和艺术修养，提高人们的文化素质和人文关怀。

（5）经济与市场价值：美术作品也具有一定的经济和市场价值，艺术品市场的繁荣和艺术品交易的活跃，也为艺术家的生计和创作提供了一定的支持和保障。

美术作品不仅具有艺术性，其在文化、社会、历史和经济等多方面都体现出独特的意义与价值，是人类文化和精神生活的重要组成部分。

（二）美术起源及其对儿童美术教育的启示

美术的起源是一个复杂的问题，人们一直在对它进行研究和探讨。关于美术起源的猜测接受程度最高的有：

（1）模仿自然：一些学者认为，美术起源于人类对自然界的模仿和描绘。早期的美术作品多以动物、植物和人类形象为主题，通过模仿自然界的形象和景物来表达观察和感知。

（2）社会仪式：另一些学者认为，美术起源于社会仪式和宗教活动。早期人类可能通过绘画、雕塑等方式来表达对神灵的崇拜和敬意，以及参与社会仪式、祭祀活动或巫术仪式。

（3）装饰与符号：还有一些学者认为，美术起源于装饰和符号的需求。早期人类可能通过绘制图案、刻画符号等方式来装饰身体、工具或其他物品，同时也用于交流和传递信息。

（4）内在表达：还有一些学者认为，美术起源于个体的内在表达和情感宣泄的需要。早期人类可能通过绘画、刻画等方式来表达内心的情感、经历和体验。

这些猜测并不是相互独立的，实际上，美术起源可能是多个因素综合作用的结果。由于早期艺术作品的保存和传承存在一定的限制，因此对美术起源的研究仍然存在许多未解之谜和学术争议。尽管如此，美术起源于人类对世界的感知、表达和创造的需求等方面已被普遍接受。最早的美术作品，如洞穴壁画和原始雕塑，反映了史前人类对生活、自然和宗教信仰的理解已成为普遍共识。从美术的起源中，我们可以得到一些对儿童美术教育的启示：

（1）自然与生活情境对儿童美术创作的重要性。美术起源于人类对自然和生活的观察、模仿与表现，因此，在儿童美术教育中，应关注自然和生活情境对儿童艺术创作的启发作用。（图2—1）教育者可以引导儿童观察身边的自然景物和生活场景，激发他们的创作灵感，培养他们对美的发现和体验。教育者应鼓励儿童对生活的观察，从不同的角度、不同的侧重引导孩子在观看的层

图2—1 幼儿的生活经验是他们进行绘画创造的重要源泉

　　创造丰富的生活体验机会、引导幼儿在生活中观察、感受和体验，并积极鼓励幼儿用美术创作表现他们的生活经验和感受，诱发儿童更多美术创作行为的发生，让美术创作成为儿童生活的一部分。这个过程不仅让幼儿获得不同途径表达自己的机会，而且美术活动的趣味性本身会激励儿童更愿意用这种方式来记录和表达自己的经验和感受，潜移默化中增加了他们"刻意练习"，促进他们对工具和材料的熟悉程度，加速他们美术技巧的发展。

面捕捉更多的视觉信息，以便更好地激发儿童表现的欲望，挖掘更打动和吸引儿童的表现内容，诱发儿童美术创作行为的发生。

（2）美术创作在儿童的表达与沟通方面的独特功能。美术起源于人类对情感和思想的表达和沟通需求。在儿童美术教育中，应强调美术的表达和沟通功能，鼓励儿童将自己的情感和想法通过绘画、雕塑等形式传达出来。这有助于培养儿童的自我表达能力和社会交往能力。在进行儿童美术教育的时候，由于儿童对媒介材料和表现技术掌握水平偏低，教育者除了需要耐心观看儿童的美术创作，在美术作品中获得儿童表达的信息，还需要通过观察儿童的表情、了解儿童的生活和经历、与儿童对话等方面获得更多的信息，以更好地帮助教育者了解儿童表达的内容、方式和技巧等。（图2—2）

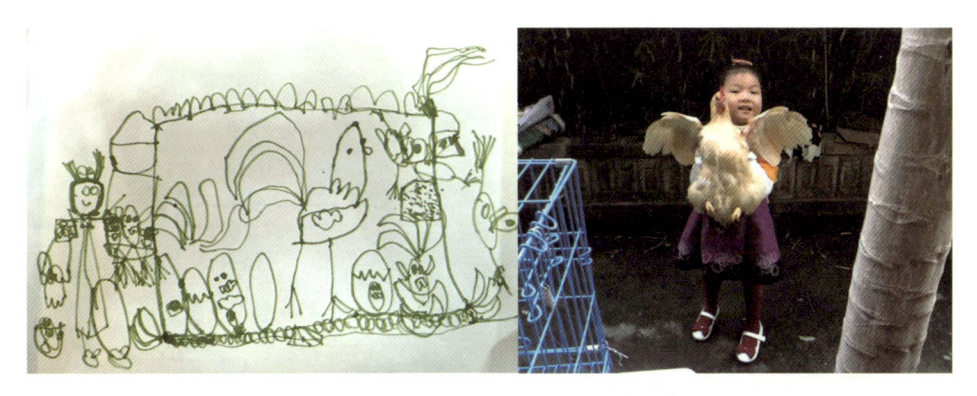

图2—2　4岁2个月的赵紫辰小朋友在朋友家的鸡舍看到一只很漂亮的公鸡和一只长得很大的母鸡。朋友将比较温驯的母鸡抱出来和孩子玩了一会儿，将公鸡留在鸡笼里。这张《公鸡在笼里》就反映了孩子的生活经历，以及孩子与母鸡玩耍之后的故事续编。

（3）美术是培养创造力和想象力的重要途径。美术的起源表明，人类具有丰富的创造力和想象力。在儿童美术教育中，教育者应注重创造力和想象力的培养，提供多样化的艺术活动和材料，激发儿童的创意思维。此外，教育者还应尊重儿童的个性和特点，鼓励他们勇于尝试和创新。美术创作没有标准的答案，这为儿童大胆想象创造了有利条件。儿童在进行美术表现活动的时候会面对许多问题，鼓励孩子用自己的方式和自己发现的方法解决这些问题，并肯定儿童的努力，可以更好地激发他们创造性解决问题的行动。（图2—3）

（4）美术可以记录历史，传承文化。美术的起源与发展融合了不同历史时

图2—3　萧韩绮老师在美工活动中让孩子们探索用折纸的方式折出两种不同的鸟的形象。活动中，孩子们通过观察和尝试，折出了这两种鸟的大体形状，还为自己所折的鸟添加了装饰和背景，将自己的想象和创造融入一个新的画面中，形成不同的故事。

期和文化背景的精华。在儿童美术欣赏教育中，教育者可以引导儿童了解和欣赏世界各地不同历史时期的美术作品和风格，培养他们的历史意识和文化素养。这有助于儿童建立全球视野和跨文化交流的能力。（图2—4）

（5）美术教育的普及性与开放性。美术的起源表明，艺术创作是人类的本能需求，无论年龄、性别、种族和文化背景，每个人都有参与美术创作的权

图2—4 美术作品可以记录历史，传承文化，孩子们在欣赏这些作品时，可以直观感受到这些作品的色彩、形式、材质、风格等。

利和能力。因此，在儿童美术教育中，教育者应坚持美术教育的普及性和开放性，为所有儿童提供平等的学习和发展机会。如关注自然与生活情境、表达与沟通功能、创造力与想象力培养、历史与文化传承以及美术教育的普及性与开放性。这些启示有助于更好地进行儿童美术教育，促进儿童的全面发展。

（三）美术的特征与分类及其对儿童美术教育的启示

1. 美术的特征

（1）视觉性：美术是视觉艺术，美术最基本的特征就是视觉性。美术通过色彩、线条、形状、构图、空间等美术元素，经过组合和运用，创造出视觉效果，引起人们的视觉感受和审美体验。

（2）创造性：美术是一种创造性的艺术，艺术家通过自己的创造和想象，表达内心的情感和思想。艺术作品的创造性体现在艺术家的选题、表现方式、手法和风格等方面。

（3）表现性：美术作品是一种表现性的艺术，艺术家通过自己的作品表达

自己的思想和情感，同时也表达了社会和时代的特征。艺术作品的表现性体现在主题和内容的选择、表现手法和风格等方面。

（4）客观性：尽管美术作品是艺术家主观意识的表达，但是它也具有客观性。艺术家通过对客观世界的观察和把握，创造出具有客观性的艺术形象，使人们感受到客观世界的美和真实。

（5）文化性：美术作品是文化的产物，其创作和表现都受到特定文化和历史背景的影响。艺术家通过自己的作品表达自己所处的文化和时代的特征，同时也创造了新的文化价值。

这些特征共同构成了美术作品的基本属性，也是人们欣赏和评价美术作品的重要标准。

2. 美术的基本元素和形式原理

（1）美术的基本元素

美术作为一种视觉艺术，是由点、线、形状、色彩、肌理、空间和光影等基本的造型元素构成，艺术家通过这些造型元素完成形像的塑造、空间的表现、情感的表达和意境的传达。

点是美术造型中最基本的元素，它可以是一个实际的点，也可以是一个虚构的点。通过点的聚合、排列或组合，可以构成更复杂的图形和形状。首先，点作为美术元素在造型艺术中具有重要意义，它是构成线、面、形、色等其他美术元素的基本单位，同时也是构成整个造型艺术作品的基础。在造型活动中，通过对点的排列、组合和变化，可以创造出丰富多样的线条、形状和纹理。其次，点可以表现出各种形式和风格，通过使用大小、形状和颜色不同的点，可以创造出独特的视觉效果和艺术风格。点可以通过其位置、大小和形状等特征来表达艺术家的情感和意境，如分散的点可以表现出一种自由奔放的氛围，而有序的点则可以传达出宁静和谐的感觉。最后，点可以用来强调作品中的某一部分，或者吸引观众的注意力。通过使用颜色、大小和位置等手段，点可以成为作品中最具视觉吸引力的元素。点可以通过不同的排列方式，创造出节奏感和动感，如在绘画、雕塑等造型艺术作品中，点的有序排列和变化可以表现出动态的视觉效果。在绘画和雕塑等造型艺术中，通过对点的处理，可以增加作品的层次感和立体感，如通过对点的透明度、大小和颜色等方面的调整，可以表现出空间的深度和距离。

线是由点延伸而来的，可以是直线、曲线、折线等。线在美术作品中起到了分割空间、构建形状、表现动态等作用。线条的粗细、弯曲程度等特征对作品的视觉效果有很大影响。线可以是实际的或抽象的，具有方向性、延伸性和连续性的特点。在造型活动中，线是描述和表现物体形状的重要手段。在绘画、雕塑等造型艺术中，线可以描绘出物体的轮廓、结构和细节，使其具有可辨认和独特的形态特征。线的方向性及其带来的动感效果，可以表现出作品的动态效果。通过线的弯曲、交叉和延伸，艺术家可以创造出生动的视觉节奏和动态感。此外，形状是由线围合而成的封闭图形，如三角形、矩形、圆形等。形状在美术作品中具有很强的表现力，可以通过形状的变化、组合、重复等手法表达作品的主题和情感。形是由点、线和面组成的，可以是二维的或三维的，具有一定的空间形态特征，是描述和表现物体的基本手段。在绘画、雕塑等造型艺术中，形可以呈现出物体的外观、结构和空间关系，使其具有可辨认和独特的形态特征。

　　点、线和形状这三种美术元素在构成和划分空间方面具有重要作用。通过点、线和形状的排列和组合，可以构建出丰富多样的空间结构，表现出空间的层次感、深度感和立体感。它们还可以通过其形式和风格来表达艺术家的情感和意境，如流畅的曲线可以传达出优雅和柔美的氛围，而锐利的直线则可以表现出严谨和力量的感觉；柔和、圆润的形状可以传达出温馨和舒适的氛围，而繁复、错综的形状则可以表现出神秘和复杂的感觉。在美术作品中，点、线和形状都可以引导观众的视线，使其关注作品中的重点部分。线可以是实线，也可以是视觉的延伸线。通过线的方向、强度和长度等手段，艺术家可以实现对观众视觉焦点的引导和控制；通过形的大小、位置和关系等手段，艺术家可以实现对观众视觉焦点的引导和控制。点、线和形状在美术作品的结构性和稳定性方面具有重要作用，可以增强作品的结构感，使其更加稳定和均衡。不仅如此，点、线和形状还可以强调作品的形式和风格特征。通过对线的处理，艺术家可以创造出独特的艺术风格，如简约、抽象、装饰等。

　　色彩是美术作品中非常重要的元素，它可以表达作品的情感、氛围和风格等。色彩主要包括色相、明度和饱和度三个方面。通过色彩的搭配、对比和过渡，可以丰富作品的视觉效果。色彩可以表现物体的属性，如材质、质感、光线等。通过对色彩的处理，艺术家可以描绘出物体的真实感和立体感，使作品具有更强的逼真效果。色彩可以调节和统一画面的氛围和效果。通过对色彩的搭配和运用，艺术家可以实现作品的视觉平衡和和谐，使画面更具统一感和协调感。色彩具有强烈的情感表达力，可以传达艺术家的情感和意境。例如，暖色调可以表现出温馨、热情的氛围，而冷色调则可以传达出宁静、冷峻的感觉。色彩可以强调和突出画面中的重点部分。通过使用鲜明、对比强烈的色彩，艺术家可以吸引观众的注意力，突出作品的主题和中心。色彩可以增强作品的艺术表现力。通过对色彩的运用和处理，艺术家可以创造出独特的艺术风格和视觉效果，使作品更具美感和个性。色彩可以创造视觉动态和节奏。通过色彩的变化和对比，艺术家可以为作品注入生动的视觉节奏和动态感。色彩可以增加作品的层次感和空间感。通过对色彩的明暗、冷暖、纯度等方面的处理，艺术家可以表现出空间的深度和距离，使作品具有更丰富的立体感。

肌理是物体表面的质感特征，如光滑、粗糙、柔软等。肌理是描述物体外观、触感和视觉效果的重要元素。肌理可以是天然的，如木材、石头、皮肤等，也可以是人造的，如织物、涂料等。肌理可以表现物体表面的特征，通过对肌理的描绘和处理，艺术家可以使作品更加逼真和生动，为作品赋予丰富的观感体验。肌理可以为作品增添丰富的视觉效果，通过对肌理的运用，艺术家可以创造出独特的艺术风格和视觉效果，使作品更具个性和美感。肌理具有一定的情感表达力，可以传达艺术家的情感和意境。柔和、光滑的肌理可以表现出温馨、舒适的氛围，而粗糙、繁复的肌理则可以传达出神秘、复杂的感觉。肌理可以为作品增添丰富的触感体验，在雕塑、陶瓷等立体艺术中，肌理的运用可以使观众在触摸作品时感受到更多的纹理和质感变化。

空间，作为美术元素之一，是指物体之间、物体与背景之间的相互关系和距离感。在绘画、雕塑、建筑等领域中，空间的处理对于作品的整体效果和艺术价值具有重大意义。空间是美术作品中的虚实关系和景深效果。通过对空间的处理，艺术家可以描绘出物体在空间中的相互关系和排列，使作品具有更强的逼真效果和立体感。空间可以增强作品的视觉效果。通过对空间的运用，艺术家可以创造出丰富的视觉层次和空间感，使作品更具个性和美感。空间具有一定的情感表达力，可以传达艺术家的情感和意境。例如，开阔、广阔的空间可以表现出自由、舒适的氛围，而狭窄、压抑的空间则可以传达出紧张、矛盾的感觉。空间可以强调和突出画面中的重点部分。通过使用空间的对比和变化，艺术家可以吸引观众的注意力，突出作品的主题和中心。空间可以营造作品的氛围和环境。通过对空间的处理，艺术家可以根据作品的主题和要求，创造出相应的氛围和环境，使作品更具情感和意境。

光影是美术作品中的明暗对比和层次感。光影的运用可以强调物体的形状和质感，表现作品的光照环境和氛围。在绘画、雕塑、摄影等领域中，光影的运用对于作品的整体效果和艺术价值具有重大意义。光影可以增强作品的立体感和空间感。通过对光源、明暗、阴影等方面的处理，艺术家可以描绘出物体的立体形态和空间关系，使作品更具真实感和深度感。光影可以营造作品的氛围和环境。通过对光影的运用，艺术家可以根据作品的主题和要求，创造出相应的氛围和环境，如温暖、宁静、神秘等。光影具有一定的情感表达力，可以传达艺术家的情感和意境。例如，柔和的光影可以表现出温馨、舒适的氛围，而强烈的光影对比则可以传达出紧张、矛盾的感觉。光影可以强调和突出画面中的重点部分。通过使用明暗对比和光线聚焦，艺术家可以吸引观众的注意力，突出作品的主题和中心。光影可以描述物体的质感和材质。通过对光影的处理，艺术家可以表现出物体表面的光滑、粗糙、透明等特征，使作品更加逼真和生动。

（2）美术的形式原理

美术的形式原理是指在美术创作过程中，艺术家遵循的一系列关于形式、结构、组织等方面的基本规律和原则。这些原理是艺术家在实践中总结出来的，有助于塑造作品的整体风格和审美效果，使作品富有美感和艺术价值。美术形式原理包括对称、均衡、重复、节奏、对比、变化、统一等。

对称是指作品中形象或构成元素在一定轴线上呈现相同或相似的分布。对称可以使画面具有稳定、和谐的视觉效果，强调主题并突出核心形象。在艺术创作中，对称有助于传达平衡和安定的美学意境。对称可以为作品创造视觉上的平衡与稳定感。通过对称的布局，艺术家能够使画面中的形象或构成元素相互呼应，从而实现画面的平衡。这种平衡感使观众在欣赏作品时能够感受到一种和谐与稳定的氛围。对称有利于突出作品的主题和核心形象。通过对称的布局，艺术家可以使观众的注意力集中在画面的中心，从而更好地传达作品的主题思想。同时，对称还可以强化某些重要元素的视觉效果，使之更具吸引力。对称结构在视觉上给人以秩序、整齐、和谐的感觉，容易为观众所接受。在艺术创作过程中，艺术家通过对称原则的运用，可以为作品赋予独特的美感。对称原则在不同文化背景下具有丰富的内涵。在许多传统文化中，对称被认为是一种完美的象征，代表着和谐、秩序、稳定等美好寓意。因此，在艺术创作中，对称原则的运用有助于丰富作品的文化内涵，增加其深度。

均衡是指作品中各种构成元素之间达到一种动态或静态的平衡关系。均衡可以使画面视觉上更稳定、舒适。在艺术创作中，艺术家通过控制画面的色彩、形状等元素，实现视觉上的均衡，为作品赋予和谐与稳定的美感。当作品中的各种元素达到一定的平衡关系时，观众在欣赏过程中会感受到一种安定与舒适。艺术家通过对构图、色彩、形状等方面的巧妙处理，实现视觉上的均衡，为作品营造一种和谐的氛围。艺术家通过对作品中各种元素的平衡处理，可以引导观众的视线聚焦在作品的核心部分，从而更好地传达作品的主题思想。同时，均衡也可以使作品中的重要元素更为醒目，增强其表现力。一个均衡的画面会给观众带来视觉上的愉悦，使作品更具吸引力。均衡原则可以使作品的表现形式更加丰富多样。均衡原则在艺术创作中的运用，有助于拓展艺术家的创作思路和表现手法。

重复是指作品中某一元素或形象的多次出现。重复可以强化画面的视觉效果，产生节奏感，增强作品的视觉冲击力，使作品更具规律性和整体性的同时引发观众的注意，增强作品的吸引力。在艺术创作中，重复有助于加强主题表达，突出某一元素的重要性。重复在艺术作品中可以产生一定的节奏与韵律感。通过对某一元素或形象的有规律的排列与组合，艺术家可以为作品赋予一种动态的感觉，使其更具生命力和活力。当作品中的元素按照一定的规律进行重复时，观众可以更容易地理解作品的结构和表达意图。同时，重复有助于统一作品的整体风格，使其更具完整性。在某些艺术作品中，重复的元素或形象往往具有特定的寓意与象征意义。通过对某一元素的重复，艺术家可以传达某种思想、情感或观念，使作品具有深度和内涵。

节奏是指作品中构成元素的有规律的排列和组合。节奏在艺术作品中可以创造出一种动态的感觉。通过对线条、形状、色彩等元素的有序安排，艺术家可以使作品具有一定的节奏感，从而使画面更具动感和生气。这有助于增强作品的表现力，使之更具吸引力。节奏在艺术作品中可以产生一定的韵律感。韵律感是指作品中元素之间的和谐与协调关系，它可以使观众在欣赏作品时感受到一种美感。通过运用节奏原则，艺术家可以为作品创造出一种富有韵律感的画面，提高观众的审美体验。节奏在艺术创作中还可以传达一定的情感与氛围。通过对节奏的把握与处理，艺术家可以表现出不同的情感状态，如欢快、宁静、紧张等。这有助于增强作品的情感张力，使观众更容易产生共鸣。

对比是指作品中不同元素之间形成明显的差异和对立。对比可以增强画面的视觉冲击力，使作品更具张力和层次感。在艺术创作中，艺术家通过对比明暗、冷暖、大小等方面的处理，强化画面的表现力，突出作品的主题。对比可以为作品带来强烈的视觉冲击力。通过对明暗、冷暖、大小、轻重等方面的对比处理，艺术家可以创造出鲜明的视觉效果，使作品更具吸引力。对比有助于突出某一元素，强化其在画面中的地位。对比可以使作品具有一定的张力与层次感。当作品中的元素形成对比时，观众会感受到一种动态的视觉效果，使画面更具生动性。同时，对比还可以为作品带来丰富的层次感，使其更具深度。

变化是指作品中构成元素的多样性和差异性。变化可以使画面更具趣味性和动态感，增强作品的表现力。在艺术创作中，艺术家通过对线条、形状、色彩等元素的多样化处理，丰富画面，提高观众的审美体验。

统一是指作品中各种元素之间的协调和整体性。统一可以使画面具有一致性和完整性，有助于传达作品的主题。在艺术创作中，艺术家需要在对比、变化等方面的处理基础上，保持作品的整体风格和视觉效果的一致性，使作品具有较高的艺术价值。

对称、均衡、重复、节奏、对比、变化、统一等这些形式原理在艺术创作中相互联系、相互影响，共同构成了艺术作品的视觉结构和表现效果。对称是一种特殊的均衡形式，通过元素在中轴线两侧的相同排列来实现视觉上的平衡。而均衡则是作品中各种元素之间达到一种稳定的状态，它不仅包括对称，还包括非对称的平衡。对称与均衡共同维持作品的视觉稳定与和谐。重复可以为作品带来规律性和整体性，而节奏则是通过对元素的有规律的排列和组合，使作品具有动感和韵律感。重复和节奏相互关联，共同为作品创造一种富有生命力和活力的视觉效果。对比可以增强画面的视觉冲击力，通过变化可以使作品更具动感和丰富性。对比和变化相辅相成，共同为作品带来张力、层次感和表现力。

3. 美术的内容和形式

美术是一个流变的概念，其内涵和外延在人类文明发展进程里不断变化和发展着。彭吉象根据美学原则将艺术分为五大类，即实用艺术（建筑、园林、工艺美术与设计）、造型艺术（绘画、雕塑、摄影、书法）、表演艺术（音乐、舞蹈）、综合艺术（戏剧、戏曲、电影艺术、电视艺术）和语言艺术（诗歌、散文、小说）等[1]。在我国的基础教育语境中，美术就是"实用艺术"与"造型艺术"的统称。改革开放之初，我国的美术学科走上发展的快车道，发展出包含绘画、雕塑、版画、摄影、建筑艺术、工艺美术、设计艺术、新媒体艺术、装置艺术等。

（1）绘画

绘画艺术是一种通过绘画表达和传达情感、思想、观点以及审美体验的艺术形式。"绘画是造型艺术中最主要的一种艺术形式。它是一门运用线条、色彩和形体等艺术语言，通过构图、造型和设色等艺术手段，在二度空间（即平面）里塑造出静态的视觉形象的艺术。"[2]它是艺术家用颜料、墨水、颜料笔等工具在画布、纸张或其他媒介上进行创作的过程和结果。绘画艺术的创作可以通过各种绘画技法、风格和表现手法来实现，如写实主义、抽象主义、印象主义、表现主义等。艺术家可以通过色彩、线条、形状、构图、空间等元素的运用，创造出独特的视觉效果，引起观者的情感共鸣和思考。绘画艺术不仅

1 　彭吉象. 艺术学概论 [M]. 北京：北京大学出版社，2006:86.
2 　彭吉象. 艺术学概论 [M]. 北京：北京大学出版社，2006:118.

可以表现客观世界的形象和事物，也可以表达艺术家内心深处的情感、思考和想象。它可以是个人艺术家的表达和创造，也可以是对社会、历史、文化等议题的反思和探索。绘画艺术具有广泛的影响力和文化价值，它可以激发人们的美感，提供审美享受，传递艺术家的独特视角，以及记录历史和文化的变迁。绘画艺术在艺术史上占据重要的地位，对于人类文明的发展和艺术传统的延续具有重要意义。

根据材料性质的不同，绘画可以分为国画、油画、水彩画、素描等；根据绘画内容的不同，绘画可以分为风景画、静物画、人物画、动物画等；根据绘画表现的题材，绘画可以分为宗教画、历史画、宫廷画、世俗画等。彭吉象认为，"从世界绘画的两大体系来看，以中国画为代表的东方绘画和以油画为代表的西方绘画，各有着自己的基本特征和历史传统，从而形成各自不同的表现形式和审美特点"[1]。

（2）雕塑

雕塑"是立体（三度空间）的空间艺术和视觉艺术，它使用一定的物质材料制作出具有实体形象的艺术品，由于制作方法主要是雕刻和塑造两大类，故称为雕塑"[2]。也就是说，雕塑是一种立体艺术形式，通过用各种材料（如石头、木材、金属、陶瓷等）雕刻、塑造、构建等手法，创造出具有形体、质感和空间感的艺术品或装置。

雕塑作品可以是立体的雕像、雕塑组、浮雕等形式。它们可以是人物形象、动物、抽象形状、实物模拟等，以及各种艺术家的创造和想象。雕塑可以通过雕刻、塑造、焊接、铸造等技术来实现，也可以结合其他材料和技术，如声音、光影、机械装置等，创造出更加复杂和多样的作品。

雕塑艺术具有立体感和空间感，与观者在空间中的互动和观察密切相关。它不仅可以在室内或室外的艺术展览中展示，还可以作为公共艺术品、纪念碑、建筑装饰等形式存在。

雕塑作品可以表达艺术家的思想、情感、审美观点，也可以反映社会、历史、文化等议题。它们在艺术史上占据重要的地位，对于人类文明的发展和艺术传统的延续具有重要意义。

（3）版画

版画是一种利用版面印刷技术制作的艺术作品。彭吉象在艺术的分类中，将版画划入"绘画"的类型中。由于版画的绘制是通过制版和印刷完成，具有较

1　彭吉象．艺术学概论[M]．北京：北京大学出版社，2006:118.
2　彭吉象．艺术学概论[M]．北京：北京大学出版社，2006:123.

明显的工序性和工艺性，且具有"可复制性"的特点，而不同于油画、国画、水彩等绘画形式那样直接绘制而成。版画是通过在平面的木板、金属板或其他材料上雕刻、腐蚀、蚀刻等方式，制作成可以在纸张或其他媒介上印刷的图案或图像。

版画通常包括以下几种类型。

木版画：使用木材作为版面，通过雕刻刀等工具在木板上雕刻出图案或图像，然后涂上墨汁并将纸张压在上面印刷。

铜版画：使用铜板作为版面，通过化学腐蚀或蚀刻的方式在铜板上制作图案或图像，然后涂上墨汁并用印刷机印刷。

丝网版画：使用网状的丝绸或其他纤维材料，将图案或图像的油墨通过网孔印刷到纸张或其他媒介上。

石版画：使用石头（如石灰石、大理石等）作为版面，通过化学蚀刻或直接绘画的方式在石板上制作图案或图像，然后涂上墨汁并进行印刷。

版画作品具有独特的质感和表现力，通常可以通过重复印刷的方式制作多个相同的作品。艺术家可以通过版画技术表达自己的创作意图，并在印刷过程中探索颜色、质感、层次等效果，创造出丰富多样的艺术作品。版画艺术在艺术史上占据重要地位，对于艺术创作和传播起到了重要的推动作用。

版画作为一个独特的画种，在世界各地流传下来许多具有极高价值的版画作品。其中，德国与中国在世界版画艺术的发展上有着独特的贡献。中国的民间年画就是版画的一种形式，在我国流传广泛。中国最早的版画主要是表现佛教题材的画像，随后出现在各种画谱和文学著作的插图中，明清两朝是我国传统版画的高峰时期。五四新文化运动之后，在鲁迅先生的扶持下，出现了新兴版画运动，促进了中国版画艺术的发展。欧洲最早的版画出现在文艺复兴时期，随着中国凸版印刷术传到欧洲以后逐渐发展起来。德国版画艺术的代表人物丢勒，以严谨的造型、洗练的笔法、丰富的色调，将木刻版画的表现力推向一个全新的高度。

（4）摄影

摄影是一种以光线作为媒介，通过相机等设备将图像记录在感光材料上的艺术和技术。它是通过控制光线和影像的方式，创造出具有艺术价值的图像。"摄影是运用照相机作为基本工具，根据创作构思将人物或景物拍摄下来，再经过暗房工艺处理，塑造出可视的艺术形象，用以反映社会生活与自然现象，并表达作者思想情感的一种艺术样式。"[1]随着技术的发展与革新，摄影设备

1　彭吉象．艺术学概论[M]．北京：北京大学出版社，2006:127.

发生了惊人的变化。作为智能手机的一个功能，"摄影"的设备门槛已大大降低，这极大地拉近了摄影与大众的距离。

摄影的基本原理是利用透镜将光线聚焦在感光材料上，形成图像。感光材料可以是胶片、数码传感器等，通过控制曝光时间、光圈大小等参数，可以调整图像的亮度、对比度、色彩等效果。

摄影作品可以包括人物肖像、风景、建筑、动物、物品等各种主题。摄影可以通过不同的技术手段和处理方式，如黑白摄影、彩色摄影、HDR、后期处理等，创造出多样的效果和艺术表现形式。

摄影艺术在艺术史上占据重要地位，它不仅是一种记录和传达信息的媒介，还可以表达摄影师的思想、情感和审美观点。摄影作品可以通过展览、出版、网络等多种渠道进行传播，成为人们了解世界和艺术的重要途径之一。

(5) 建筑艺术

建筑艺术是指"按照美的规律，运用建筑艺术独特的艺术语言，使建筑形象具有文化价值和审美价值，具有象征性和形式美，体现出民族性和时代感"[2]。作为一种具有高度实用性的艺术形式，建筑艺术也被视为一种实用艺术，这使建筑艺术的技术性与艺术性有着密切的关系。现在，建筑艺术被视为一种将建筑物设计为美观、实用和符合功能要求的空间结构的艺术。它涉及空间、形式、色彩、材料、光线等多种视觉和感知元素，以及结构、工程、环保等技术和实践方面。建筑艺术不仅关注建筑物的外观，还关注室内和周边环境的设计与规划。建筑艺术包括建筑设计、室内设计、景观设计、城市规划等内容。

建筑艺术作品可以体现不同的历史时期、文化背景和地域特色。建筑艺术家通常会借鉴传统和现代建筑理论、技术和风格，创作出具有个性和创新的建筑作品。建筑艺术不仅关乎美学，还关乎人类社会的生存和发展。

(6) 工艺美术

工艺美术，又称"工艺艺术"，是一种将实用性、装饰性和艺术性相结合的艺术形式。工艺美术通过对各种材料(如陶瓷、纺织、金属、木材、玻璃等)的艺术加工和创意设计，制作出具有美学价值和实用功能的物品。工艺美术作品可以是家具、器皿、珠宝、纺织品等日常用品，也可以是独立的艺术品。工艺美术的主要内容包括陶瓷艺术、纺织(或称"纤维")艺术、金属(或称"金工")艺术、木材(或称"木工")艺术、玻璃(或称"琉璃")艺术、珠宝艺术等。

---

[2] 彭吉象. 艺术学概论 [M]. 北京：北京大学出版社，2006:88.

工艺美术"一般是指在造型和外观上具有审美价值，与人类的日常生活相关的一类美术品的总称，工艺美术直接受到物质材料和生产技术的制约，具有鲜明的时代风格和民族特色"[1]。因此，工艺美术作品不仅具有实用价值，还具有艺术价值和文化价值。工艺美术家通过对材料、技法、形式等多个方面的研究和创新，不断丰富和发展工艺美术的传统和现代表现。

（7）设计艺术

设计艺术是一种通过艺术和技术手段解决实际问题的艺术。事实上，人类在文明诞生之初就一直设法通过艺术和技术手段解决实际问题。但设计这个概念的提出，是工业革命之后才出现的。从英国的工艺美术运动开始，具有现代意义的设计运动拉开了序幕。但真正意义的设计，是以包豪斯设计学院的创建为标志的。现代设计"既区别于手工业品制作也不同于纯艺术品创作，它是在现代大工业生产基础上产生的工业产品创新的社会实践形态"[2]。设计艺术包括平面设计、产品设计、服装设计、多媒体设计等方面。设计作品可以涉及广告、包装、出版、影视、时装等多个领域。

（8）新媒体艺术

新媒体艺术是一种利用现代科技手段进行创作的艺术。新媒体艺术包括数字艺术、视频艺术、互动艺术、网络艺术等。新媒体艺术作品可以是独立的展览项目，也可以是与其他艺术领域的跨界合作。

（9）装置艺术

装置艺术是一种立体艺术形式，它利用材料、物体、空间和环境等元素，以创造性的方式构建出具有观念性和审美性的艺术装置或装置性作品。

装置艺术强调作品与观者的互动和环境的参与。它不仅是静态的艺术品，更是通过对空间、物体、声音、光影等元素的组合和运用，创造出具有情境感和体验性的艺术作品。

装置艺术通常具有以下特点。

空间性：装置艺术作品通常是立体的，占据一定的空间，并与周围环境相互关联。

观念性：装置艺术作品常常通过具体的形式和元素来表达艺术家的观念、思考或对社会、文化、环境等议题的关注。

参与性：观众在面对装置艺术作品时，通常会被鼓励参与进来，与作品进行互动，产生身临其境的体验。

1　彭吉象. 艺术学概论[M]. 北京：北京大学出版社，2006：95.
2　李泽厚，汝信. 美学百科全书[M]. 北京：社会科学文献出版社，1990：154.

多媒介性：装置艺术作品常常涉及多种媒介，如声音、视频、投影、机械装置等，以丰富作品的表现形式和效果。

装置艺术在20世纪后半叶兴起，它突破了传统艺术形式的限制，以独特的创意和表现方式，引起了观众对艺术的新思考和体验。装置艺术作品可以在画廊、博物馆、公共空间等不同场所展示，为观众带来全新的艺术体验和思考。

在现代社会生活中，随着社会的分工和知识的分化，以实用功能和大工业生产为基础的设计逐渐从美术中分离出来，而形成两个相互关联但又有区别的概念。现代艺术设计是一门涉及多种领域、多种技能的学科，主要包括平面设计、产品设计、环境设计、时尚设计、工业设计、交互设计、动画与游戏设计、新媒体设计等。

（1）平面设计：平面设计主要涉及二维空间内的视觉传达，包括排版、插图、色彩、线条、形状等元素。平面设计的应用领域包括广告设计、包装设计、出版物设计、品牌形象设计、海报设计等。

（2）产品设计：产品设计关注实用性物品的美观和功能性，涉及家具、电子产品、交通工具、日常用品等各种产品的设计。产品设计需要考虑用户需求、材料、工艺、成本、环保等多个方面。

（3）环境设计：环境设计主要涉及空间和环境的规划、设计与美化，包括建筑设计、室内设计、景观设计、城市规划等。环境设计关注空间的实用性、舒适性、美观性和可持续性。

（4）时尚设计：时尚设计主要涉及服装、饰品、鞋帽等时尚产品的设计。时尚设计需要关注流行趋势、面料、色彩、款式、裁剪等多个方面，旨在满足消费者的审美和功能需求。

（5）工业设计：工业设计是产品设计的一个分支，关注大规模生产的工业产品的设计。工业设计需要考虑产品的美观性、实用性、生产工艺、成本和市场竞争力等多个方面。

（6）交互设计：交互设计主要关注人与产品或系统之间的互动过程，涉及界面设计、用户体验设计、信息架构等方面。交互设计的应用领域包括网站、移动应用、游戏、智能设备等。

（7）动画与游戏设计：动画与游戏设计涉及动画片、电影特效、游戏角色、场景等视觉元素的设计。这一领域需要掌握绘画、建模、动画制作、视觉特效等多种技能。

（8）新媒体设计：新媒体设计是一种运用数字技术进行创作的艺术形式，包括数字艺术、网络艺术、互动艺术等。新媒体设计可以应用于网站、移动应用、虚拟现实、增强现实等多个领域。

这些艺术设计内容之间可能相互交融和影响，形成更为丰富和多元的设计形式。艺术设计作品可以反映个体和社会的审美观念、价值观和实际需求，为人们的生活带来美感和便利。

美术与设计都是诉诸视觉形式的表达，两者具有共性，但在目的、方法和实践中存在差异。（图2—5）

首先，美术和设计都属于视觉艺术范畴，它们通过视觉元素（如线条、色彩、形状、纹理等）来传达信息、情感和观念。其次，美术与设计都遵循如平衡、对比、统一、重复等视觉审美原则。这些原则有助于创作出富有美感和吸引力的作品。最后，两者都需要创意思维，即通过观察、想象、实验等方式发现新的视觉表达和解决问题的方法。在实践过程中，美术和设计都可能会使用相似的技能和工具，如绘画、雕塑、摄影、电脑软件等。

但美术和设计在目的、受众、创作过程和作品评价方面又有各自的特点。美术主要关注个人情感和思想的表达，作品往往具有较高的艺术价值和审美价值，而设计则更注重解决实际问题和满足功能需求，作品往往具有实用性和市场价值。美术作品通常面向广泛的观众，旨在引起共鸣和反思，而设计作品则

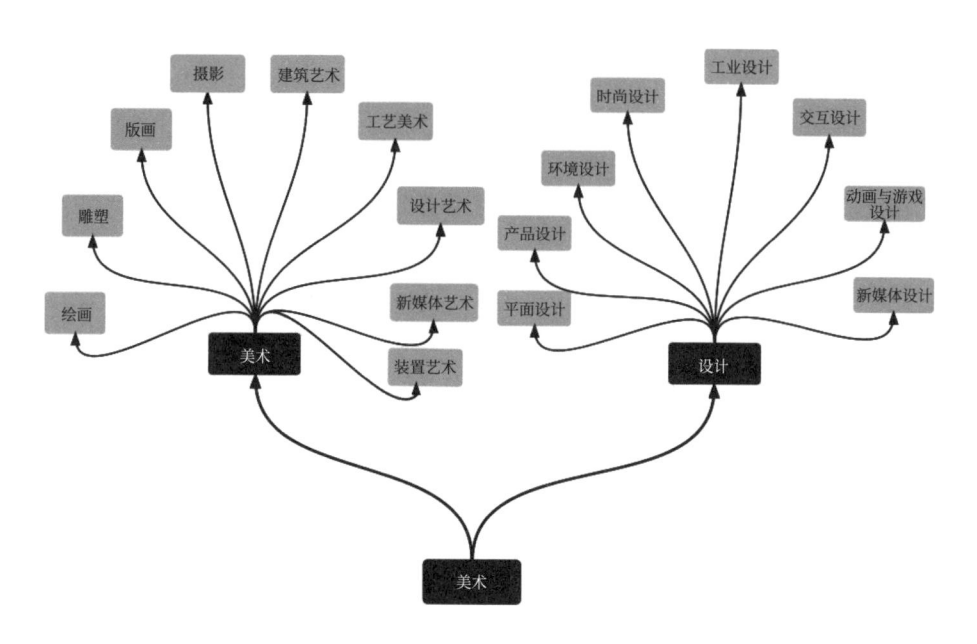

图2—5 美术的一般分类示意图

针对特定的用户和场景，旨在提供便利和满足需求。美术创作往往强调个人观点和风格，艺术家可以自由地探索和尝试，而设计创作则需要遵循客户要求、市场趋势和技术限制等多种因素，设计师需要与团队和利益相关者进行合作和沟通。美术作品的评价通常基于艺术价值和审美价值，如原创性、表现力、技巧等，而设计作品的评价，除了视觉和形式上需要有一定的艺术价值和审美价值，更要在实用性、可行性和市场竞争力等方面加以评判。

4. 美术的特征及分类对儿童美术教育的启示

（1）儿童美术教育要突出美术活动的视觉特点。美术作为一种视觉艺术，通过视觉元素如色彩、线条、形状等来表达情感和思想。儿童美术教育应特别注重培养孩子的观察能力，引导他们注意分辨不同的视觉元素，促进对这些视觉元素之间关系的关注和理解。因此，教育者需要为儿童创造丰富的视觉体验机会，可以引导孩子们发现生活中具有形式美感的事物，发现生活中美的形式和元素，增强对美的发现能力，进而提高对形式美的敏感度，培养他们的生活情趣。教育者还可以主动营造美术欣赏的氛围，通过欣赏经典、优秀的美术作品，培养孩子的审美意识和艺术品位；教育者还可以引导儿童"回望"他们自己创作的美术作品，促进儿童对自己所创作的作品的"理性"反思，通过交流帮助儿童发现美术活动的结果——美术作品中传达的内容和情感，引发儿童对视觉元素的"有意注意"，帮助儿童积累美术表现的经验。

（2）儿童美术教育要突出美术活动的创造特点。美术是一种创造性的艺术，鼓励个性化的表达和创新。儿童自主在一张白纸上留下有意义的痕迹本身就是一种创造。当儿童用他们所发明的一套图形符号系统，来表达他们的经验和感受时，他们就是在进行一种创造性的活动。就像当孩子拿到一团泥巴时，他们通过揉、捏、搓、压等动作，改变泥巴的形状，塑造出一个新的形象的过程，就是一次极富探索性的创造活动。早期儿童对这些创造活动的结果并没有多大的关注，是活动过程的探索性、创造性深深地吸引他们参与到活动的过程之中。随着儿童经验的积累，这些创造活动的结果越来越多地能够满足他们"表达自己"的效果，而逐渐对美术创作活动的结果——作品产生更大的兴趣。随着他们创作活动结果的满意程度越来越高，儿童会进一步希望挑战不同的过程，以激发更多不一样的结果的可能。在儿童美术创造活动中，创造的特点尤为明显。因此，儿童美术教育应注重培养孩子的想象力和创造力，鼓励他们尝试不同的绘画技巧和表现手法，发挥个性，勇于表达自己的想法和情感。美术作品的创作需要技能和技巧的支撑，随着儿童不断参与这些美术活动，客观增加了他们的"刻意练习"，促进了儿童对工具材料的熟悉程度，也让他们的美术表现技术技巧更加熟练，进而形成一个美术学习的良性循环。

（3）儿童美术教育要突出美术活动的表现特点。美术可以创造强烈的视觉表现力，通过视觉形象来传达作者的思想和情感。儿童美术教育应教导孩子如何运用美术手法表达自己的思想和情感，培养他们的表达能力和沟通能力。由于学前儿童的材料、工具和图像表达技术等方面经验的有限性，与他们的认知可能存在不对称的情况。学前儿童的绘画表达的效果往往会表现出不同程度的"不完整"或"不全面"，这需要教育者和观众通过与他们对话、观察他们的创作过程和了解他们的生活经验，才能更好地理解他们作品所表现的内容和情感。随着儿童材料、工具和图像表达技术等方面经验的积累与发展，他们会越来越能控制不同的工具和材料，以表达自己的思想和情感。同时，当他们的表现技术不断提高时，其作品可被理解的空间会扩大，因而促使他们更愿意通过创造强烈的视觉图像表达自己。

纵观美术发展的历史，不难发现其"流变"的特点。在我国基础教育的语境中，美术过去在很长一段时间内主要以"图画""手工""欣赏"这三个形式为主。现在，随着美术学科的发展、美术教育理念的更新和日趋多元的儿童教育观念的引领，使学前儿童美术教育领域的内容也在不断变化和发展。

美术作品的类型繁多，如绘画、雕塑、工艺、设计等。在学前儿童美术教育中，教育者应主动了解更多的美术表现形式，充分利用这些多样化的艺术形式，为孩子提供不同的创作体验。这有助于拓宽孩子的艺术视野，激发他们的想象力和创造力。美术作品既有民族特色，也具有国际性。在学前儿童美术教育中，教师应引导孩子了解世界各地的美术作品，发现不同文化背景下的艺术魅力。这有助于培养孩子的跨文化交流能力，增进他们对多元文化的认识和尊重。在美术发展的过程中，既有对传统的传承，也有新颖的创造。在学前儿童美术教育中，教师应注重传承优秀的艺术传统，同时鼓励孩子敢于创新，勇于尝试新的艺术形式和表现手法。这有助于培养孩子的创新意识和独立思考能力。

（四）美术与审美

美术和审美是紧密相关的概念，它们互相影响并相互依存。

美术是指视觉艺术的一种形式，包括绘画、雕塑、摄影、版画等多种艺术表现方式。美术作品通过艺术家的创作和表达，运用形状、色彩、线条、质感等元素，创造出具有审美价值的艺术品。美术作品可以展示艺术家对现实世界的观察、思考和感受，也可以反映出其审美观点和审美追求。

审美是指人们对于美的感知、欣赏和评价能力。它涉及个体对于艺术作品、自然景观、人物形象等的审美体验和主观感受。审美不仅是对美的感知，还包括对艺术作品的理解、解读和思考。它是一种主观的心理活动，受到个体的文化背景、经验、情感等因素的影响。

美术和审美之间的关系是相互促进和相互影响的。美术作品作为审美对象，通过其独特的艺术语言和形式，激发观者的审美感受和情感共鸣。观者的审美观点和审美经验也会影响其对美术作品的理解和评价。艺术家的创作受到审美观念和审美追求的指导，同时又通过作品的呈现影响观者的审美体验和思考。

美术和审美的关系是一个动态的互动过程，它们共同构成了人们对于艺术的欣赏和理解。通过美术和审美的交流与探索，人们能够获得更丰富的艺术体验，拓展对于美的理解和感知。

儿童美术教育应特别关注其审美教育的价值。人类天生具有对美的追求和欣赏能力。美术教育，有助于引导孩子关注和发现生活中的美，培养他们对美的敏感性和欣赏能力。通过美术教育，孩子可以学会欣赏自然、社会和人际关系中的美，形成良好的审美情操。儿童美术教育注重培养孩子的审美意识，有助于孩子的心灵成长和人格完善。研究表明，美术教育能够陶冶情操、丰富内心世界，帮助孩子形成积极的人生观、价值观和世界观。审美教育在儿童心灵成长中具有重要的作用。儿童美术教育强调培养孩子的审美创造和审美想象。孩子在美术创作过程中可以不断尝试、挑战和创新，通过绘画、雕塑等艺术形式表达自己的思想和情感，从而培养他们的创造力和想象力。通过审美教育，孩子可以学会欣赏和尊重他人的审美观念和价值取向，形成包容和谐的人际关系。此外，审美教育还可以帮助孩子培养良好的审美习惯和生活品位，提升他们的生活品质和社会适应能力。

（五）美术的作用及其对美术教育的意义

美术在人们的生活中有许多重要的作用，以下是其中一些主要作用：

（1）表达和传达情感：美术是一种艺术表达的方式，艺术家通过绘画、雕塑、摄影等形式，可以将个人的情感、思想和经历通过作品传达给观众，引发共鸣和情感交流。

（2）反映社会和文化：美术作品可以反映社会、文化和历史背景，展示不同时代的思潮、价值观和审美观念，为观众提供了解和思考社会现象的途径。

（3）拓宽视野和思维：美术作品可以开拓人们的视野，展示不同的艺术风格、创新的表现形式和多样的艺术手法，激发人们的创造力和想象力。

（4）增强审美能力：通过欣赏和学习美术作品，人们可以培养和提高自己的审美能力，对美的感知和理解能力得到提升，从而更好地欣赏和理解艺术。

（5）促进文化交流和对话：美术作品是不同文化之间交流和对话的桥梁，通过艺术展览、艺术节等形式，不同文化背景的人们可以通过艺术交流分享彼此的文化。

（6）提供艺术享受和心灵抚慰：美术作品可以给人们带来艺术上的享受和心灵上的抚慰，欣赏美术作品可以让人们感受到美的力量和情感的共鸣，带来内心的宁静和愉悦。

美术作为美术教育的内容体现出美术教育的"本质价值"，及其作为一种工具所体现的"工具价值"。美国学者艾斯纳，就提出了美术教育具有"①美术能发展人的审美感觉。②美术能培养人的感受性或感觉力。③美术有助于人发现事物的特殊性。④美术能帮助人们批评社会，并以隐喻的方式传达某种价值观。⑤美术能将人们带入梦幻和潜意识境界，从而使心灵最隐秘处的思想和情感得以敞开。⑥美术能使我们注意经验中琐碎的方面，从中发现新的价值。⑦美术以极强烈的情感力量，培养人与人的亲善关系。此外，它不仅开启了人们难以名状的层面，而且拓展了人的意识"的本质价值。[1]

二、儿童美术

（一）儿童美术的定义

就儿童美术可以有两种不同的理解，其一是儿童创造的美术，其二是为儿童创造的美术。儿童创造的美术，就是儿童在成长过程中所创作的美术作品，它反映了儿童的认识、经验、想法、态度、情感和审美观念等。为儿童创造的美术，就是根据儿童的认识、经验、想法、态度、情感、审美观念、喜好等创作出来的美术。本书要讨论的"儿童美术"特指前者，即儿童创造的美术。

儿童美术虽为儿童创造的美术，但儿童在创造过程中往往需要用到不同的工具、材料等，因而需要得到不同程度的协助或帮助才能更好地完成美术创作。这使儿童美术或多或少地表现出教育的影响和痕迹。

儿童美术不仅包括绘画、手工制作等传统美术形式，随着人们对美术形式

---

[1] 刘丰荣. 艾斯纳艺术教育思想研究 [M]. 中国台北：水牛出版社，1991：35—37.

接触越来越多，儿童美术的形式也越来越丰富。现在，儿童美术还包括雕塑、版画、摄影、动画等现代美术形式。

儿童美术反映了作为发展和成长中的儿童在美术方面的能力和素养表现与增长，也反映着儿童特定阶段的审美意识、创造力和美术技能。儿童美术创作也反过来为儿童的全面发展提供支持。通过参与美术活动，儿童可以锻炼观察能力、想象力、表达能力和动手能力，提高审美素养和创造力。此外，儿童美术活动还有助于培养儿童的自信心、合作精神和独立思考能力。

（二）儿童美术的特点

儿童美术作品往往以简单、直接的方式表达情感和想象。儿童没有成人那样复杂的思想和经历，因此他们的作品通常更具纯真和朴实的特点。这种纯真与朴实的特点使得儿童美术作品具有独特的魅力。

儿童对世界的理解没有太多知识与观念的束缚，在面对事物或问题的时候，他们也没有丰富的经验，因而需要创造性地"发明"解决的办法，这使儿童表现出惊人的想象力和创造力，这在他们的美术作品中得到充分体现。儿童在进行美术创作的时候，需要探索和发明一套图形表征的符号，并用这些符号进行表达和表现。此外，学前儿童很容易将现实生活中的事物进行拟人化、动物化等"生命化"的处理，"万物有灵"的阶段特征使儿童美术作品表现出独特的趣味和丰富的幻想。正是这种想象力推动儿童的美术创作活动，并激励着儿童创作出更多独特的奇思妙想的美术作品。

来自生理学研究的结果，表明儿童的视觉发育是一个逐步完善的过程。新生儿的视觉发育处于初始阶段，视力较弱，仅能分辨轮廓和大的光明与黑暗对比。在出生后的前几个月里，婴儿的视觉敏锐度逐渐提高，能够识别较细的细节和颜色。婴儿在出生后的几个月内就开始对颜色产生敏感，首先是红色、绿色，然后是蓝色、黄色。到了3—4岁，儿童对颜色的识别能力基本完善。此外，儿童在2—3岁时期开始对简单的几何形状产生敏感，4—5岁时期可以识别更复杂的形状。这些生理发展的特点，使儿童更愿意在美术作品中使用鲜艳、明快的色彩。随着儿童对色彩敏感度的提高，他们会根据自己的心情和情感选择使用不同的色彩，尤其是比较鲜明的色彩来表现，甚至打破事物固有色的束缚。这种色彩特点使得儿童美术作品具有较强的视觉冲击力而呈现出较强的装饰效果。

儿童，尤其是幼儿阶段几乎没有受过专业美术教育，他们的美术创作大多数时候表现为一种自发的行为，这使他们的创作不受传统美术规则的限制。他们可以自由地运用各种形式、技巧和材料来表现自己的想法。与其说儿童美术创作是一个主动创作的过程，不如说是一种积极探索、不断发现又不断修正的过程。这使儿童的美术创作活动表现出自由、冒险、激动人心的特点。正因为这种表现的自由性和探索性，使得儿童美术作品具有独特的个性。

儿童美术作品会呈现出随年龄增长而发展的变化规律和阶段特征。儿童美术作品从涂鸦阶段的痕迹探索，转向图形符号的发现及发明用于表达；图形符号从形状的简单拼装，到更复杂的拼装，直至形象的完整呈现，进而转入写实期对形象真实表现的写实追求。随着年龄的增长，儿童的美术作品会逐渐从简单、幼稚向复杂、成熟发展。

三、学前儿童美术教育

（一）学前儿童美术教育及其价值

学前儿童美术教育是一种旨在培养和发展学前儿童美术兴趣、能力和素养，并促进儿童艺术核心经验形成的教育。随着社会的不断发展和进步，越来越多的重视开始转向儿童的全面发展。作为一种关注儿童创造力和表现力的教育方式，学前儿童美术教育被广泛认可，并被纳入许多国家的幼儿园课程和活动计划中。

美术创作不仅可以丰富孩子们对美感及审美情趣的培养，还可以增强他们对周围事物进行观察和理解的能力。更重要的是，儿童的美术创作活动是真正的创造性的活动。他们从绘画涂鸦开始，就要自主地探索一套可以用于表达和交流，并且可以让人也能获得这个信息的图形符号。这个探索随着年龄的增长会不断推进，并最终指向创新意识的形成。

首先，学前儿童美术教育首要目标，是帮助孩子们开发他们天生具备但尚未完全开发的思维并引用到创造性思维上去。通过绘画、雕塑等美术活动，孩子们可以自由地探索并表达自己内心深处真实而独特的想法与情感。孩子们通过这些美术活动，表达他们对世界的感受与认知，还需要创造性发明一个形象表现的方式，来表征他们内心的"世界地图"。从通过"破坏"画面原来的状态、改变材料，到建构自己的图像表达模式，这不仅有助于他们建立自信心，还能够促进他们思考和解决问题的能力。

其次，学前儿童美术教育要培养孩子们对于视觉形式美感的敏感性。通过欣赏各种不同类型的美术作品和生活中、自然中具有形式美的一切对象，孩子们将会学会辨别色彩、形状和线条之间的关系，并从中感受到美的视觉形式。这种培养对于孩子们日后发展自己审美意识及创造力非常重要。

最后，学前儿童美术教育还要帮助儿童提高在其他学科上的综合能力。研究表明，大脑所接收到的信息有大于80%是通过视觉获得的。参与美术活动需要孩子们调用视觉进行敏锐的观察，发现事物整体与局部之间、个体与个体之间、图和底之间等的关系。因此，通过参与美术活动，幼儿可以发展出更强大的观察能力、注意力和空间认知能力。这些技巧不仅在审美方面有用，在数学、科学等领域也都起到了积极作用。

然而，在推行学前儿童美术教育时也会面临一些挑战。首先是资源匮乏问题。许多幼儿园缺乏专业师资、丰富的材料和有效工具来进行有效地开展这样一个领域的教学活动。同时，在现实生活中，家长普遍倾向于将更多的精力和资源投入数理逻辑和语言能力的培养上，而忽视了艺术教育的重要性。这些问题在经济发展程度偏低的地区表现得尤为突出。

为了解决这些问题，我们需要加强相关方面的政策与规划。政府应该加大对学前儿童美术教育事业的支持力度，提供更多专业师资培训机会，并提供必要的教育资源。同时，家长也应该增强对于艺术教育在孩子全面发展中的作用认识，并积极参与到孩子们学习美术方面的活动中去。

学前儿童美术教育是一种旨在开发孩子们创造思维、审美意识以及综合能力的重要方法。随着社会对于幼儿全面发展的重视程度日益增加，我们有责任为他们提供一个更广阔而丰富多彩的成长环境。只有通过注重幼儿园阶段对于美感和表现能力培养方向上进行适当引导与指导，在潜移默化间才能够构建起一个更具创造性、自信心以及审美意识的下一代。

（二）学前儿童美术的表现形式与内容
1. 绘画
学前儿童绘画具有很多价值，包括以下几个方面：

（1）表达情感与想象力：学前儿童通过绘画可以表达自己的情感和想象力。他们可以用颜色、线条和形状来表达自己的喜怒哀乐，展示自己的内心世界。这种表达方式有助于学前儿童认识和理解自己的情感，并培养他们的创造力和想象力。

（2）发展审美能力：学前儿童通过绘画可以培养审美能力。通过观察和模仿美的事物，学前儿童可以逐渐形成对美的敏感和欣赏能力，提高他们对色彩、形状、比例和构图等美学要素的认识。

（3）培养专注力和耐心：学前儿童在绘画过程中需要集中注意力，思考和处理各种细节。通过持续的绘画活动，他们可以逐渐培养专注力和耐心，提高自己的注意力水平和持久性。

（4）提升手眼协调能力：学前儿童在绘画过程中需要通过手部动作来表达自己的想法。通过不断练习，他们可以提高手眼协调能力和精细动作能力，培养手部灵活性和精确性。

（5）培养社交能力：学前儿童在绘画活动中可以与其他孩子一起合作、分享和展示自己的作品。这样的社交互动可以帮助他们学会与他人合作、交流和分享，培养团队合作和社交能力。

（6）增强自信心和自我价值感：学前儿童通过绘画可以创造出自己的作品，展示自己的成果。得到他人的赞赏和认可，可以增强他们的自信心和自我价值感，培养积极的自我形象和自尊心。

学前儿童绘画的表现内容和形式特点，主要有以下几个方面。

表现内容特点：

(1) 生活场景：学前儿童的生活经验比较有限，因此他们的绘画常常描绘自己熟悉的生活场景，如家庭、幼儿园、公园等。

(2) 熟悉事物：由于学前儿童对周围的事物还不太熟悉，因此他们的绘画往往着重描绘自己熟悉的事物，如家人、宠物、玩具等。

(3) 情感表达：学前儿童的情感表达能力比较单一，因此他们的绘画常常表现出自己的情感状态，如开心、难过、生气等。

形式特点：

(1) 形象性强：学前儿童的绘画往往比较简单，形象性比较强，如画人物、动物、植物等。

(2) 色彩单纯：学前儿童的色彩概念还不太完善，因此他们的绘画往往比较单纯，使用的颜色也比较有限。

(3) 笔触轻柔：学前儿童的手部协调能力还比较弱，因此他们的绘画常常表现出笔触轻柔、线条柔和的特点。当他们绘画较长的线条时，因手部协调性较弱，线条容易出现顿挫感。

(4) 空间感欠缺：学前儿童的空间感还不太完善，因此他们的绘画往往表现出空间感欠缺的特点，如人物之间的比例不协调等。

总之，学前儿童的绘画表现内容和形式特点，都与他们的认知水平和技能水平有关。在美术教育中，应该根据学前儿童的特点，采用适合的教学方法和手段，引导他们进行创造性的绘画活动，促进他们的身心健康发展。

2. 手工制作

学前儿童手工活动具有很多意义与价值，包括以下几个方面：

（1）发展动手能力：学前儿童手工活动可以帮助他们发展手部协调能力和精细动作能力。通过使用各种工具和材料进行手工制作，学前儿童可以锻炼手部肌肉，提高手指的灵活性和精确性。

（2）培养创造力与想象力：学前儿童手工活动鼓励他们发挥创造力和想象力。他们可以根据自己的想法和创意，选择材料和工具，自由地创作出自己的作品。这种创造性的活动有助于培养学前儿童的创造思维和想象力。

（3）增强解决问题能力：学前儿童手工活动中常常需要面对一些问题和挑战，如如何选择材料、如何使用工具、如何解决困难等。通过解决这些问题，学前儿童可以培养解决问题能力和批判性思维。

（4）培养注意力与耐心：学前儿童手工活动需要集中注意力和耐心地完成任务。在手工制作过程中，学前儿童需要细心观察、仔细操作，这有助于提高他们的注意力水平和持久性。

（5）培养自信心与自尊心：学前儿童手工活动中，他们可以亲手制作出自己的作品，并与他人分享展示。得到他人的赞赏和认可，可以增强他们的自信心和自尊心，培养积极的自我形象。

（6）促进社交互动与合作能力：学前儿童手工活动可以成为一种社交互动的方式。通过与其他孩子一起合作、分享和展示作品，学前儿童可以学会与他人合作、交流和分享，培养团队合作和社交能力。

学前儿童手工活动不但具有丰富的意义与价值，手工活动也给学前儿童带来乐趣和满足感，增强他们对学习的积极性和兴趣。

学前儿童手工制作的特点包括以下几个方面：

（1）简单易行：学前儿童手工制作的作品通常比较简单，材料和工具也比较容易获得，易于操作，适合学前儿童的认知和操作能力。

（2）强调创意：学前儿童手工制作的重点在于创意和想象力的发挥，而不是完美的制作技巧。教育者应该鼓励学前儿童发挥自己的创意和想象力，而不是强求他们做出完美的作品。

（3）培养动手能力：学前儿童手工制作是一种锻炼动手能力的好方法，可以帮助他们发展手部协调能力和精细动作能力，同时也有助于提高他们的注意力和耐心。

（4）以玩为主：学前儿童手工制作的过程应该以玩为主，让学前儿童在玩耍中学习，以达到最好的教育效果。同时，手工制作也可以让学前儿童体验到制作的快乐，增强他们的自信心和自我价值感。

（5）培养社交能力：学前儿童手工制作也可以成为一种社交活动，可以让学前儿童与同伴一起合作制作，增强他们的团队协作和社交能力。

总之，学前儿童手工制作是一种非常有益的教育活动，可以帮助学前儿童发展各种能力，同时也可以让他们在玩乐中学习，增强他们的自信心和自我价值感。

3. 美术欣赏

学前儿童美术欣赏的特点与意义包括以下几个方面：

（1）直观感受：学前儿童美术欣赏主要通过直观感受来进行，他们会根据作品的色彩、形状和线条等要素产生直接的感受和情感体验。

（2）想象力与联想：学前儿童在欣赏美术作品时，会根据自己的想象力和联想能力，将作品中的形象、场景和故事与自己的经验和想法联系起来，产生独特的理解和感悟。

（3）自由性与个体差异：学前儿童的美术欣赏具有较大的自由性，他们的感受和理解因个体差异而不同。每个学前儿童都有自己的审美偏好和观察角度，因此他们对美术作品的理解和感受也会有所不同。

（4）情感表达与认知发展：通过美术欣赏，学前儿童可以更好地表达自己的情感和认知。美术作品可以触发他们的情感共鸣，帮助他们理解和表达自己的情感状态，同时也促进他们的认知发展和思维能力。

（5）培养审美能力与艺术素养：学前儿童通过欣赏自然界的美和美术作品的美，可以培养对形式美的敏锐的发现与感知能力，提高他们对色彩、形状、线条和构图等艺术元素的认识，进而培养审美能力和艺术素养。

（6）增强文化意识与跨文化理解：学前儿童通过美术欣赏，可以接触到不同风格、不同文化背景的艺术作品，从中了解不同的文化表达方式和艺术传统，增强他们的文化意识和跨文化理解能力。

（三）学前儿童美术教育的原则与方法

学前儿童美术教育是指在幼儿教育阶段，通过视觉艺术活动（如绘画、雕塑、拼贴等）培养儿童的审美能力、创造力和表达能力的教育。为了确保美术教育的有效性，教育者需要遵循一定的原则和方法。

以儿童为中心，遵循儿童发展规律。美术教育应关注幼儿兴趣的培养，尊重儿童的个性差异，在满足幼儿需求、符合幼儿身心发展规律的基础上，鼓励幼儿按照自己的节奏和方式进行大胆的创作。

以兴趣为导向。幼儿对世界充满好奇和兴趣，美术教育应注重对美术学习兴趣的保护，并根据儿童感兴趣的主题设计美术活动，鼓励儿童大胆地将自己感兴趣的人、事、物用美术的方式表达出来。

过程和结果双重视。学前儿童美术教育应特别关注幼儿在创作过程中的思考、探索和体验，教育者应鼓励儿童享受创作过程，培养他们的创造力、想象力和自信心。此外，还要引导儿童学习欣赏和审视作品最终呈现的美感、完整度和意义，逐步培养学生的作品意识，促进儿童反思习惯和批判精神的养成。

从生活中发现美。美术教育应与幼儿的日常生活紧密相连，让他们从生活中获取创作灵感，同时将美术创作融入日常生活中，提高其实践性和意义。主动引导儿童在生活中发现美，并运用美术的方式记录和表现生活中的美，丰富和积累审美经验。

为了更好地激发学前儿童进行美术探索，可以在创作材料、创作环境、活动设计、活动方式、展示评价等方面实施教育。

提供丰富的创作材料：为了激发儿童的创作兴趣和潜能，教育者应提供多种类型和颜色的绘画、雕塑和拼贴材料，让儿童自由选择和尝试。

创设良好的创作环境：美术教育应在一个宽敞、明亮、安全和舒适的环境中进行，以便儿童全身心地投入创作过程中。

设计多样的创作主题和活动：教育者应根据儿童的年龄、兴趣和发展水平，设计多样化的创作主题和活动，引导儿童从不同的角度和层面进行创作。

鼓励合作与交流：美术教育应鼓励儿童与同伴和教育者进行合作和交流，分享创作过程中的想法、感受和经验，以促进他们的社会化发展。

对作品进行展示和欣赏：教育者应将儿童的作品进行展示和欣赏，让他们体验到创作的成果和喜悦。同时，教育者还应教导儿童如何欣赏他人的作品，培养他们的审美能力和同理心。

（四）学前儿童美术教育的评价

学前儿童美术教育的评价是一个复杂且具有挑战性的过程，因为它涉及多种学习目标和能力，如审美能力、创造力、表达能力等。评价方式、方法和标准应以儿童为中心，强调过程而非结果，以及尊重儿童的个性和创造力。

学前儿童美术教育应特别重视形成性评价和综合性评价等多元和开放的评价方式。形成性评价是在美术教育过程中进行的持续性评价，重点关注儿童在创作过程中的思考、探索和体验。教育者可以通过观察、记录和反馈来了解儿童的学习进展，从而调整教学策略和活动。综合性评价是对儿童在美术教育中所展示的多种能力和素质的综合评价，如创造力、表达能力、审美能力、合作能力等。教育者可以通过多种方式，如作品展示、故事讲述、角色扮演等来评价儿童的综合素质。充分发挥评价促进学习、发展和塑造的作用，让评价成为学前儿童美术学习的动力。

在评价方式和途径方面，可结合观察、对话、作品分析等，充分发挥评价对幼儿美术学习的积极作用。通过观察，教育者可以直接了解儿童创作过程和作品特点，为幼儿的美术学习评价提供依据。教育者可以在儿童进行美术创作时进行实地的、全方位的观察，记录他们的行为、表情、语言等，以便了解他们的学习情况和需求。对话是通过与儿童进行交流来了解他们的想法、感受和体验，以便更好地了解幼儿美术创作的表现动机、表现内容、表现方式等。教育者可以与儿童进行一对一或小组的交流，引导他们分享创作过程中的想法、困惑和成果，以便了解他们的学习进展。作品分析法是一种通过分析儿童的美术作品来评价其创作能力和审美水平的方式。教育者可以从作品的主题、构图、色彩、线条等方面进行客观的分析，了解儿童的审美观念、创作技巧和情绪甚至心理状况等。

围绕学前儿童美术教育的目标，可以从创意、表达、审美、合作等方面对幼儿的美术创作和学习活动进行评价。

（1）为了更好地激发儿童的创造力，应特别注重幼儿在美术创作中是否能够大胆地表现出独特的想法，能够敢于尝试用不同的方式或坚持自己感兴趣的方式进行表现。教育者不仅需要鼓励幼儿尝试不同的创作方法和技巧，以展现他们的个性和创造力，还需要主动发现幼儿独特的表现，并由衷赞美和肯定每个大胆的尝试。

（2）评价儿童的表达能力主要关注他们是否能够通过美术作品有效地表达自己的情感、体验和观点。教师需要有敏锐的观察力，对儿童的绘画发展有基本的了解，并在此基础上根据幼儿的发展水平，对其美术作品表达效果进行评价。教育者应关注儿童在作品中表现出的情感深度和真诚度，以及他们如何用视觉语言来传达信息。

（3）评价儿童的审美能力主要关注他们在美术创作中是否能够展现出对美的理解和欣赏。教育者应关注儿童在作品中表现出的对色彩、形状、线条等视觉元素的运用和组合，以及他们如何通过作品来表现美的概念。

（4）评价儿童的合作能力主要关注他们在美术教育活动中是否能够与同伴和教育者有效地合作和交流。教育者应关注儿童在团队活动中的参与程度、沟通能力和合作态度，以了解他们的社会化发展水平。

第二节 学前儿童绘画教学

一、儿童绘画发展规律

（一）绘画在学前美术教育中的价值

1. 绘画对儿童的意义

喜欢涂涂画画是儿童的天性之一，就像儿童喜欢玩沙玩水一样。涂画是儿童最喜欢的游戏之一。从儿童自发性绘画中，很容易观察到绘画可以让孩子体会到用工具和材料"破坏""改变"另一种材料所带来的快感，感受到"专注""自主""建构"带来的惊喜，甚至体验到"发明""创造"还能用来"交流"的乐趣。无论绘画材料多简单，儿童都能创造出神奇、斑斓、绮丽、激动人心的世界。

（1）培养观察力与表达能力：在图像创造过程中，儿童需要对周围环境进行观察和思考，这有助于培养他们的观察力，提高对事物的认知。在绘画的过程中，儿童需要具体的图像将所见和所想表现出来，无形中锻炼了儿童的思维能力和空间感知与表现能力。（图2—6）

（2）发展想象力与创造力：从幼儿的早期涂鸦，到儿童的图式表达，再到

图2—6 下雨天还能在户外活动是让幼儿无比兴奋的事情。深圳市大新幼儿园开展了中班探究活动——下雨了，并让孩子们用图画的方式记录下雨前、下雨时、下雨后自己想到和观察到的景象。这个活动需要幼儿仔细观察生活，并且用图画的方式大胆表现出他们的想法和观察到的景观，促进了幼儿的观察力和表现力。

后来的绘画表现，都需要极大的创造。儿童需要探索和创造出一套可以用来"交流"的图形语言（图2—7），来表达自己对世界的观察、理解和感受。绘画教学鼓励孩子们发挥自己的想象力，创造出独特的画面。这有助于培养孩子们的创造力，为他们未来的学习和生活奠定基础。

（3）增强审美意识：通过绘画教学，孩子们可以接触到不同的美术作品、表现内容、表现方式和表现风格，逐渐培养出对美的鉴赏能力和审美意识。（图2—8）

（4）促进情感发展与人际交往：图像创造可以帮助孩子们表达自己的情感，如愉悦、忧虑、喜爱等。同时，他们的作品可以成为与其他人交流的媒介，有助于培养他们的沟通和表达能力。（图2—9）

（5）培养自信心与自主性：通过绘画教学，孩子们可以完成属于自己的作品，从而增强自信心。此外，绘画活动往往需要孩子们自主进行创作，有助于培养他们的自主性。（图2—10）

图2—7　走平衡木是小班幼儿日常的锻炼活动。刚开始时有些小朋友不太能控制平衡，走得很慢，有时还会掉下来。在老师的陪伴、引导，以及其他小朋友的鼓励下，小朋友陆续找到平衡，在平衡木上表现得越来越好。3岁半的赵紫辰小朋友把这些场景用她自己"发明"的图示符号记录了下来。左下角那位坐在地上的小女孩是班上年龄最小的孩子，每次走平衡木时，这个小女孩都大胆地挑战自己。尽管她经常会掉下来，但是即便掉下来坐在地上，我们还是能看到小女孩脸上是开心的笑容，似乎整个过程的乐趣足以抵消"掉下来"所带来的沮丧。整张画虽然还有明显的"蝌蚪人"图式的特征，但小作者努力地把每个人物的特征都用不同的线条和形状加以区别。这一切都反映了幼儿极强的创造力。

图2—8　4岁幼儿在参观"博洛尼亚插画展"现场临摹的作品

图2—9　幼儿用绘画的方式，通过图像创造，表达他们在下雨天里的游戏情境和故事，将短暂的经历和瞬时的经验转化为图画这种"可视化"的结果，让儿童可以通过观看图画引发回忆，为更多的沟通创造机会。

图2—10　绘画活动需要幼儿独立地、自主地根据自己的需要，选择工具和材料，完成表现活动。这个过程锻炼了孩子的自主性，培养了他们独立创造的精神。

（6）锻炼动手能力与协调性：在绘画过程中，孩子们需要运用手部、眼部及大脑的协调能力。这不仅有助于提高他们的动手能力，还可以促进大脑与肢体之间的协调发展。（图2—11）

（7）放松与减压：图像创造可以作为一种儿童心理调适的手段，让他们在学习和生活中找到一种放松和减压的方式。儿童在进行绘画活动中可以获得一种内在的效能感，让他们获得一种"自主掌控"的感受。（图2—12）

2. 绘画在学前美术教育中的价值

（1）基础性：绘画是美术教育的基础，对于学前儿童来说，它是最容易接触和参与的美术活动。通过绘画，孩子们可以学习基本的美术知识和技巧，如线条、形状、色彩等，为今后的美术学习打下基础。

（2）可操作性：相对于其他美术表现形式，如雕塑、陶艺等，绘画具有更高的可操作性。孩子们只需要一支笔和一张纸，就可以进行绘画创作，降低了美术教育的门槛。

（3）发展认知能力：在绘画过程中，孩子们需要对周围环境进行观察和思考，这有助于培养他们的认知能力。同时，将抽象的思维转化为具体的图像表现，也能锻炼儿童的逻辑思维和空间思维能力。

（4）培养审美意识：通过绘画，孩子们可以接触到不同的美术作品和风格，逐

图2—11 绘画活动涉及多种不同的工具、材料的使用。孩子们在进行绘画活动时，需要眼睛对手的主动控制，不仅要"看"，还要"想"，更要手部控制工具创造图像并留下"痕迹"。这一系列的活动都在训练着孩子的大脑与肢体、眼睛与手的协调性。

图2—12 幼儿的图像创造可以通过笔和纸完成，也可以通过各种可以留下痕迹的材料达至。无论用哪一种方式进行图像创造，幼儿都可以通过"掌控"一种材料，并通过改变留下的痕迹而创造某种最终的"效果"。这个过程对幼儿来说是一种难得的放松过程。幼儿不但可以由此获得一种"自我掌控"的感受，更能在这个过程中获得一种内在的效能感。该图是幼儿用面粉创造的风景——《风呼呼地吹》。

渐培养出对美的鉴赏能力和审美意识。这对于他们未来的审美发展具有重要意义。

（5）表达与沟通：绘画作为一种视觉艺术，具有强烈的表达力。利用孩子们发展阶段所独有的简洁性特点，用类似符号的图形或用图形符号的组合来表达和交流，并由此促进个体的沟通与表达能力。

（6）发展想象力与创造力：绘画教育鼓励孩子们发挥自己的想象力，创造出独特的画面。面对简单的工具和材料，孩子们需要充分发挥能动性和创意，才能创造出可用于表达和交流的形象。

（7）整体素质教育的组成部分：绘画教育作为学前儿童素质教育的重要组成部分，对于培养孩子们的审美能力、创造力、沟通能力等方面具有积极作用。

（二）儿童绘画发展的特点

1. 随年龄阶段的变化

儿童绘画发展是一个自然而然的过程，可以分为若干阶段。每个阶段都有其特点和规律，体现了儿童认知、心理和审美能力的逐步发展。虽然儿童绘画发展的不同阶段存在不同的特征，但对于每个阶段的划分，不同的学者却存在不同的观点。王大根在《中小学美术教学论（第二版）》一书中就对部分研究者的分期进行了梳理。[1]

在众多学者的研究中，罗恩菲德的研究成果影响最大。他在1947年出版的《创造与心智的成长》中，系统论述了儿童绘画发展的阶段理论。1993年，由王德育翻译的《创造与心智的成长》一书，就把罗恩菲德结合自己与儿童接触的经验，将儿童绘画发展划为六个阶段[2]：2—4岁为涂鸦阶段，是儿童进行自我表现的第一个阶段，此时的涂鸦行为可以看作儿童的肌肉运动经验转向形象思维经验的过渡时期。4—7岁是样式化前阶段，此时的儿童开始尝试用绘画表现其所思所想。7—9岁被称为样式化阶段，这一时期儿童在绘画实践中逐渐能够掌握事物的具象特点。9—11岁被罗恩菲德称为党群时期，此时的儿童正处于理智萌芽阶段。11—13岁的儿童在绘画中不再着重于创作过程，而是开始追求创作结果，并且其作品画面中逐步产生写实现象，这一阶段为推理阶段。13—18岁的儿童自我意识日益增长，这使他们逐渐对创作产生自我批判意识，这一阶段被称为青春期阶段。

1　王大根主编.中小学美术教学论（第二版）[M].南京：南京师范大学出版社，2021:32.
2　注：关于罗恩菲德儿童绘画发展阶段理论中每个阶段的称谓，受到不同译者的不同表述方式，在中文中的称谓会存在一定的差异。

(1) 涂鸦阶段（2—4 岁）

涂鸦阶段又称自我表现的第一阶段。此时的儿童专注于肌肉动作与画笔痕迹之间的联系，儿童的意图与执行力之间存在距离。从最先的无意识的涂鸦，在肌肉经验与个人经验得到丰富后，发展为涂鸦的重复与命名。

(2) 样式化前阶段（4—7 岁）

样式化前阶段又称首次表现的尝试的阶段。儿童开始主动表现对自己有重要意义的东西，并建立作品与实体之间的关系，所有的线条都用来象征实体，但与实体没有直接代表性关系，头部圆圈与手腿的纵横线是最早的写实尝试。

(3) 样式化阶段（7—9 岁）

样式化阶段又称形体概念的形式阶段。此时的儿童明确了形体、空间和色彩的概念，并经过重复的美术活动发展出自身的样式。儿童能够表现一切有形状的事物，但仍具有一定的主观性。随着"自我"意识的逐渐增强，儿童开始关注"自我与社会"之间的关系，包括空间关系与群体关系。

(4) 党群阶段（9—11 岁）

党群阶段又称为理智之萌芽阶段。随着党群的成长，开始意识到自身的独立性，认为自己也属于这个集体。为了更好地展示这种情况，需要将物品、人物和周围的环境进行特征化，不能仅仅通过几何线条来表达，应该尽量使用肉眼可见的方式来描绘，并着重于事实。

(5) 推理的阶段（11—13 岁）

推理的阶段又称拟写实阶段。儿童的推理能力更加强大，他们能够用更复杂的逻辑思维来构建自己的想法，并且能够从不同的角度去理解自己的情感、行为和感知。他们以客观、理智的态度来探索事物，并将其融入自己的作品中。

(6) 青春期阶段（13—18 岁）

青春期阶段又称决定时期。青春期是人生发展的重要时期，通常又称为青春期危机，这个时期与身体和感情的变化有关。此时，儿童会表现出自卑与自我否定的绘画态度，因此在此阶段的艺术教育需要重点关注儿童内心的不安全感。[1]

需要注意的是，以上规律只是一般性的描述，每个儿童的发展速度和阶段表现可能会有所不同。作为家长和教师，应该关注儿童的个体差异，尊重他们的兴趣和特点，为他们提供适宜的绘画教育和环境，以促进他们的绘画能力和审美素养的全面发展。

1　龚宁静.罗恩菲德儿童美术发展阶段论对我国学前儿童美术教育的启示[D].武汉：武汉纺织大学,2023.

在美术鉴赏方面，Parsons 提出了审美发展理论（1987）。他假定审美回应的发展分为五个阶段：

（1）阶段一，具体。其特征是，对色彩表示出偏好，对用图表现事物感兴趣，好奇于主题与个人之间的联系，喜欢画画。

（2）阶段二，美和现实主义。其特征是，观察者会因为一幅画漂亮且反映现实而喜欢它，根据其写实性来评判艺术作品。

（3）阶段三，情感。其特征是，观察者注意到艺术作品使人产生的感情，忽视主题是否美丽或写实。

（4）阶段四，风格和形式。其特征是，观察着意识到他／她能从个人角度来理解一幅画。

（5）阶段五，自主。其特征是，个人评判与个人的讨论需求相结合，并且能够理解他人。[1]

针对幼儿美术能力的发展，爱泼斯坦和特里米斯在《我是儿童艺术家——学前儿童视觉艺术的发展》一书中对幼儿艺术鉴赏的发展过程及幼儿视觉艺术发展阶段做了以下归纳和总结。

（1）幼儿艺术鉴赏的发展过程

① 整体审美发展

· 幼儿时期的偏好不受种族或性别的影响。

· 年龄与成熟在儿童感知与反应艺术的过程中发挥着决定性作用。

· 儿童总是很难说清自己选择的具体原因。当他们确实开始说时，则集中在内容（创作题材）而非风格上。

· 无论是写实的还是抽象的作品，儿童发现其中的形状、色彩和形象后就创编关于这些元素的故事。

② 色彩与图案

· 儿童十分喜欢明亮、高饱和、强烈、对比鲜明的色彩。

· 儿童相对不喜欢喑哑、深沉的色调。

· 与暗色调的写实主义作品相比，儿童对有图案的、色彩明亮的抽象作品的反应更积极。

· 八岁以下的儿童很难理解图形里的形状或图案的轮廓。

---

[1] 爱泼斯坦，特里米斯.我是儿童艺术家——学前儿童视觉艺术的发展 [M].冯婉桢，等译.北京：教育科学出版社，2012:45.

③ 内容（创作题材）
· 幼年时期的儿童对描绘他们喜爱或熟悉的题材的作品反应积极。
· 幼儿不会始终如一地偏好抽象画或写实画，他们的偏好似乎取决于所感觉到的主题。不过，在整个小学阶段，他们对写实主义的喜爱会日渐增长。
· 儿童在抽象和写实作品中都能认出其中的内容，并且会根据周围的世界来讨论那些内容。
· 八岁以下的儿童更喜欢表现人群或肖像的静物画以及较少具体物象的低程度的写实主义作品。

④ 简单性与复杂性
· 幼儿喜欢的艺术作品构图简单，空间关系也很清楚。
· 随着年龄的增长，儿童越来越喜欢作品中的复杂之处与细节。
· 低幼儿童很难把一幅复杂的画中的各个部分联系起来。他们关注作品中的一部分，很少关注整个作品。
· 当艺术作品中的一个形状从整个背景中分离出来之后，儿童能够感知到这个形状更多的细节。

⑤ 艺术风格
· 幼儿对绘画风格的注意是有限的。随着年龄的增长，儿童对个人艺术风格、媒介用途和艺术原则越来越敏感。
· 即使被要求按照风格或作家来排列艺术作品，儿童还是倾向于根据创作题材来排列。
· 影响儿童偏好的是所画的内容，而非描绘的方式。
· 幼儿不能区分照片和复印件。随着年龄增长，他们能区分不同表现形式。[1]

（2）幼儿视觉艺术发展阶段（儿童能做的与艺术相关的事）
① 婴儿早期（出生到八个月）
· 区分黑白对比的形象或彩色物体。
· 意识到通过转头或转动身体会改变所看到的事物。
· 意识到名字与物体和行动有关。

② 婴儿后期（八个月到十八个月）
· 能抓住大的书写工具（蜡笔或粉笔），并且能在手间摆弄。
· 在纸上做记号，画线。

---

[1] 爱泼斯坦,特里米斯.我是儿童艺术家——学前儿童视觉艺术的发展[M].冯婉桢,等译.北京：教育科学出版社,2012:48.

- 搭积木。
- 表达积极与消极情感。
- 给艺术材料、艺术行动与艺术作品命名；了解它们的功能与特性。

③学步儿早期（十八个月到两岁）
- 形成想法，建立表象，使用语言。
- 对物体进行配对和分类。
- 对橡皮泥和其他无毒塑料材料能以挤、拍、滚等方式进行探索。
- 做出审美选择，例如在绘画中用什么颜色。
- 理解图画、照片、歌曲、诗歌和故事所表达的感情。

④学步儿后期（两岁到三岁）
- 形成象征思维，建立概念。
- 认出"偶然的"表现或相似性。
- 创作简单的具象绘画作品。
- 画出简单的形式与形状。
- 用大刷子画画。
- 撕纸。
- 用黏土或橡皮泥模制简单的物体。

⑤学前早期（三岁到四岁）
- 表达带有更强的意识。
- 用蜡笔和铅笔绘画与涂抹。
- 用剪刀剪出形象和形状。
- 用形状、色彩和图案配对。
- 画出带有一些细节的脸。
- 塑出带有细节的形状。
- 用纸张、小物件、胶水、胶带和剪刀做出剪贴画。
- 夸张地表现物体最显著的特征。
- 集中注意作品的一个方面或一个区域，而非整件艺术作品。
- 在色彩、图案或动作上表现出审美偏好。

⑥学前后期（四岁到五岁）
- 制简单的几何图案。
- 使用的工具与媒介组合越来越复杂。
- 在表现物中增添更多的细节。
- 努力表现更准确的空间关系。

- 听完故事表达出情感。
- 使用想象来创造或丰富表现。
- 喜欢幽默与夸张。
- 辨认出图画中缺失的部分。
- 识别基本的色彩。
- 能关注若干个部分或整个艺术作品。
- 在创作题材上表现出审美偏好。
- 区分不同的表现形式（例如照片与复印件）。
- 指出作品中所描绘的时间（过去，现在，将来）。

⑦学龄儿童（五岁到八岁）
- 使用纸板和其他材料做出富有新意的模型。
- 喜欢围绕视觉艺术创编与讲述故事。
- 感知并欣赏艺术的表现特征和风格特征。
- 有意识地使用媒介与工具创造美学效果。
- 开始从艺术家的角度看待艺术。
- 明确地表达简单的审美原则。
- 区分影响艺术的文化或其他因素。
- 在审美选择上变得越来越有意识，越来越有主见。[1]

2. 个体差异的影响

个体差异是指每个人在生理、心理和行为等方面的差异。这些差异会影响儿童绘画发展的速度和水平。以下是一些可能的影响因素：

（1）认知能力：不同儿童的认知能力差异会影响他们对绘画的理解和掌握。认知能力较强的儿童可能更快地掌握绘画技巧，而认知能力较低的儿童可能需要更多的时间和指导。

（2）兴趣和动机：对绘画感兴趣的儿童可能更加投入地参与绘画活动，从而更快地提高绘画水平。而缺乏兴趣的儿童可能较难取得进步。

（3）家庭环境：家庭环境对儿童绘画发展也有重要影响。家长的支持和鼓励可能促使儿童更加积极地参与绘画活动，提高绘画水平。

3. 社会文化背景的影响

社会文化背景是指一个人所生活的社会环境和文化传统。这些因素会影响

1　爱泼斯坦，特里米斯. 我是儿童艺术家——学前儿童视觉艺术的发展[M]. 冯婉桢，等译. 北京：教育科学出版社，2012:50.

儿童绘画发展的内容和形式。以下是一些可能的影响因素：

（1）文化传统：不同文化传统对绘画的理解和价值观不同，可能导致儿童绘画作品的主题和表现手法有所差异。

（2）教育体制：教育体制对儿童绘画发展的影响主要体现在绘画教育的普及程度和教学方法上。一些国家和地区可能更重视绘画教育，为儿童提供更多的绘画学习机会。

（3）社会价值观：社会对绘画的态度和价值观也会影响儿童绘画发展。在一些社会中，绘画被认为是一种重要的表达方式和创造力的体现，这可能激发儿童更加积极地参与绘画活动。总之，儿童绘画发展受多种因素影响，包括年龄阶段、个体差异和社会文化背景等。了解这些因素对儿童绘画发展的影响有助于我们更好地支持和指导儿童的绘画学习，促进他们的艺术成长。

（三）儿童绘画图像创造的规律

根据儿童绘画发展的阶段特征，儿童绘画图像创造会表现出一些共同的规律。马萨诸塞大学（波士顿）心理学系教授 Claire Golomb 在心理学家阿恩海姆的艺术心理学和儿童的认知发展规律的基础上，阐述了儿童绘画是一个"具有内在规则和发展连续性的符号领域"[1]。其《儿童绘画心理学：儿童创造的图画世界》一书中指出，儿童图画形式的起源是从动作到表征发展的。幼儿从留下痕迹开始进入涂鸦的"探险"开始，随着经验的积累、手脑协调性的发展和工具及材料经验的逐渐丰富，幼儿开始发现形状。幼儿的涂鸦线条探索活动使幼儿发展到能画出一个封闭图形的飞跃，此后幼儿进入了图画表征系统的发明阶段，并促使"蝌蚪人"形像的出现。随后儿童的绘画进入了形状的分化阶段，并逐渐形成早期绘画模型。与此同时，儿童在绘画开始了对空间（即图像与背景关系）的探索，并逐渐理解"轮廓"对空间塑造的作用[2]。

儿童美术教育研究者黄露认为"儿童绘画是儿童情感的形式符号表达，这种符号最重要的体现就是形像"，他在《儿童的美术语言》一书中对儿童形像表现能力的发展总结出以下规律：（1）从圆形开始的形像创造；（2）以拼装为主

1　Claire Golomb. 儿童绘画心理学：儿童创造的图画世界[M]. 李甦, 译. 北京：中国轻工业出版社, 2008:2.
2　Claire Golomb. 儿童绘画心理学：儿童创造的图画世界[M]. 李甦, 译. 北京：中国轻工业出版社, 2008:9—151.

要方式来创造故事世界；（3）追求形象的完整性；（4）客观再行与远离绘画。[1]

结合不同学者的研究成果及我们对儿童绘画的观察与分析，可以找到一些儿童图像创造的规律。

1. 规律一：从抽象至具象再至抽象与具象平衡的图像创造发展历程

在儿童成长的过程中，其图像创造的表现形式遵循着一个从抽象到具象，再到抽象与具象平衡的发展轨迹。这一轨迹深刻揭示了儿童对现实世界的认知深化、能力发展以及艺术表达技巧的逐步提升。

（1）儿童早期图像的抽象特征

在儿童绘画发展的初期阶段，其作品往往呈现出显著的抽象性。这一方面归因于儿童此时尚处于认知发展的初级阶段，他们主要通过直观感知与印象积累来认识世界。另一方面，儿童的图像创造需历经"痕迹留存"、"符号探索"与"符号整合"等阶段，受限于媒介操作与创作经验的不足，其画作自然流露出一种抽象特质。值得注意的是，儿童画作的抽象性并不直接反映其认知水平的局限。例如，儿童在描绘人物时可能省略眉毛、鼻子或耳朵等细节，但这并不意味着他们不了解人类五官的可观完整性。通过观察儿童的绘画过程，发现其关注的焦点、创作经验及媒介熟悉度等因素，均可能影响其作品的完整性。因此，儿童早期图像的抽象性并非"认知缺陷"所致，而是创作经验与媒介掌握程度等因素综合作用的结果。然而，儿童仍能创造出具有象征意义的图像，以"等价物"的形式在心理动力学上与客观对象相对应，从而展现出抽象性。此外，儿童画作中的夸张与变形，既可能缘于对媒介控制的局限，也可能缘于对特定印象的深刻记忆，导致他们刻意强调某些部分而忽略其他，进而形成夸张与变形的效果。总体而言，儿童早期的图像创造活动并非如成熟艺术家般基于丰富的媒介经验与创作积累，而是充满热情与好奇心的非目的性图形探索。

（2）具象表现的逐渐显现

随着儿童认知与感受的具体化与具象化，他们也对自己早期作品中的不完整性存在不满。当被问及为何画作中缺少某些部分时，儿童可能会以幽默或想象的方式回应，如"她的耳朵借给小仙女去听音乐会了"。随着年龄的增长，儿童需要创作出更易被辨识的图像，以更好地表达自我，以及与他人进行交流。从"符号整合"阶段开始，儿童利用日益丰富的创作与媒介经验，将探

---

1 黄露. 儿童的美术语言 [M]. 杭州：浙江人民美术出版社，2019:67.

索出的图形符号进行更复杂的组合。在这一过程中，儿童的图像从简单走向复杂，从夸张走向真实。进入"形象拼装"阶段后，儿童能够利用更复杂的形状拼装出越来越趋于完整的形象，为进入"写实阶段"积累视觉、媒介与图像创造的经验。因此，儿童的绘画作品往往呈现出对现实世界的具象描绘，如人物、动物与自然景物等。

（3）抽象与具象的平衡发展

随着儿童年龄的增长与认知能力的提升，他们对现实世界的理解更加深入。特别是在掌握一定的写实技巧后，儿童便开始尝试甚至更倾向于以抽象的方式表达自己的想法与感受，而不再单纯追求"真实性"或"写实性"。这种抽象表现可能涉及使用抽象的线条、形状与色彩构建作品，或将现实物体进行抽象化处理以传达内在意义。

在儿童绘画发展的后期阶段，其作品往往能在抽象与具象之间找到巧妙的平衡。这得益于儿童此时已具备较为成熟的认知能力与艺术表现能力，能够根据作品主题与创作意图灵活运用抽象与具象手法。这种平衡可能体现在对现实物体的抽象化处理与抽象元素的具象化表现上。例如，儿童在描绘现实景物时，可能采用抽象的线条与色彩来表现内在情感，同时保留一定程度的具象性，使作品既具有艺术美感又能准确传达意义。

综上所述，儿童图像创造的规律之一是从抽象至具象再至抽象与具象平衡的发展过程。这一过程不仅反映了儿童在成长过程中对现实世界的认知深化与艺术表现能力的提升，也为我们提供了了解儿童心理发展与创造力水平的窗口。通过观察与分析儿童绘画作品中抽象与具象的变化，可以为其提供更加有针对性的艺术教育与指导。

2. 规律二：图形分化从简单到复杂

儿童在成长过程中，其图像创造的规律之一是图形分化会从简单逐渐变得复杂。这一过程反映了儿童对现实世界的认知能力的逐步提高，以及艺术表现能力的不断成熟。

（1）早期图像的简单性

在儿童早期绘画发展阶段，他们的作品通常具有较强的简单性。这是因为在这个时期，儿童的认知能力和绘画技巧还处于初级阶段。他们对于现实世界的理解主要通过直接观察和模仿。因此，儿童在绘画作品中往往会表现出简单的线条、形状和色彩，以及简化的物体描绘。

（2）随着年龄和经验的积累，图像逐渐复杂化

随着儿童年龄的增长和经验的积累，他们的认知能力逐渐提高，对现实

世界的理解也变得更加深入。同时，他们的绘画技巧也得到了不断的锻炼和提高。因此，儿童的绘画作品中的图形分化会逐渐从简单向复杂发展。这种复杂化表现为作品中线条、形状和色彩的丰富多样，以及对物体细节和结构的更加精细的描绘。

（3）复杂程度与表现力的关系

图形分化从简单到复杂的过程，不仅反映了儿童认知能力和绘画技巧的发展，还与他们的艺术表现力密切相关。通常情况下，图像的复杂程度越高，表现力也越强。这是因为复杂的图像更能够表达儿童对现实世界的深刻理解，以及他们的思考和情感。然而，需要注意的是，复杂程度并非完全等同于表现力。在某些情况下，简单的图像也可以具有很强的表现力，特别是当它们能够准确地传达儿童的创作意图时。

总之，儿童图像创造的规律之二是图形分化会从简单逐渐变得复杂。这一过程反映了儿童在成长过程中，对现实世界的认知能力的逐步提高，以及艺术表现能力的不断成熟。通过观察和分析儿童绘画作品中图形分化的变化，可以更好地了解儿童的心理发展和创造力水平，为他们提供更有针对性的艺术教育和指导。

3. 规律三：图像创造从自我中心到关注他人到自我与他人的平衡

儿童在成长过程中，其图像创造的规律之一是从自我中心逐渐发展到关注他人到自我与他人的平衡。这一过程反映了儿童心理发展的特点，以及他们在社会交往过程中逐渐形成的同理心和共情能力。

（1）早期图像以自我为中心

在儿童早期绘画发展阶段，他们的作品通常以自我为中心。这是因为在这个时期，儿童的心理发展以自我为核心，他们更关注自己的需求和感受。因此，在这个阶段的绘画作品中，儿童往往会表现出对自己的关注，如画自己、家庭和自己喜欢的物品等。

（2）随着认知和社会交往的发展，逐渐关注他人

随着儿童年龄的增长，他们的认知能力和社会交往能力逐渐发展。在与他人的交往过程中，儿童开始学会理解他人的需求和感受，形成同理心和共情能力。因此，在这个阶段，儿童的绘画作品逐渐从自我中心向关注他人转变。这种转变可能表现为绘画作品中出现更多与他人有关的主题，如朋友、同学和老师等。

（3）自我与他人的平衡

在儿童绘画发展的后期阶段，他们的作品往往能够在自我与他人之间找到平衡。这是因为此时儿童的心理发展已经较为成熟，他们能够在关注自己的同

时，也充分关注他人。这种平衡可能体现在绘画作品中对自我与他人的关系的描绘，以及对个体与社会之间关系的表现。例如，儿童可能在描绘与他人的互动场景时，既关注自己的表现，也关注他人的情感和需求。

总之，儿童图像创造的规律之三是从自我中心逐渐发展到关注他人再到自我与他人的平衡。这一过程反映了儿童心理发展的特点，以及他们在社会交往过程中逐渐形成的同理心和共情能力。通过观察和分析儿童绘画作品中自我与他人的关注变化，可以更好地了解儿童的心理发展和社会适应能力，为他们提供更有针对性的教育和指导。

4. 规律四：图形表达从单一表现到多元表达

儿童在成长过程中，图像创造的规律之一是图形表达方式会从单一表现逐渐发展为多元表达。这一过程反映了儿童绘画技巧和认知能力的发展，以及他们个性和创造力的逐步展现。

（1）早期图像的单一表现方式

在儿童早期绘画发展阶段，他们的作品创作通常使用较强的单一表现方式。这是因为在这个时期，儿童的绘画技巧和认知能力尚处于初级阶段，他们对于图像创造的探索主要集中在简单的线条、形状和色彩等方面。因此，在这个阶段的绘画作品中，儿童往往会使用相对单一的手法来表现自己的想法和感受。

（2）随着技能和素材的丰富，逐渐出现多元表达

随着儿童年龄的增长，他们的绘画技巧和认知能力逐渐提高，同时他们也接触到了更多的绘画素材和表现手法。在这个阶段，儿童开始尝试使用多种表现方式来创作图像，如线描、水彩、拼贴等。这种多元表达不仅丰富了儿童的作品内容，还有助于培养他们的创造力和审美能力。

（3）多元表达与个性发展的关系

图形表达从单一表现到多元表达的过程，与儿童的个性发展密切相关。多元表达方式能够为儿童提供更多的选择，使他们能够根据自己的兴趣和特点来选择最适合自己的绘画手法。这有助于培养儿童的个性和自信心，同时也能激发他们对绘画艺术的热情。此外，多元表达方式还能帮助儿童更好地表达自己的思想和情感，促进他们的心理健康和社会适应能力。

总之，儿童图像创造的规律之四是图形表达从单一表现发展为多元表达。这一过程反映了儿童绘画技巧和认知能力的发展，以及他们个性和创造力的逐步展现。通过观察和分析儿童绘画作品中多元表达的变化，可以更好地了解儿童的心理发展和创造力水平，为他们提供更有针对性的艺术教育和指导。

5. 规律五：从客观的主观化到客观的主体表现

儿童在成长过程中，图像创造的规律之一是从客观的主观化发展到客观的主体表现。这一过程反映了儿童认知能力和审美观念的发展，以及他们在艺术创作中对于现实生活与想象力的结合。

（1）早期图像来源于直接生活体验

在儿童早期绘画发展阶段，他们的作品通常来源于直接的生活体验。这是因为在这个时期，儿童的认知能力尚处于初级阶段，他们对于现实世界的理解主要通过观察和模仿。因此，在这个阶段的绘画作品中，儿童往往会表现出对身边事物和现象的主观化描绘，如家庭成员、宠物和玩具等。

（2）随着思维能力的提高，逐渐出现主动想象与创造

随着儿童年龄的增长，他们的思维能力逐渐提高，对现实世界的理解也变得更加深入。在这个阶段，儿童开始尝试利用自己的想象力进行创作。他们不再仅仅依赖于直接的生活体验，而是主动地想象、创造并表现出自己内心世界的图像。这种发展过程使得儿童的绘画作品变得更加丰富多样，具有更强的个性和创意。

（3）生活体验与想象创新的结合

在儿童绘画发展的后期阶段，他们的作品往往能够在现实生活体验与想象创新之间找到平衡。这是因为此时儿童的认知能力和审美观念已经较为成熟，他们能够在关注现实世界的同时，也充分发挥自己的想象力和创造力。这种平衡可能体现在绘画作品中对现实与虚构的结合，以及对个体与社会之间关系的表现。例如，儿童可能在描绘现实场景时，加入自己的想象元素，使作品具有更强的个性和艺术性。

总之，儿童图像创造的规律之五是从客观的主观化发展到客观的主体表现。这一过程反映了儿童认知能力和审美观念的发展，以及他们在艺术创作中对现实生活与想象力的结合。通过观察和分析儿童绘画作品中现实与想象的变化，可以更好地了解儿童的心理发展和创造力水平，为他们提供更有针对性的艺术教育和指导。

（四）学前儿童绘画特征

学前儿童绘画作品具有一些独有的特征，这些特征反映了他们认知发展、心理特点和审美趣味等方面的差异。学前儿童绘画作品的主要有以下特征：

（1）符号化：学前儿童绘画作品往往以符号化的形式表现出来，他们通过简单的线条、形状和色彩来表达自己对事物的认知和理解。这些符号化的表现方式往往是他们心中对于事物的抽象概念。

（2）简化与概括：学前儿童在绘画时，往往会对所画对象进行简化和概括，只关注事物的主要特点，而忽略细节。这是因为他们的认知能力尚在发展过程中，对事物的观察能力有限。

（3）颜色运用自由：学前儿童在绘画时，对颜色的运用具有很大的自由度。他们可能会使用鲜艳的颜色来表达自己的情感，或者不拘泥于现实，用自己喜欢的颜色来表现事物。这体现了他们的想象力和创造力。

（4）透视和比例问题：学前儿童在绘画时，往往忽略透视和比例原则，画出的画面可能会出现透视上的错误和比例失调。这是因为他们尚未掌握透视和比例的绘画技巧，以及他们的认知能力还不够成熟。

（5）中心突出：学前儿童在绘画时，往往会把画面的主题放在画面的中心位置，周围空间的利用较少。这反映了他们对事物的关注点和重视程度。

（6）情感表达：学前儿童绘画作品往往充满了丰富的情感表达。他们通过绘画来表达对周围环境、人物和事物的喜怒哀乐，展现出他们内心的世界。

（五）学前儿童美术教育中图像创造的教学策略

学前儿童美术教育对于培养儿童的审美能力、创造力和综合素质具有重要意义。在教学过程中，教师可以运用以下策略来引导和激发儿童的图像创造能力。

1. 提供丰富的感知机会、美术素材和表现环境

为了激发学前儿童的图像创造能力，教师需要为他们提供丰富的感知机会。这包括让儿童接触各种颜色、形状、纹理和材质，帮助他们建立对美术元素的敏感度。此外，教师还可以为儿童提供各种美术素材，如颜料、纸张、画笔等，以激发他们的创作欲望和兴趣。

在创造良好的表现环境方面，教师可以设置一个温馨、舒适的美术活动空间，让儿童能够自由地挥洒创意。同时，教师也可以通过布置墙面、悬挂儿童作品等方式，创造一个充满艺术氛围的环境，激发儿童的创造力。

2. 注重培养儿童观察发现能力

观察发现能力是儿童图像创造的重要基础。教师在教学过程中，应注重培养儿童的观察力。这可以通过组织户外美术活动，引导儿童观察身边的自然景物、建筑物和人物等，让他们学会从生活中发现美。同时，教师还可以通过提问、讨论等方式，引导儿童思考和表达自己的观察感受，培养他们的表达能力。

此外，教师还可以借助多媒体教学手段，向儿童展示不同类型的艺术作品，引导他们欣赏、分析和评价，从而提高他们的审美能力和艺术素养。

3. 鼓励自主创作和尊重个性

学前儿童美术教育应注重培养儿童的独立思考和自主创作能力。在教学过程中，教师应避免过多地干预和指导，而应给予儿童充分的自由空间，让他们根据自己的兴趣和特点进行创作。同时，教师要尊重儿童的个性，不以成人的审美标准来评价儿童作品，而是鼓励他们敢于表达、敢于尝试，培养他们的创新精神和自信心。

通过运用这些教学策略，教师可以有效地激发学前儿童的图像创造能力，为孩子们以后在图像识读、审美感知、艺术表现、创意实践等核心素养积累丰富的经验。

二、基于图像表达的学前儿童绘画教育

（一）图像表达在绘画教育中的重要性

绘画教育是学前教育的重要组成部分，对于培养儿童的审美能力、创造力和综合素质具有积极意义。图像表达作为绘画教育的核心内容之一，在儿童成长过程中具有重要作用。以下是图像表达在绘画教育中的重要性。

1. 增强视觉传达能力

图像表达是一种视觉艺术，它通过绘画作品来传达儿童的思想、情感和观念。通过绘画教育，儿童可以学会用图像来表达自己的内心世界，从而增强视觉传达能力。这对于提高儿童的沟通技巧、表达能力和社会适应能力具有积极意义。

2. 培养抽象思维与符号认知

在绘画过程中，儿童需要将现实世界中的具体事物抽象为图像，这有助于培养他们的抽象思维能力。此外，绘画中的线条、形状、色彩等元素都具有一定的符号意义，通过对这些符号的理解和运用，儿童可以提高自己的符号认知能力。这种认知能力对于儿童的学习和生活具有重要意义。

3. 提升审美意识与对视觉形式美的感知

图像表达在绘画教育中，有助于培养儿童的审美意识和艺术感知。在创作过程中，儿童需要关注作品的构图、色彩搭配、形式与内容的统一等方面，以达到美观和谐的效果。通过对美的追求和体验，儿童的审美观念和艺术素养将得到提升。此外，绘画教育还能帮助儿童培养良好的审美习惯，提高对生活品质的追求。

图像表达在绘画教育中具有重要意义，它不仅能够增强儿童的视觉传达能力、培养抽象思维与符号认知，还能提升儿童的审美意识与艺术感知。因此，在

学前教育中，教师应重视图像表达的教学。

（二）基于图像表达的学前儿童绘画教育原则

在进行学前儿童绘画教育时，教师应遵循一定的教育原则，以保证教学效果和儿童的全面发展。以下是基于图像表达的学前儿童绘画教育原则。

1. 强调表达与传达

绘画教育应强调儿童的表达与传达能力。在教学过程中，教师应鼓励儿童将内心的想法、情感和观念通过绘画作品表现出来，使他们学会用图像来传达自己的心声。教师应关注儿童作品背后的思想和情感，而非过分关注作品的形式与技巧。通过这种方式，儿童的视觉传达能力将得到锻炼和提高，有利于他们的沟通技巧和社会适应能力的发展。

2. 重视儿童个性化发展

绘画教育应注重儿童的个性化发展，尊重他们的独特性和创造力。教师在教学过程中，应避免对儿童进行过多的干预和指导，给予他们足够的自由空间，让他们根据自己的兴趣和特点进行创作。同时，教师要关注儿童的个性差异，因材施教，为他们提供个性化的指导和支持。这样的教育原则有助于培养儿童的独立思考能力、自主创作能力和创新精神。

3. 注重情境体验与创意拓展

绘画教育应注重情境体验与创意拓展。在教学过程中，教师应创设丰富多样的教学情境，激发儿童的学习兴趣和创作欲望。这可以通过组织户外写生、观摩名家作品、参观艺术展览等活动，让儿童充分感受艺术的魅力，从而激发他们的创意和想象力。

同时，教师还应关注儿童的创意拓展，鼓励他们在绘画过程中勇于尝试、敢于创新。这可以通过引入多种绘画材料、技法和主题，拓宽儿童的视野，使他们在创作过程中不断超越自我，发挥无限的创造力。

总之，基于图像表达的学前儿童绘画教育原则包括强调表达与传达、重视儿童个性化发展以及注重情境体验与创意拓展。遵循这些原则的教育，将为儿童图形创造积累经验，增强儿童用图像来表达和交流的自信。

（三）基于图像表达的学前儿童绘画教育方法与技巧

针对学前儿童的绘画教育，教师应采用一系列方法与技巧，以提高儿童的图像表达能力。以下是基于图像表达的学前儿童绘画教育方法与技巧。

1. 学习图像语言与符号表达

（1）图像元素与视觉传达：教师应指导儿童学习图像的基本元素，如线条、形状、色彩等，以及它们在视觉传达中的作用。通过对这些元素的认识和应用，儿童可以更好地用图像表达自己的想法和情感。

（2）符号意义与象征表达：教师应教授儿童如何理解和运用符号及其象征意义。例如，通过讲解不同颜色的象征意义，教会儿童用颜色来表达情感。这样，儿童能够更加丰富地运用图像元素，提高自己的表达能力。

2. 图像表达绘画活动

（1）主题式图像创作：教师可以设置具体的主题，引导儿童进行图像创作。这种方法有助于培养儿童的观察力和想象力，并激发他们的创造力。

（2）情境体验式表达：教师应创设丰富的情境，让儿童在实际体验中进行图像表达。例如，组织儿童进行户外写生、参观艺术展览等活动，使他们在感受美的过程中发挥自己的创意。

3. 图像表达欣赏与评价

（1）学会欣赏图像表达作品：教师应教育儿童如何欣赏图像表达作品，让他们学会从构图、色彩、形式等方面进行审美鉴赏。这有助于提高儿童的审美能力和艺术素养。

（2）培养图像表达评价能力：教师应引导儿童学会评价自己和他人的图像表达作品，并鼓励他们提出建设性意见。这样，儿童能够在互动中学会尊重和欣赏他人的观点，提高自己的评价能力。

4. 融入其他学科与生活

（1）图像表达在跨学科教学中的应用：教师应将图像表达融入其他学科的教学中，如数学、科学、语言等。这样，儿童可以在不同领域中应用图像表达能力，提高自己的综合素质。

（2）结合生活体验的图像表达创作：教师应引导儿童关注生活中的美好事物，将生活体验融入图像表达创作中。这样，儿童能更好地理解和体验美的本质，提高自己的审美能力和艺术创造力。

总之，基于图像表达的学前儿童绘画教育方法与技巧包括学习图像语言与符号表达、开展图像表达绘画活动、进行图像表达欣赏与评价，以及将图像表达融入其他学科与生活。通过这些方法与技巧，教师可以有效地提高学前儿童的图像表达能力，为他们的艺术素养和终身学习奠定基础。

三、学前儿童绘画教学及材料、工具的使用方法

(一) 儿童绘画教学的原则

(1) 为了提高儿童的绘画表现,需要给予儿童足够的机会进行自由创作。通过提供丰富多样的材料和工具,例如颜料、纸张、笔刷等,可以激发孩子们对艺术表达方式更多元化和独立思考能力。在这个过程中要鼓励孩子尽情地表达自己内心深处所想象到或者感受到什么,在此基础上帮助其发展更加精确、准确以及多样性丰富色彩运用等方面。

(2) 在教育过程中要注重引导与启发。老师应该成为一个榜样,通过自己的绘画作品和表达方式,引发孩子们对创造艺术的兴趣。特别是老师们可以临摹孩子们的"自发性绘画",体会孩子们图像表达的独特方式,打破专业美术和学院派技巧的束缚,进入儿童充满创造力的图像世界,这不仅可以让老师们更好地理解孩童充满生命力的图像表达方式,还可以更好地理解儿童绘画,为有效引导做更充分的准备。同时,老师还应该提供一些具体的指导和技巧,例如教授孩子们如何运用不同的线条、形状、颜色等来表达主题或情感。在绘画过程中也可以借助故事、音乐等元素更好地激发孩子们的创造力。但更重要的是,老师或家长应该特别重视引导孩子观察世界,创造更多能够加深儿童生活体验的机会,并在孩子的美术创作过程中鼓励儿童用自己的方式将其所观察到的细节大胆表现出来。老师可以通过提问,引导学生将观察引向深入,培养儿童提高视觉观察力和记忆力。

(3) 鼓励老师和家长积极参与到儿童绘画表现活动中也是至关重要的。父母可以在家庭环境中提供一个有利于创造性思考和艺术表达的氛围,如为孩子留出一处展示角,不断发现孩子们新的作品并更换旧的作品,抽时间驻足在孩子的作品前并发现作品中有趣的或有意思的细节对孩子进行提问或交流。家长们可以为孩子们提供适当的材料和工具,并定期参观博物馆、美术馆、画廊等地方,以进一步扩展孩子们对艺术形式和风格的了解。老师和幼儿园可以积极拓展儿童美术作品的展示空间,组织创作活动与孩子们一起共创艺术作品等,让孩子充分感受到自己的绘画创作和表现活动是被鼓励、被关注并很容易获得支持的。

(4) 在学前教育阶段要注重培养儿童对绘画作品进行观察与分析的能力。通过引导他们认识到不同类型和风格图案背后所蕴含的更丰富多样性信息以及意义,并且帮助其从中获取启示或者灵感进而尝试去模仿、批判地思考以及创作自己的美术作品。这种分析能力的培养将有助于儿童更好地理解和欣赏艺术作品,并进一步推动他们在绘画表现和技巧表达上的发展。

(5) 培养学前儿童的绘画表现和技巧需要提供适宜的环境和机会,老师应

该充当引导者和榜样，家长也应积极参与其中。通过适当的方法和策略，可以帮助孩子们发掘自己潜藏的艺术天赋，并促进他们在认知、创造力以及社交等方面全面发展。绘画不仅仅是娱乐活动，更是一种重要的教育手段，在学前教育中起着不可忽视的作用。

（二）绘画材料和工具的使用方法
1. 选择合适的绘画材料

（1）总体原则

①颜色：在为学前儿童选择颜色时，应优先考虑明亮、鲜艳且容易识别的颜色。这样可以吸引孩子们的注意力，并帮助他们区分不同物体或场景中存在着的不同颜色。引导孩子注意颜色的调和，学习通过特定的方式，如及时洗笔、减少叠加等，避免被动调和而破坏原来的色彩感受。

②笔触：对于初次接触绘画活动的幼儿来说，较大号码、圆头且毛质柔软轻便的笔刷是比较理想的选择。这些笔刷可以使孩子获得更好的控制，并减少意外伤害。而且大号的笔杆更有利于儿童抓握和控制，促进精细运动的发展，提高手脑协调性。

③纸张：选择适合儿童使用的纸张，应该具有一定的厚度和质地。相对光滑的纸张可以让孩子们更轻松地在上面作画，有助于激发幼儿美术学习的动力；带有不同肌理的纸张可以表现不同的痕迹，扩大幼儿美术创作的探索空间，有利于激发更多绘画表现的创意和想法。纸张大小尺幅尽量丰富，通过不同纸张的绘画活动，孩子们大臂带动的大运动和指尖带动手腕的精细运动得到更好的锻炼。

（2）具体选择

①水彩颜料

水彩颜料是学前儿童最常用的绘画工具之一。它们易于使用，可以与水混合以获得不同浓度和效果。对于年龄较小或初次接触绘画的孩子来说，水彩颜料是一个不错的选择。它们能够帮助孩子掌握基本涂抹和混合色彩技巧，并激发他们对颜色、形状和纹理等视觉元素的兴趣。

②彩色铅笔

彩色铅笔是另一个适合学前儿童使用的工具。与普通铅笔相比，彩色铅笔更加丰富多样，在调节颜色上也更加灵活。质量良好的彩色铅笔的质地柔软，易于上色和混合，使孩子可以更好地表达自己的想法和情感。一些水溶性彩铅在最后通过水的晕染，可以产生类似水彩的通透效果，丰富表现。此外，彩色铅笔还能够提升孩子的手指灵活性和手眼协调能力。但彩色铅笔也有一定的局限，最突出的在于其涂色更费时间，这容易让注意力集中时间短暂的学前儿童感到吃力。当然，我们还能看到类似彩色铅笔那样能够画出色彩的不同粗细和质感的水彩笔、炫彩笔、油画棒、马克笔等材料，这些不同的材料和彩色铅笔一样，最大的特点是能够画出清晰的线条。而线条造型是学前儿童最喜爱表现的方式之一，儿童可以通过这些材料进行各种形象创造和图形表达。

③指画颜料

对于学前儿童来说，使用刷子绘画可能会有些困难。然而，指画颜料是一个很好的替代选择。它们通常以浓稠、丰富多彩的形式出现，并可直接用手指或海绵涂抹在纸上。这种方式可以激发孩子大胆尝试、自由创作的精神，并帮助他们发展触觉技巧。指画颜料从手指、手掌、手肘延伸开可以到四肢以至全身在不同尺寸大小的纸上的涂抹。只要条件允许，孩子们用自己的身体作为工具，以指画颜料作为材料进行美术创作活动，能够让活动过程变得更加有趣和好玩。在材料的触摸中孩子们将获得丰富的经验。

④纸张与画布

选择适合学前儿童使用的纸张与画布也非常重要。纸张应该具有一定的厚度和质量，以防止颜料渗透到背面。另外，它们还需要足够光滑以便于绘画过程中的各种技巧和涂抹操作。在选择画布时，可以考虑购买带有边框或固定装置的版本，方便孩子展示他们的作品。

正确选择学前儿童绘画材料对于他们艺术发展至关重要。水彩颜料、彩色铅笔、指画颜料和黏土等材料都能够帮助孩子培养创造力、表达情感并提升手部肌肉控制技能。

最后，在为孩子提供这些绘画材料时，应该鼓励他们自由探索、尝试新事物，并在创作过程中给予积极鼓励与赞赏。只有这样，才能真正激发孩子无限的艺术潜力，并见证他们在艺术世界中不断成长与进步。

2. 学前儿童绘画工具的使用方法

（1）涂鸦工具：幼儿涂鸦是他们最初接触绘画的方式之一。为了让他们更好地掌握涂鸦工具的使用方法，教育者应该给予他们足够自由和创造性的空间。同时，教育者还可以引导幼儿注意笔触方向和力度，并鼓励他们尝试不同形状、颜色和线条。

①提供适合年龄的工具：为了帮助学前儿童更好地理解并运用涂鸦工具，应该选择适合年龄段的绘画用品，如大号、易握持、无毒且易清洁的蜡笔或彩色铅笔。

②鼓励自由表达：在绘画活动中，不要给予孩子过多限制。相反，应该鼓励他们自由发挥想象力，并通过艺术创作来表达自己独特的观点和情感。

③提供范例与指导：有时候，孩子可能需要一些启发才能展开创作。因此，提供一些简单而有趣的范例或故事情节可以激发他们探索并尝试新颖想法。

④为孩子提供积极反馈：当孩子完成一幅作品时，请给予肯定和鼓励，并就其中独特之处进行赞赏。这将增强他们对艺术创作的信心，进而提高他们对绘画和涂鸦的兴趣。

（2）蜡笔：蜡笔是学前儿童最常用到的绘画工具之一。为了正确使用蜡笔，幼儿需要学会拿着它并保持手指灵活。此外，在用蜡笔作画时要注意运用不同力度来产生浓淡效果，并通过叠加颜色来创造新颜色。

①在帮助孩子掌握基本涂鸦技巧时，教师或家长需要给予适度的指导。通常来说，年龄较小（3—4岁）的幼儿在理解抓握笔杆和控制手臂运动方面会稍显困难。因此，在引导他们使用蜡笔时应该注重培养正确抓握姿势，并进行简单但有趣的练习活动。例如，在纸上画出大大小小、粗细不同的线条，并告诉孩子沿着线条轨迹进行涂鸦；或者讲述一个简单故事并要求孩子用蜡笔进行描绘，以此锻炼他们的手眼协调能力。这些活动既能帮助孩子熟悉蜡笔的使用方法，又能够激发他们对创作的兴趣。

②在涂鸦的过程中，给孩子提供多样化的颜色和纸张选择也是非常重要的。幼儿对于鲜艳、明亮的色彩更有兴趣，因此教师或家长应该提供丰富多样的蜡笔颜色，并告诉孩子如何正确地使用这些颜色进行创作。同时，在纸张选择上也可以根据孩子不同阶段和需求来变化。例如，在年龄较小时可以使用大块头、厚实一些的纸张，更加适合幼儿用蜡笔涂鸦，而年龄稍大时则可以尝试使用细一点、质感更好的纸张来增加绘画效果。

③除了技巧和材料选择外，培养幼儿在涂鸦过程中保持专注力也十分关键。毕竟年龄较小（3—5岁）的孩子往往难以集中注意力做一件事情太长时间。为了帮助孩子更好地专注于涂鸦，教师或家长可以设计一些小游戏或挑战。例如，规定一定时间内用蜡笔涂满一个特定形状的区域，然后和其他同学进行比赛；或者提供一些简单模板让孩子进行涂鸦，并设立奖励机制来激发他们的兴趣和参与度。通过这样的方式，不仅能够提高幼儿的专注力，还能够让他们体验到创作乐趣。

（3）水彩颜料

①选择适合年龄段的水彩颜料

在给学前儿童提供水彩绘画体验时，应该选择适合他们年龄段和技能水平的材料。对于较小或初次接触绘画活动的幼儿来说，可以选用大型圆形或三角形形状的块状水彩颜料。这些大块状颜料易于抓握，并且不会太容易弄脏手指或衣服。

②培养正确使用工具与材料

在开始绘画之前，应该教导孩子正确地使用工具和材料。首先，教孩子用水彩颜料刷在涂鸦纸上，以熟悉不同的颜色和效果。其次，引导他们掌握正确的刷法和手势，如横扫、竖扫、点画等。同时，要教导孩子使用适量的水来调节颜料的浓度，并告诉他们如何清洗画笔。

③给予自由表达与创造空间

学前儿童绘画活动的目标是培养他们的想象力和创造力。因此，在使用水彩颜料时，应该给予孩子充分的自由表达与创造空间。可以提供各种主题或场景供他们选择，并鼓励他们根据自己的想法进行绘制和涂鸦。这样不仅可以促进幼儿思维发展和观察能力的培养，还能增强其艺术审美意识。

④开展多元化活动与游戏

除了单纯地将水彩绘画作为一项活动，在学前教育中还可以结合其他元素进行多元化活动与游戏。例如，在室外进行"卧式绘画"活动时，让孩子们躺在草地上，观察天空中的云朵形状，并用水彩颜料将其表现出来。这样的活动既可以锻炼幼儿的身体协调能力，又能够增强他们对自然环境和艺术表达的理解。

（4）指画工具

指画是学前儿童很喜欢的一种绘画方式。通过教育者与孩子一起进行指画活动，可以帮助孩子发展手指运动技能和抽象思维能力。此外，还可以鼓励幼儿尝试使用不同手指或拇指上的不同部位进行绘画。

①应确保所用颜料是无害并符合相关标准要求的。

②在进行涂抹动作时要督促孩子们掌握正确方法，并避免将颜料或其他材料接触到眼睛、衣物或口腔等部位。

③在活动结束后要及时清洁孩子们双手并教育他们养成良好的个人卫生习惯。

学前阶段是培养儿童对于绘画的兴趣和才能非常重要的时期。了解合适的绘画材料和工具使用方法，对于教育者来说至关重要。通过正确选择适宜年龄段、明亮鲜艳且容易识别的颜色、轻便易控制且柔软舒适的笔刷以及质地厚实相对光滑的纸张等材料，并引导幼儿正确使用涂鸦工具、蜡笔、水彩和指画工具等技巧，可以帮助他们培养出更好的创作能力和艺术审美观。

通过提供一个积极、鼓励和有趣的学习环境，可以激发幼儿对于绘画的热爱，并帮助他们在这个领域中获得更多的成就感。共同努力，为学前儿童提供良好的绘画体验！

四、学前儿童绘画创作与指导

(一)绘画作品创作过程中需注意事项

在指导学前儿童进行绘画作品创作时,教育者应该关注以下几个方面。

1. 提供良好的艺术环境

为孩子们提供一个专门用于绘画的空间,装备各种绘画材料和工具,以激发他们的创造力。

(1)理解学前儿童

首先,要想为学前儿童提供良好的绘画环境,需要深入了解他们的特点和需求。学龄之前的幼儿正处于快速发展阶段,在审美、感知和表达能力上有着独特而不同寻常的需求。因此,在设计与搭建创作空间时应考虑到他们对颜色、形状、质地以及触觉感受等方面存在较高敏感度。

(2)创建安全舒适空间

一个安全舒适且具有启发性质量的空间对于孩子们进行自由创作至关重要。首先,应该选择一个宽敞明亮的房间,确保有足够的自由活动空间。同时,要确保环境干净整洁,并提供舒适的座椅和工作台以供孩子们使用。

此外,艺术材料和工具也是创造性绘画环境中不可或缺的一部分。提供各种不同类型、形状和颜色的纸张、颜料、画笔和道具等将鼓励学前儿童进行多样性的表达方式。而且还可以为他们展示一些优秀绘画作品以激发他们对艺术创作的兴趣。

(3)培养合作与分享意识

在创造艺术环境时,需要鼓励学前儿童之间合作与分享。通过组织小组活动或合作项目,让孩子们能够共享资源并相互交流灵感与技巧。这种经验将帮助他们建立起团队意识,并增强社交能力。

(4)引导而非干预

虽然成人在设计绘画环境时需要考虑到孩子们的需求,但是应该注意不要过于干预他们的创作过程。相反,应该提供指导和鼓励,以便孩子们在艺术创作中展现自己的独特风格和想法。这样做不仅会增加他们对绘画的乐趣,还会促进他们发展独立思考和解决问题的能力。

为学前儿童提供良好的艺术环境是促进他们全面发展的重要一步。通过理解儿童特点、创建安全舒适空间、培养合作与分享意识,并引导而非干预,可以为学前儿童绘画体验提供一个具有启发性和愉悦感的环境。这将有助于培养孩子们感知世界、表达情感并开拓创意思维等方面的能力。因此,在未来教育实践中，应该始终关注并致力于打造最佳艺术环境，以满足学前儿童在绘画领域中的成长所需。

2. 鼓励自由表达

不要限制儿童在绘画时所使用的颜色、线条和形状等要素。鼓励他们表达内心世界，并给予积极的反馈。

（1）创建积极环境

为了鼓励学前儿童在绘画中自由表达，需要创建一个积极、支持性的环境。这包括提供充足的时间与空间给予孩子们进行艺术创作，并保证他们感到安全和受到赞赏。教师应该以正确和尊重的方式与孩子们互动，鼓励他们将自己的想法和情感通过绘画表达出来。

（2）提供多样性的材料和工具

学前儿童在绘画中表达自己时，他们需要适合他们年龄和发展水平的材料和工具。例如，提供容易握取的大号彩笔、粗壮而轻便的画笔以及易于操控的颜料。此外，还可以提供一些不同质地的纸张、贴纸、黏土等其他材料，以激发孩子创造力并尝试新的艺术形式。

（3）鼓励探索与实验

在学前儿童阶段，探索与实验是非常重要的。教师应该鼓励孩子在绘画中尝试不同技巧和方法，并鼓励他们将自己独特的想法融入作品中。这种开放性与自由可以帮助学前儿童培养创造力，并且更好地理解色彩、形状等概念。

（4）引导对话与反思

当学前儿童进行绘画时，教师可以引导对话，并帮助他们反思作品。这种对话可以涵盖他们使用的颜色、形状以及他们想要表达的情感或故事。通过引导孩子思考和描述自己的绘画作品，他们可以更深入地理解艺术与自我表达之间的联系，并进一步培养自由表达能力。

（5）保持正面评价

为了鼓励学前儿童在绘画中自由表达，我们必须保持积极的评价。即使孩子们作品可能并不完美或符合传统标准，我们也应该关注他们所表达出来的个性和创意。给予孩子真诚而积极的赞扬将激励他们继续探索艺术世界并勇于展示自己。

3. 提供示范与启发

适当地提供一些示范或灵感作品，让孩子们在观摩中学习、借鉴并获得灵感。但同时也要尊重每个孩子的个体差异。

（1）在提供示范作品时，教师或家长应该选择适合学前儿童年龄段的图画书、绘本或艺术作品。这些作品应该具有简单明了的图像，并且容易理解。通过观摩这些作品，孩子们可以学习到不同种类和形式的艺术表达方式。例如，他们可以看到如何使用不同颜色、线条和形状来描绘人物、动物或景物。

（2）在示范过程中，教师或家长应该引导孩子们思考并提出问题。通过询问一些开放性问题，比如"你认为这幅画里有什么特别之处？"或者"你觉得作者在用哪种方式表达了情感？"等，可以促使孩子展开思考并从中获得灵感。这样的引导有助于增强孩子们的观察力和分析能力，并激发他们独立思考的能力。

（3）为了尊重每个孩子的个体差异，教师或家长应该鼓励孩子们根据自己的兴趣和能力进行创作。他们可以提供各种不同材料和工具，如纸张、颜料、笔刷等，让孩子们自由选择并发挥创造力。有些孩子可能更喜欢使用颜色丰富多彩的画笔来表达自己，而其他一些孩子可能更倾向于使用黑白线条进行描绘。无论他们选择何种方式进行绘画创作，都应该得到鼓励和认可。

（4）在提供示范与启发时，要注意避免过度指导和限制。过度指导会抑制儿童的想象力和创造力，并使他们失去对艺术表达的兴趣。因此，在展示绘画技巧或艺术作品时，教师或家长应尽量保持简洁明了，并鼓励学前儿童在观摩中探索和尝试新事物。

（5）绘画示范与启发不仅是为了教授技巧和表现方式，更重要的是培养孩子们的艺术品位和欣赏能力。通过观摩一些经典的艺术作品或名家画作，孩子们可以学习到不同的艺术风格和表达方式。他们可以发现自己对某种风格或某位艺术家的偏好，并在创作中融入自己的个性。

在为学前儿童提供绘画示范与启发时，需要选择适合他们年龄段和理解能力的作品，并结合引导问题促使他们思考。同时，也应该尊重每个孩子的个体差异，鼓励他们根据自己的兴趣和能力进行创作，并避免过度指导和限制。这样才能真正激发孩子们对绘画艺术的热爱，并帮助他们在观摩中学习、借鉴并获得灵感。

（二）绘画创作指导中教育者角色

在学前儿童绘画创作指导过程中，教育者扮演着重要角色。学前阶段是儿童生命发展中的关键时期，对于他们整体发展具有重要的影响。而绘画作为一种艺术形式，对于儿童的创造力、表达能力和审美意识等方面都有积极的促进作用。然而，在绘画教育过程中，老师扮演着非常重要的角色。接下来将探讨在学前儿童绘画作品指导中老师所扮演的角色及其重要性。

1. 启发和激发创造力

在学前阶段，儿童天性好奇、充满想象力和创造力。通过提供适当的素材和环境，老师可以激发孩子们丰富的想象力并鼓励他们勇敢地表达自己。在学前儿童绘画作品指导中，老师的角色非常重要，他们不仅需要教授基本的绘画技巧，更需要启发和激发学前儿童的创造力。创造力是每个孩子都拥有的宝贵财富，通过绘画可以有效地培养和发展这种创造力。下面将探讨老师如何在学前儿童绘画创作指导中启发和激发孩子们的创造力。

（1）老师应该为学前儿童提供一个充满想象力和创意的环境。这种环境应该鼓励孩子们自由表达自己的想法，并提供各种材料和资源供他们使用。例如，在教室里放置一些色彩鲜艳、形状各异的纸张、颜料、笔等工具，以激发孩子们对于颜色、形状以及纹理等方面的感知能力，并为他们开拓思路。

（2）在引导学前儿童进行绘画时，老师应该尽量避免给出固定而具体准确的答案或者太过详尽无聊的要求。相反地，老师应该鼓励孩子们自由发挥，不拘泥于特定形式或样式。他们可以通过提问的方式激发孩子们的创造力，例如问"你想绘画什么？""你认为这个物体是什么颜色？"等。这样一来，学前儿童将会有更大的空间去探索和表达自己独特的想法。

（3）在绘画过程中，老师还应该鼓励学前儿童进行观察和自主思考。他们可以提供一些实际物体或图片给孩子们观察，并要求他们描述或者解释所见之物。通过这种方式，学前儿童将会锻炼其观察能力，并尝试着在纸上将所见之物表达出来。同时，在讨论时也要支持每个孩子的意见和想法，并尊重他们与众不同的创意。

（4）在完成绘画作品后，老师应该积极地与学前儿童分享和展示作品。鼓励他们向其他同学展示并解释自己作品背后所蕴含的意义和灵感来源。通过分享与交流能够增强孩子间相互启发、互动与合作的能力，并且让他们明白每一份作品都是独一无二的，值得被珍视和尊重。

在学前儿童的绘画创作中，老师起着重要的作用和影响。有许多不了解儿童绘画与儿童绘画教学的老师，误把'画得像'作为评判标准；或者把'简笔画'的技巧作为儿童绘画的主要教学内容。这些因忽略了对儿童绘画作品的基本认识，以及缺乏恰当的评价标准和指导路径的老师，使儿童在绘画创作这样的本该获得愉悦感和满足感的创造性活动，变成枯燥单调的机械学习。应该通过提供创造性的环境、鼓励自由思考和观察、支持个体差异以及促进分享与交流等方式，来启发和激发学前儿童的创造力。只有如此，才能够培养出能够像画家创作绘画作品那样具有艺术创作素养和方法的高素质公民创造更有利的路径。

2. 传递艺术知识和技巧

老师在学前儿童绘画创作指导中的另一个重要角色是传递艺术知识和技

巧。通过介绍不同绘画材料和工具的使用方法，老师可以帮助孩子们了解各种表现形式以及它们所能传达的意义。在学前儿童绘画作品指导中，教师不仅需要传授艺术知识和技巧，还需要关注学生的创造力和想象力的培养。

（1）在教学前儿童绘画作品时，老师应该注重培养学生对艺术的感知能力。通过引导孩子观察周围环境、自然景物或其他艺术作品，可以激发孩子对色彩、形状、纹理等因素的兴趣，并加深他们对美感的体验。例如，在户外实地考察时，老师可以指导孩子观察自然风景并引导他们用画笔将所见所闻表现出来。这样一来，孩子们不仅能够锻炼自己的观察能力，还可以从中获取灵感，并将其融入自己的创作中去。

（2）在教学过程中要注意向孩子传授基本绘画技能。虽然幼儿阶段是一个发展阶段，但这并不意味着不能向他们传授一些基本技巧。老师可以通过展示和解释绘画工具的正确使用方法，如如何握笔、掌握笔触和运用不同颜色等。此外，老师还可以引导孩子进行简单的几何图形绘制，并逐渐向他们介绍更复杂的技巧，如阴影、透视和比例等。通过这种方式，孩子们能够学习到一些简单但实用的技术，并在创作中得到更多自由发挥的空间。同时，在教学前儿童艺术知识与技巧方面，老师应充分重视培养孩子们的创造力和想象力。艺术作品不仅仅是按照规定步骤完成一幅画面那么简单，而是需要借助于想象力进行构思与表达。因此，在教学过程中，老师应该鼓励孩子们勇于尝试新颖独特的创意，并给予他们足够的自由发挥空间去表达自己内心丰富多样的感受。

（3）在教学前儿童艺术知识与技巧方面，请注意与家长保持紧密联系并共同支持学生的发展。艺术教育不仅仅是学校中的一门课程，还可以在家庭中得到继续发展和支持。因此，老师应与家长保持密切沟通，在学校与家庭之间形成有利于孩子们全面发展的良好合作关系。老师可以通过定期举办亲子活动以及提供相关资源和指导书籍来鼓励家长参与到孩子们的艺术学习中去。

（4）在教学前儿童艺术知识与技巧方面，老师需要注重综合评价和反馈。在教学过程中，老师应该及时给予孩子们反馈，并针对不同阶段制定具体目标以促进他们进步。同时，也要注重培养他们对于自身作品质量的审美能力，并激励他们勇于表达个人意见。

在学前儿童绘画创作指导中，老师应该既传授基本的艺术知识和技巧，又要特别注重培养创造力和想象力。通过多种方法引导孩子感知、表达、创新并将其融入实际实践当中去。同时，与家长合作共同支持孩子们的发展，并通过综合评价和反馈帮助他们不断进步。只有这样，才能在儿童艺术教育中取得更好的效果，为孩子们开启一个多彩、富有创意的未来。

3. 培养审美意识与欣赏能力

儿童对于美有着天生的感受力，但他们需要通过教育来培养艺术鉴赏能力和审美意识。老师在学前儿童绘画创作指导中应注重培养孩子对于艺术作品的欣赏能力，并引导他们发现不同风格、题材和文化背景下作品所蕴含的特点与情感。例如，在展示名家经典作品时，老师可以讨论其中蕴含着怎样的情感或者思想，并鼓励孩子们表达自己的感受。

（1）展示与评论：老师可以定期组织展示幼儿们完成的作品，并进行简短但具有启发性的评论。这样可以激发幼儿们对于自己作品以及其他同伴作品的兴趣与欣赏能力。

（2）鼓励交流与讨论：老师可以组织幼儿间的绘画作品交流活动，促进他们之间的合作、分享和互动。同时，鼓励幼儿对自己和其他人的绘画作品进行讨论和评价。

（3）利用多媒体资源：老师可以利用多媒体设备展示一些经典艺术作品，并讲解其中的意义和技法。通过观看这些优秀艺术作品，学前儿童可以提高对于艺术的理解和欣赏能力。

4. 促进情感交流和心理发展

（1）促进情感交流

在学前儿童的绘画创作指导中，老师扮演着至关重要的角色。除了教授基本的绘画技能，老师还需通过促进情感交流来建立与学生之间更深层次的联系。情感交流不仅能够提升学前儿童的绘画技艺，还可以对其整体发展产生积极影响。

首先，在指导过程中，老师应该创造一个温暖、亲近和支持性的环境。孩子们需要感受到他们被接纳和尊重，并且有权表达自己独特而多样化的想法和情感。因此，在课堂上，老师应当尽可能地为每个孩子提供平等参与的机会，并鼓励他们相互分享彼此心灵深处所想所愿。

另外，游戏是一种非常有效促进情感交流和合作精神发展、激发创造力以及社会技能培养等多方面成长方面的较好方式之一。游戏为孩子们提供了表达自己情感的空间。老师可以设计各种有趣的游戏和绘画活动，让孩子们在放松和愉快的氛围中展示他们的想象力和创造力。通过这些游戏，孩子们能够更好地理解彼此之间情感的共鸣，培养合作精神，并且从中学习如何与他人共同创造。

其次，在指导过程中，老师应该注重观察和倾听每个孩子独特的声音。每个人都有自己独特而宝贵的经验、观点和意见。因此，老师需要耐心地倾听并给予关注、解释理解每个孩子背后深处所隐藏的情感需求，并且通过积极反馈来增强他们在绘画作品上表达情感内涵。

从另一个角度看，在学前儿童绘画创作指导中，老师还可以引入一些艺术流派或者艺术家等相关信息来激发学生对艺术领域的兴趣。介绍不同类型、风格或时期等多样性绘画作品将使得学生更广泛开阔眼界，并且加深他们对艺术的理解。老师可以展示一些著名的绘画作品，让学生表达自己的感受和想法，从而促进更深层次的情感交流。

最后，在学前儿童绘画创作指导中，老师还应该给予鼓励和肯定。这种积极反馈将使孩子们更加自信，并激发他们充分发挥潜力。老师可以通过赞美他们的进步、指出他们绘画作品中所表达出来情感内涵等方面来提供肯定与赞许。

总结起来，通过创建支持性环境、采用游戏方式、倾听个体声音以及引入多样性观点等方法，老师能够有效地促进学前儿童在绘画作品指导中的情感交流。这种情感交流不仅有助于提升孩子们的艺术技能与创造力，还能够对其整体发展产生积极影响。因此，在教育领域中重视并推动情感交流在学前儿童绘画创作指导方面是非常必要的。

（2）促进学前儿童心理发展

营造积极和支持性环境。在指导学前儿童绘画作品时，老师应营造一个积极和支持性的环境。这种环境应该鼓励孩子们表达自己独特的想法和感受，并且不评判或批评他们的作品。通过给予肯定和鼓励，老师可以建立起与孩子们之间良好的信任关系，并增强他们的自信心和情感表达能力。

提供多样化材料与技巧。为了激发孩子们的创造力和想象力，在绘画指导中，老师应该提供多样化的绘画材料和技巧。这样可以帮助学前儿童发展他们的感知能力、手眼协调能力以及创造性思维。例如，提供不同颜色的油画颜料、纸张、色彩铅笔和水彩等工具，鼓励孩子们使用各种材料进行创作。

引导自我表达与情感沟通。通过绘画作品，学前儿童可以表达出他们内心深处的情感和体验。老师应该引导孩子们认识并理解这些情感，并给予适当的反馈和支持。例如，在观察学前儿童的绘画作品时，老师可以问一些开放性问题来激发孩子们对自己作品中所表达情感的进一步思考。

鼓励探索与尝试。在指导学前儿童绘画过程中，老师应鼓励孩子们进行探索与尝试。这包括鼓励他们运用不同技巧、材料和形式进行创作。通过培养学前儿童对新事物充满好奇心和勇于尝试的态度，可以增强他们的创造力和解决问题的能力。

培养合作与社交技巧。绘画作品不仅是个人创造力发展的一种方式，也是培养学前儿童合作与社交技巧的机会。老师可以组织小组活动或伙伴绘画活动，鼓励孩子们互相分享和合作完成一幅绘画作品。这样不仅可以加强学前儿童的合作意识和团队精神，还能促进他们之间的友谊和社交互动。

通过适当指导学前儿童在绘画过程中表达自己的独特想法与情感，并且鼓励他们探索、尝试、合作以及分享，老师可以有效地促进学前儿童心理发展。这不仅有助于孩子们在艺术领域中取得更好成果，还对他们健康的心理发展起到积极的影响。

第三节 学前儿童手工艺品设计与制作教学

一、手工艺制作与儿童的全面发展

（一）手工艺品作为创意表达方式

学前儿童是一个充满好奇心和创造力的群体。通过亲自动手制作手工艺品，他们能够在内心世界中找到独特的创意表达方式。这对于他们的全面发展和学习非常重要。接下来将探讨学前儿童通过亲自动手制作手工艺品所实现的独特创意表达，并分析其对他们整体发展的益处。

首先，学前儿童通过亲自动手制作手工艺品可以培养他们的想象力和创造力。在进行手工制作时，孩子需要运用头脑中浓郁而丰富的想象力来构思出新颖、独特和有趣的物品。比如，在绘画方面，孩子可以尝试不同材料、颜色和技巧来展示他们对世界各种主题、场景或人物形象的理解。

其次，通过制作手工艺品，孩子可以表达出内心深处真实而独特的情感与思考。由于年幼无法用语言准确表达复杂情感或观点，儿童常常会选择使用图画、雕塑等视觉元素来传递信息，并以此形式表达他们的内心世界。举个例子，一个孩子可能会用明亮色彩来呈现快乐和兴奋的感觉，而使用深沉颜色来表达出他们的伤心或焦虑等情绪。

再次，通过手工艺品制作，学前儿童可以提高自身的专注力和解决问题的能力。在动手制作过程中，孩子需要集中注意力并克服各种困难以完成任务。例如，在拼图时，他们需要分析每个小块如何组合在一起才能呈现出完整的图案。这种思考方式有助于培养他们解决问题和面对挑战时所需的思维能力。

从次，通过学前儿童亲自动手制作手工艺品还可以促进他们与周围环境互动和发展社交能力。在家庭、幼儿园或其他社交场所中进行手工活动时，孩子们有机会与同龄人及成年人进行合作，并分享彼此对创意设计、材料选择等方面的想法。这种合作经验可帮助孩子建立自信、尊重别人观点，并适应集体生活。

最后，同样重要的是，学前儿童通过手工艺品的制作，能够体验到创造的乐趣与成就感。当孩子们亲自完成一个手工作品时，他们会感到满足和自豪。这种积极的情绪可以激发他们进一步参与创意活动，并培养他们对学习和探索的热情。

学前儿童通过亲自动手制作手工艺品可以实现他们内心世界中的独特创意表达。从培养想象力与创造力、表达情感与思考、提高专注力与解决问题能力以及促进社交能力发展等多方面来看，这种方式对于学前儿童整体发展具有重要意义。因此，我们应该鼓励并支持孩子参与这样有益于其成长的活动，并确保在过程中提供适当的指导和支持。

（二） 利用手工艺品培养观察与分析能力

学前教育是儿童成长中至关重要的阶段，它为孩子提供了一个全面发展的机会。在这个阶段，儿童的认知、情感、社交和身体发展都处于高速发展的时期。因此，如何有效地促进他们的综合能力就成为教育者所关注的重点之一。其中，通过亲自动手制作手工艺品可以极大地培养学前儿童的观察与分析能力。

通过亲自动手制作手工艺品，学前儿童需要用眼睛仔细观察材料和形状，并理解不同物体之间存在的差异。例如，在剪纸过程中他们需要仔细观察图案，并根据形状进行剪切；在拼图游戏中，他们需要仔细看板块上的不同形状和颜色等特征来完成任务。

制作手工艺品不仅仅是一个简单的过程，而且需要经过一系列的步骤来完成。学前儿童通过参与整个制作流程，从材料选择到最终成品，需要运用自己的思维进行分析和判断。例如，他们可以选择合适的材料、挑选适合的工具，并根据自己对颜色、形状和比例等方面的观察来决定如何进行制作。

通过亲自动手制作手工艺品，学前儿童可以培养观察与分析能力。这种活动不仅可以提高他们的观察力、空间想象力和分析能力，还可以激发他们的创造力。因此，在学前教育中，我们应该积极推广这样的活动，为孩子们提供更多发展的机会，并帮助他们建立坚实的认知基础。只有通过综合素质教育和充满趣味性与挑战性的活动，我们才能更好地引导儿童走向成功并使他们成为具有创新思维和解决问题能力的高素质公民。

（三）增强儿童的解决问题能力

制作手工艺品是一个复杂而全面的过程，在这个过程中，学前儿童会遇到各种问题和挑战。通过解决这些问题，儿童可以培养他们的解决问题能力，并提高他们的自信心。例如，在制作手工艺品时，儿童可能会遇到材料不足、设计不完善等问题，但通过与同伴和教师的合作、反思和创新，他们可以找到解决办法并成功完成任务。

制作手工艺品需要学前儿童进行观察、分析、推理等一系列思维活动。通过这些活动，儿童可以锻炼他们的认知能力、逻辑推理以及解决问题技巧。例如，在选择材料和设计图纸时，学前儿童需要仔细观察并做出合理判断；在实际制作过程中，他们需要根据实际情况调整方法，并找到最佳解决方案。

在现代社会中，培养学前儿童的解决问题能力是教育的一项重要任务。手工艺品制作被认为是一种有效的教育方法，可以帮助儿童培养他们的解决问题能力。

（四）培养想象力和创造性思维

制作手工艺品需要将平面设计转化为立体物件。这个过程可以让学前儿童锻炼空间想象力。例如，在制作立体纸模型时，他们需要观察平面图纸，并按照指示将其折叠成立体形状。这种活动可以促进孩子对物体特征的理解和认知。

手工艺品制作过程中充满了创造性和想象力。学前儿童通过亲身经历手工艺品制作过程，可以激发他们对新事物探索和尝试的兴趣。在这个阶段培养他们丰富多样化思维方式非常重要，因为这有助于开发他们未来更高层次上关于世界运转规律、问题求解和创新的能力。

在使用手工艺品搭建框架这种方法时，教育者或家长可以提供一个基本结构或蓝图给孩子们，并鼓励他们根据自己的兴趣、喜好和想法来完成剩下部分。通过这种方式，孩子们不仅可以培养自己的创造力和想象力，还可以发展他们的解决问题能力和合作精神。

此外，在手工艺品搭建的基础上，教育者或家长还可以鼓励孩子们添加更多元素来扩展他们的想象空间。例如，他们可以引导孩子们使用不同材料、颜色和形状来装饰手工艺品。他们也可以提供一些主题或故事情节给孩子们，并鼓励他们将这些元素融入手工艺品。

当孩子尝试将一个抽象概念转化为实际形式时，他们需要运用逻辑思考、解决问题和推理的能力。这种过程有助于培养他们的创造性思维。制作手工艺品还可以加强儿童对空间感知和几何概念的理解。在制作过程中使用不同材料、形状和颜色时，孩子们会观察、比较并学习这些元素之间的关系，并在实践中掌握空间概念。

（五）提高沟通与合作技巧

促进合作与团队意识：在手工艺品制作过程中，孩子们常常需要与其他人一起工作。通过分工合作、分享资源和相互协助，他们能够培养出良好的团队意识和合作精神。

提高沟通技巧：制作手工艺品需要与他人有效地沟通。无论是提出问题、解释构思还是传达意图，儿童都能够通过语言和非语言表达来提高自己的沟通技巧。

增强社交能力：参与手工艺品制作活动可以给孩子们提供一个结交新朋友的机会。在这样的环境中，他们可以学习到尊重他人观点、倾听别人意见以及建立互信关系等社交技巧。

（六）对学前儿童设计思维启蒙的价值

设计思维（Design Thinking）是一种以解决问题和创新为目标的思考方法。它不仅仅局限于设计领域，而是一种广泛适用于各个领域的思考模式。设计思维的根本目标在于解决问题。它鼓励设计者深入挖掘问题的本质，从多个角度审视问题，从而找到切实可行的解决方案。设计思维追求创新和创造力，鼓励设计者挑战现有规则、突破思维局限，发掘新的思路和可能性。设计思维注重发挥个体的想象力、创造力和批判性思维，以实现创新性的解决方案。设计思维鼓励跨学科的合作与交流。通过整合来自不同领域的知识、经验和视角，设计者可以更好地理解问题、发现新的解决方案，从而实现更有效的创新。设计思维作为一种具有广泛适用性的思考方法，为解决复杂问题和实现创新提供了有效的思维框架。在设计比较发达的欧洲和日本地区，学前儿童教育会通过艺术活动培养幼儿的设计思维启蒙，以帮助儿童从小形成问题意识和方法、程序意识。

手工设计与制作作为一种富有创造性的活动，在制作的过程中总会遇到各种预料之中和意料之外的问题，儿童需要不断探索解决问题的办法，并利用工具对材料进行加工以获得一个满意的结果。在与各种不同的手工材料接触并进行造物的过程中，儿童有机会发现材料的特性和不同加工和组合的可能性，进而引发想象，促进创意的萌生。这些都使儿童的手工设计与制作活动为学前儿童设计思维启蒙创造有利条件。

（1）培养观察能力：手工设计与制作要求儿童观察和分析周围环境中的物品和现象，提取有用的信息和灵感。通过参与手工活动，儿童的观察力和分析能力会得到锻炼和提高。

（2）激发想象力：在手工设计与制作过程中，儿童需要发挥想象力，将自己的想法和创意表现在作品中。这有助于培养儿童的想象力和创造力，使他们能够在设计思维过程中发掘新的可能性和解决方案。

（3）培养动手能力：手工活动要求儿童亲自动手制作，培养他们的动手操作能力和实践能力。这对于设计思维中的实验和迭代环节具有重要意义，有助于儿童在实践中不断优化和完善解决方案。

（4）提高解决问题能力：在手工设计与制作过程中，儿童需要面对各种问题和挑战，如材料选择、工艺技巧、作品结构等。通过解决这些问题，儿童的解决问题能力得到锻炼和提高。

（5）促进团队协作：手工活动可以通过小组合作的方式进行，促使儿童学会与同伴沟通、协作和分享。这有助于培养儿童的团队合作精神和沟通能力，为设计思维中的跨学科合作奠定基础。

（6）提升审美能力：通过参与手工设计与制作，儿童可以接触到各种美学元素和设计原则，提高自己的审美能力和艺术素养。这对于培养儿童在设计思维过程中的审美判断和美学价值观具有积极作用。

（7）增强自信心和成就感：通过完成手工设计与制作任务，儿童可以从中体验到成功和成就感，增强自信心。这有助于培养儿童面对设计思维挑战时的积极态度和自我激励能力。

综上所述，手工设计与制作对学前儿童设计思维启蒙具有重要的价值。通过参与手工活动，儿童的观察能力、想象力、动手能力、解决问题能力、团队协作、审美能力和自信心等方面得到锻炼和提高，为设计思维的培养奠定坚实的基础。

二、儿童手工艺设计与制作活动

（一）材料

儿童手工艺品涉及使用各种材料和技巧，其中常见的有纸张、布料、黏土、陶泥等。

1. 纸张

纸张是最常见也最易得到的材料之一，在儿童手工艺中起到了非常重要的作用。首先，纸张具有可塑性强、易于操作以及成本低廉等优点，适合各个年龄段的孩子进行创作。其次，它还可以被剪裁、折叠、编织等多种方式进行加工处理，在形式上呈现出丰富多样化。

例如，剪纸是中国传统的手工艺品之一，儿童可以通过剪纸来培养他们的剪裁技巧和创造力。此外，儿童可以利用纸张制作卡片、画册以及折纸等，这些作品不仅能够展示他们的想象力和创意能力，还可以增强他们对颜色、形状、空间等美感要素的认知。

纸张的种类繁多，不同厚薄、粗细、软硬、透明或不透明的纸张，以及各种有着千变万化的纤维、肌理、色彩、纹路的纸品，可以开阔儿童的想象空间。从二维剪贴的造型到三维造型，纸张的可塑性和加工的便捷性都为儿童的手工制作提供了无限可能。

2. 布料

布料是另一种常见于儿童手工艺中使用的材料。它具有柔软性强、易于操控以及丰富多样化等特点。首先，布料在儿童手工艺中常被用来制作毛绒玩具、拼贴画以及小型服装等作品。这些活动有助于培养孩子们对颜色、质地和形状变化的观察能力，并锻炼他们的动手操作技巧。

其次，在制作过程中，孩子们需要使用简单的针线进行缝合处理。这项技巧不仅提高了他们在实际操作上细致入微和坚持不懈的能力，还为他们提供了解决问题和面对挑战的机会。

3. 黏土

现在，手工市场上有各种各样适合儿童使用的泥塑材料，如橡皮泥、纸黏土、超轻黏土、黏土等泥塑材料。用这些材料制作立体手工作品可以不用烧制或长时间地等待，就可以干燥定型。它们有的本身就有各种色彩，不同色彩之间甚至可以通过混合调出变化多端的色彩；有的干燥后可以在上面覆盖色彩，使作品的效果可以有更多的变化。这些材料的便捷性使它们越来越普遍地进入学前儿童艺术活动。通过与黏土的互动，儿童能够培养创造力、想象力和空间感。

通过将黏土揉捏成各种形状，学前儿童可以尽情地表达自己的想法和想象，体会到塑造的自由。触摸和感受黏土能够激活儿童大脑的不同区域，促进思维灵活性和创新能力。儿童通过黏土的加工和造型活动实践，可以掌握不同形状、大小或纹理，提高孩子对于三维空间关系的认知。在使用小块或小碎片处理黏土时，儿童需要细致而准确的手指运动，这有助于提高孩子的手眼协调能力。此外，为了要塑造事物的形态，儿童需要细心观察真实物体并大胆尝试模仿其形状、纹理和颜色，这些都需要准确的观察技巧和手部动作，儿童的这些造物活动反过来会促进他们的观察与手脑的协调性和手部的精细运动。柔软的黏土及其可塑造性，使这种材料的加工过程本身就能成为儿童自由表达情绪的媒介。通过揉、搓、捏、拍等加工方式转化为具象的形式，儿童可以将愤怒、喜悦或焦虑等复杂情绪和情感得到宣泄。通过与其他儿童一起使用黏土，儿童能够分享自己的创作，展示出彼此之间的想法和想象，促进人际交往。儿童通过手工制作实践，掌握不同形状、大小或纹理可以提高孩子对于三维空间关系的认知；使用不同数量和大小的黏土块塑造物体也有助于学前儿童理解数量概念。在使用黏土时，教师或家长与学前儿童进行对话，以及鼓励他们用语言描述所制作的物品，从而促进儿童的语言发展。

学前儿童通过使用黏土塑造形象、制作手工能够获得许多益处。它不仅促进了创造力和思维灵活性，还培养了手眼协调能力和情感表达能力。此外，黏土还有助于发展儿童的语言、空间关系和数量概念。因此，在学前教育中，使用黏土是一种非常重要且有效的方法，可以为儿童全面发展提供支持。

4．陶泥

陶泥是一种天然、质朴的材料，具有丰富的历史背景和文化内涵，在儿童手工艺中使用它不仅可以培养孩子们的想象力，还可以让他们更好地了解传统文化。首先，陶瓷制作过程需要经历揉泥、塑形、上釉和烧制等多个环节，这些步骤都需要孩子们耐心细致地进行操作。通过这样的活动，他们不仅能够锻炼动手能力和专注力，还能培养出对艺术品质感以及生产过程的认同感。

其次，在制作过程中，孩子们可以根据自己的爱好选择图案或设计，并运用各种彩绘技巧来个性化作品。这种创造性的实践既强调了自由发挥也鼓励他们学习和模仿传统艺术形式。

儿童手工艺品涉及使用纸张、布料、黏土以及陶泥等各种材料与技巧是非常重要的。这些材料与技巧不仅有助于培养儿童对美感要素如颜色、形状和质地的认知，同时也提高了他们的动手能力和创造力。通过这样的手工艺品制作活动，儿童可以享受到自由发挥和个性化表达的乐趣，同时也能够更好地理解传统文化，并培养出对美的感知与审美意识。因此，在教育中应该重视并鼓励儿童参与这些手工艺制作活动。

5．塑料

生活中有各种各样的塑料包装袋、盒、瓶等，这些材料色彩丰富，质感多样，可塑性强，儿童可以通过收集这些塑料材料，通过分类、简单地剪裁、拼贴等加工方式，制作出各种立体造型和模型，可以在儿童手工艺制作中发挥巨大的潜力。

利用废弃的塑料包装袋、盒、瓶等材料进行儿童手工艺制作，可以提高儿童对环保意识的认识，让他们了解到循环利用和减少浪费的重要性。塑料材料具有各种形状和颜色，可以激发儿童的想象力和创造力。例如，塑料瓶可以制作成花瓶、储物盒等；塑料盒可以用作画板、拼图等；塑料袋可以编织成篮子、垫子等。塑料材料具有轻便、易于切割、可塑性强等特点，便于儿童进行手工制作。此外，一些塑料材料具有透明或半透明的特点，可以为儿童创作带来更多的可能性。与其他材料相比，塑料材料在儿童手工艺制作中具有较高的安全性。塑料材料不易碎裂，边缘相对光滑，可降低儿童在手工制作过程中受伤的风险。塑料包装袋、盒、瓶等材料通常在生活中被视为废弃物，将其用于儿童手工艺制作既实现了循环利用，又节省了购买新材料的费用。利用塑料材料制作手工艺品，可以让儿童发挥无限创意，实现对材料的再生和升华。例如，他们可以将塑料瓶装饰成有趣的动物形象，或将塑料盒改造成独特的小屋等。在塑料材料的儿童手工艺制作过程中，孩子们可以学会与他人合作，共同完成一个作品，这有助于培养他们的团队合作能力和沟通技巧。

（二）制作

1. 纸材料的加工与制作

学前儿童手工制作活动中，纸材料是一种常见且易于加工的素材。纸材料的加工与制作工艺与方法多样，以下是一些常见的纸材料加工与制作方法。

（1）撕、剪、裁：剪裁是纸材料加工中最基本的技巧。儿童可以使用剪刀沿着特定的线条或形状剪裁纸张，以制作出各种图案和形状。在指导儿童剪裁时，应确保他们掌握正确的剪刀使用方法，并在成人监护下进行，以确保安全。同时，还要注意培养学生形成良好的工具使用习惯，如在剪的时候要坐下来；刀刃朝前（而不是指向自己）；左右手要互相配合；操作时要专注；不操作的时候，剪刀等工具要放在合适的地方等。此外，还可以通过撕纸的方式进行纸材料的加工。撕纸就是用手通过之间的配合撕出需要的造型的方式。比起剪纸，撕纸需要手的灵活运动，通过双手指尖和纸面的配合，撕出边缘透出纸纤维特质的独特效果的造型。撕纸的手工活动可以和拼贴结合在一起，完成各种形象的组合，具有很大的灵活性。而且撕纸不需要用到剪刀这些材料，但需要手指的配合，所以能锻炼儿童的精细运动。

（2）折叠：折叠是纸张加工的另一种基本技巧，可以让纸张从平面变成立体的效果。常见的折纸技巧包括对折、山折和谷折等。通过不同的折叠方法，儿童可以制作各种立体的纸制作品，如纸飞机、纸船和纸盒等。

（3）拼贴：拼贴是将剪裁后的各种纸片、纸条等拼接在一起，形成具有一定主题和意义的作品。儿童可以使用胶水、胶棒或双面胶将纸片粘贴在画纸或其他硬纸板上，创作出独特的手工艺品。

（4）制作手工纸材料：儿童可以通过对纸材料进行二次加工，创造新的、不同肌理和效果的纸材料，进行手工制作。孩子们通过收集各种废旧报纸等纸张，通过撕碎浸泡、搅拌打浆、抄纸、晾晒等步骤完成。手工纸可以制成可进一步加工的纸张的形式，也可以将纸浆晾在花瓶、球体等简单的物体上，做成纸浆立体作品。纸浆立体作品还可以用报纸或手工铁丝做出立体造型，将纸浆一层层粘贴上去，形成纸浆立体手工作品。手工制作和利用纸浆制作立体造型的方法比较简单，可塑性强，其间可以增加色彩或压花的素材产生不同的纸纤维效果，其后还可以继续覆盖颜色，使手工作品产生更多的变化。

2. 布艺材料的加工制作

布艺材料在学前儿童手工制作中具有广泛的应用。制作布艺手工不仅能够让儿童锻炼手部精细动作，还能培养他们对材料质地和形状的观察力。布艺材料加工与制作工艺丰富多样，以下是一些常见的布艺加工与制作方法。

（1）剪裁：剪裁是布艺材料加工的基本技巧。儿童可以使用剪刀沿着指定的线条或形状剪裁布料，以制作出各种图案和形状。在指导儿童剪裁时，应确保他们掌握正确的剪刀使用方法。

（2）缝制：缝制是布艺材料的主要加工方法。儿童可以学习使用针线将剪裁好的布料缝合在一起，制作出各种布艺制品。在教导儿童缝制时，应注意选择较大的针眼和较粗的线。

（3）拼贴：拼贴是将剪裁后的各种布片、布条等拼接在一起，形成具有一定主题和意义的作品。儿童可以使用胶水或针线将布片拼贴在画布或其他布艺制品上，创作出独特的手工艺品。

（4）绣花：绣花是在布料上用针线绘制图案的一种技巧。儿童可以学习简单的绣花技巧，如十字绣、钉钉绣等，用线在布料上绘制出各种图案和图画。

（5）染色与印染：染色与印染是布艺材料的一种装饰手法。儿童可以使用染料、水彩笔等工具在布料上染色或印染出各种图案和颜色。例如，孩子们可以尝试简单的扎染技巧，创作出独特的图案和效果。

（6）编织：编织是一种将布条、线等材料交织在一起的技巧。儿童可以学习简单的编织方法，如指编、梭编等，制作布艺制品。编织可以提高儿童的动手能力和空间思维能力。

（7）布艺玩具制作：布艺玩具是布艺材料在儿童手工制作中的一种常见应用。儿童可以利用捆扎、剪裁、缝制、填充等技巧制作各种布艺玩具，如布娃娃、布熊等。这些玩具可以成为孩子们的陪伴和玩具，也可以作为礼物送给亲朋好友。

布艺材料在学前儿童手工制作中具有丰富的加工与制作工艺与方法。通过学习和掌握这些技巧，儿童可以发挥想象力和创造力，制作出各种独特的布艺手工艺品，有助于培养儿童的动手能力、观察能力和审美能力。值得注意的是，由于布艺加工所需工具通常比较锋利，教师在教学指导过程中应该监护到位，并通过提问和提醒等方式帮助孩子们形成安全意识。

3. 黏土的加工与制作

黏土是一种非常适合学前儿童手工制作的材料，因为它具有易于塑形、质地柔软、颜色丰富等特点。与黏土相近的材料如超轻黏土、面粉、橡皮泥等都可以作为学前儿童手工制作的材料，而且这类材料的加工方法比较相似，具体如下。

（1）揉搓：在开始制作黏土作品时，首先要将黏土揉搓至柔软，以便于塑形。儿童可以根据自己的力量和需求，将黏土揉搓成不同大小的球状或条状。

（2）塑形：黏土的可塑性使得儿童可以轻松地将其塑造成各种形状和结构。儿童可以利用手指、手掌、工具等进行塑形，制作出动物、植物、建筑物等形象。

（3）组合：在制作黏土作品时，儿童可以将不同形状的黏土部件组合在一起，形成更复杂的结构和造型。例如，将黏土球和黏土棒组合成一个人物形象，或将多个黏土片拼接成一个场景。

（4）贴花：为了增加黏土作品的装饰性，儿童可以在黏土表面添加各种贴花。这些贴花可以是细小的黏土条纹、图案，也可以是其他材料如珠子、纸片等。贴花可以增强作品的立体感和视觉效果。

（5）雕刻：在黏土制作过程中，儿童可以尝试使用雕刻工具或其他锋利的物品，在黏土表面刻画出各种纹理和细节。雕刻技巧可以使黏土作品更加生动和真实。

（6）空气干燥或烘焙：为了使黏土作品变硬并保持其形状，可以选择让其在空气中自然干燥或进行烘焙处理。需要注意的是，烘焙过程应在成人的监督下进行，并确保温度和时间适中，以免黏土作品变形或破裂。

（7）上色与涂装：在黏土作品干燥后，儿童可以使用水彩、丙烯颜料等工具为其上色，增加作品的色彩和美感。

黏土在学前儿童手工制作中具有丰富的加工与制作工艺与方法。通过学习和掌握这些技巧，儿童可以发挥想象力和创造力，制作出各种独特的黏土手工艺品。同时，这些活动也有助于培养儿童的动手能力、观察能力和审美能力。

4. 陶艺材料的加工与制作

陶艺材料在学前儿童手工制作中具有独特的魅力，因为它可以让孩子们体验到泥土的质感以及塑形的过程。以下是陶艺材料在学前儿童手工制作中的加工与制作工艺与方法。

（1）揉搓：与黏土制作相似，在开始制作陶艺作品时，首先要将陶土揉搓至柔软，以便于塑形。儿童可以根据自己的力量和需求，将陶土揉搓成不同大小的球状或条状。但与黏土不同的是，在后期烧制时，如果陶泥中有空气，很容易导致作品爆裂，从而破坏整件作品。因此，在揉搓阶段，需要有一个通过拍打或摔打把陶泥中的空气排出的过程。

（2）塑形：陶土的可塑性使得儿童可以轻松地将其塑造成各种形状和结构。儿童可以利用手指、手掌、工具等进行塑形，制作出动物、植物、建筑物等形象。

（3）组合：在制作陶艺作品时，儿童可以将不同形状的陶土部件组合在一起，形成更复杂的结构和造型。例如，将陶土球和陶土棒组合成一个人物形象，或将多个陶土片拼接成一个场景。

（4）雕刻：在陶艺制作过程中，儿童可以尝试使用雕刻工具或其他锋利的物品，在陶土表面刻画出各种纹理和细节。雕刻技巧可以使陶艺作品更加生动和真实。

（5）修整：在塑形和雕刻过程中，陶土表面可能会留下一些痕迹或瑕疵。儿童可以使用刮刀、刷子等工具修整表面，使作品更加光滑和完美。

（6）干燥：在陶艺作品塑形完成后，需要进行干燥处理。儿童可以将作品放置在通风良好的地方自然干燥，以去除多余的水分。

（7）烧制：陶艺作品干燥后，需要进行高温烧制，使其硬化并呈现出特有的质感和色彩。烧制过程应在专业人士指导下进行，同时教师应确保儿童不在烧制工作的场室中逗留玩耍，以确保安全。

（8）上釉与再烧：为了增加陶艺作品的装饰性和耐用性，儿童可以在烧制前或烧制后的作品表面涂上釉料，进行烧制或再烧。釉料可以为作品增添丰富的色彩和光泽。

陶艺材料在学前儿童手工制作中具有丰富的加工与制作工艺和方法。通过学习和掌握这些技巧，儿童可以发挥想象力和创造力，制作出各种独特的陶艺手工艺品。同时，这些活动也有助于培养儿童的动手能力、观察能力和审美能力。

5. 塑料材料的加工与制作

塑料袋、塑料瓶、塑料盒等塑料材料因其轻便、易于加工和可塑性强等特点，在学前儿童手工制作中具有广泛的应用。这些塑料材料在学前儿童手工制作中常见的加工与制作工艺与方法有如下几点。

（1）剪裁：剪裁是塑料材料加工的基本技巧。儿童可以使用剪刀沿着指定的线条或形状剪裁塑料袋、塑料瓶、塑料盒等，以制作出各种图案和形状。在指导儿童剪裁时，应确保他们掌握正确的剪刀使用方法。

（2）折叠：折叠是塑料材料加工的另一种基本技巧，可以让塑料材料呈现出立体的效果。儿童可以尝试对折、山折、谷折等折叠方法，为塑料袋、塑料盒等制作出新的形状和结构。

（3）拼贴：拼贴是将剪裁后的各种塑料片、塑料条等拼接在一起，形成具有一定主题和意义的作品。儿童可以使用胶水、胶带、双面胶，甚至热熔胶等将塑料片拼接起来，或通过拼贴在画纸或其他硬纸板上，创作出独特的手工艺品。塑料材料也可以通过打孔和穿线等方式进行拼接。

（4）编织：编织是一种将塑料袋、塑料条等材料交织在一起的技巧。儿童可以将塑料袋剪成条状，然后进行编织，制作出篮子、垫子等实用物品。编织可以锻炼儿童的动手能力和空间思维能力。

（5）变形与重塑：对于塑料瓶和塑料盒等较硬的塑料材料，儿童可以尝试用剪刀或其他工具切割、折叠或加热变形，以制作出新的形状和结构。例如，将塑料瓶切成花瓶、储物盒等。

（6）装饰：为了增加塑料材料作品的装饰性，儿童可以使用彩笔、贴纸、珠子等材料进行装饰。这些装饰可以使作品更加丰富多彩，提高儿童的创作兴趣。

（7）重用与改造：利用塑料袋、塑料瓶、塑料盒等废弃材料进行手工制作，可以让儿童意识到循环利用的重要性。他们可以尝试将废弃的塑料材料改造成实用或有趣的物品，如将塑料瓶装饰成动物形象，或将塑料盒改造成小屋等。

塑料袋、塑料瓶、塑料盒等塑料材料在学前儿童手工制作中具有丰富的加工与制作工艺和方法。通过学习和掌握这些技巧，儿童可以发挥想象力和创造力，制作出各种独特的手工艺品，有助于培养儿童的动手能力、观察能力和审美能力，以及环保意识和资源循环利用的观念。值得注意的是，在使用热熔胶胶枪、打孔器和剪刀等工具和材料时，为了确保安全，最好由成人完成相应的操作，儿童观看时提供创意想法。

第四节 学前儿童材料探索活动与雕塑装置创作教学

儿童雕塑教育是一种通过艺术创作和观赏雕塑作品来培养儿童创造力、想象力和审美能力的教育方式。在当今社会中，越来越多的研究表明，艺术教育对于儿童的全面发展起着重要作用。其中，雕塑艺术可以为孩子们提供一个独特而丰富的学习平台，使他们不仅能够从中获得快乐和满足感，还能够培养他们综合素养。

首先，在理解儿童雕塑教育之前，需要明确"什么是雕塑"。简单地说，雕塑就是以物质形式来表达人类思想、情感和审美体验的一种艺术形式。在这个过程中，往往需要运用各种材料、工具和技巧来创造出立体空间。与绘画相比，在进行大型立体创作时涉及更多元素与挑战，并需要更多手工劳动。

其次，"为什么选择儿童进行雕塑教育"？儿童雕塑教育能够为孩子们提供一种独特的学习方式，可以激发他们的创造力和想象力。通过雕塑作品，孩子们能够将自己的思维和感受以有形的方式表达出来，并在创作的过程中发现自己独特的才华与个性。此外，雕塑艺术还可以帮助儿童培养观察力、空间想象力和手眼协调能力等重要技能。

儿童雕塑教育在很大程度上依赖于一个积极鼓励和支持的环境。这意味着父母、老师和社区需要共同关注并支持儿童参与艺术创作活动。首先，在家庭中，父母应该鼓励孩子展示他们所做出来的作品，并通过正面反馈来激发他们对艺术创造更多兴趣。其次，在学校中，老师应该提供丰富多样、具有挑战性但又不苛求完美的创作任务，并鼓励学生相互分享、讨论和评价彼此的作品。最后，在社区中，可以组织一些艺术展览、比赛或工作坊等活动，为孩子们提供一个展示和交流的平台。

儿童雕塑教育不仅仅是一种单纯的艺术教育，它还具有许多其他方面的意义和价值。首先，通过参与雕塑创作，儿童能够培养自信心和自我表达能力。他们会逐渐意识到自己拥有独特的才华并且可以让别人看到他们所做出来的成果。其次，雕塑艺术还能够激发孩子们对历史、文化和社会问题等更广阔主题的思考，并通过艺术表达出他们对这些主题的看法与理解。

这里需要说明，对学前儿童而言，前面提到的一些手工制作中的部分立体造型本身具有雕塑设计、表现与制作的特点，如前面提到的纸浆立体造型、泥塑手工制作等。但前面提及的手工制作的立体造型从体量来看大部分是偏向小型的，从功能上看侧重装饰和美化生活方面，且由于这些特征使前面的手工制作活动更多的是个人的探索和活动。这类手工制作的目标更多地表现为对手工制作灵活度、材料探索的多样性、手工制作改善生活等方面。而本节的材料探索与雕塑装置侧重体量更大，更突出创意表现的立体造型活动。

一、儿童雕塑教育对幼儿发展的积极影响

（一）高度互动

通过参与雕塑实际操作、触摸雕塑材料和沟通交流等活动，孩子们能够获得身心上全面发展。

在当今高度竞争的社会中，儿童的全面发展成为家长和教育工作者普遍关注的焦点。为了培养儿童的身心健康，人们不断探索各种形式的艺术活动作为有效手段。其中，雕塑活动被认为是一种独特而有益的方式来促进儿童综合素质的提升。

（1）通过参与实际操作，孩子们能够从雕塑活动中获得身体经验，并培养他们的创造力和想象力。在进行雕塑时，孩子需要亲自捏揉、切割、粘贴等一系列实际操作来完成作品。这些过程不仅可以锻炼他们的手部协调能力和精细运动技巧，还可以提高他们对材料属性的理解和运用能力。例如，当孩子们触摸到湿润的黏土时，他们可以感受到其柔软、可塑性强的特点，并通过捏揉、拉扯等方式将其变形为自己想象中的形状。这种亲身体验不仅让孩子们感受到创作的乐趣，还激发了他们对艺术和美学的兴趣。

（2）在雕塑活动中，儿童通过触摸雕塑材料来获得直接感知经验，并丰富他们对物质世界的认识。与传统教育模式相比，雕塑活动为儿童提供了一种更加直观、实践性强的学习方式。例如，在进行泡沫板制作时，孩子们可以亲自触摸切割泡沫板，并根据自己的意愿将它们拼接成各种形态。这样一来，不仅增强了孩子对材料质感和特性的感知能力，还培养了他们在处理物质事物时细致入微、注重细节方面的能力。

（3）在雕塑活动中进行交流与合作也有助于促进儿童的全面发展。在这样的活动中，儿童可以与其他同伴一起参与创作，并通过互相观察、交流和合作来实现共同目标。这种合作过程不仅让孩子们学会倾听和尊重他人的意见，还培养了他们团队合作精神和解决问题的能力。例如，在进行泥塑制作时，孩子们可以相互交流各自的灵感和构思，并共同努力将个人创意融入整体作品。通过这样的互动过程，儿童不仅学会了欣赏他人的创造力，也提升了自己在交往、沟通方面的能力。

在雕塑活动中参与实际操作、触摸雕塑材料，以及进行交流合作等活动可以为儿童带来身心全面发展的机会。通过这些经历，孩子们可以培养自己对艺术和美学方面的兴趣，并从中获取身体经验和直接感知经验，丰富物质世界认识。此外，在与他人进行沟通交流以及团队合作过程中也能够提升社交技巧和解决问题的能力。因此，我们应该鼓励儿童参与雕塑活动，并将其纳入幼儿教

育，以促进他们身心的全面发展。

（二）提升感官认知

从视觉、听觉、触觉等多个感官角度进行创作与体验，进一步提高幼儿对事物本质属性的认知。

雕塑是一种艺术形式，通过创造三维的形状和结构来表达思想和情感。对儿童来说，参与雕塑制作不仅是一种创造性的活动，更是一个全面发展他们感知能力的机会。通过视觉、听觉和触觉等多个感官角度进行艺术创作与体验，可以帮助幼儿更好地理解事物的本质属性。

（1）视觉在雕塑制作中起着关键的作用。儿童可以用眼睛去看待不同形态和结构的材料，并将其转化为自己所想象出来的形状。通过这个过程，他们开始意识到物体存在于三维空间中，并且能够操纵材料以实现他们所设想出来的造型。这种空间意识和手眼协调能力对于孩子们日后在学习科学、数学以及其他领域都发挥着积极的影响。

（2）在雕塑制作过程中，听觉也扮演着重要的角色。儿童可以通过听觉感知材料的声音和质地，并且将这些感官反馈纳入他们的创作。例如，当幼儿使用木头雕刻时，他们可以通过听到木头被雕刻的声音来调整手势和力度。这种直接经验使得幼儿更加敏锐地观察事物，并且学会根据不同材料产生不同反馈进行判断和决策。

（3）在参与雕塑制作的过程中，触觉也是一种非常重要的感官。儿童可以亲自感受不同材料在手指之间滑动、抓握和塑形时带来的各种质感。通过接触和探索不同质地、温度以及硬度等方面的变化，幼儿能够培养出更加敏锐的触摸能力，并进一步理解事物本身所具备的属性。

从视觉、听觉到触觉等多个感官角度进行艺术创作与体验对于幼儿认知发展具有积极影响。"多元智能理论"提出了人类智慧涵盖了多方面，而雕塑制作正是一种能够激发幼儿多元智能的方式。

儿童通过参与雕塑制作，在视觉、听觉、触觉等多个感官角度进行创作与体验，可以进一步提高幼儿对事物本质属性的认知。这种全面的艺术体验有助于促进幼儿对于空间、材料以及形态等方面的理解，并且培养他们在创造性思维和艺术表达方面的才能。因此，教育者应该给予孩子们更多机会参与雕塑制作，并且将其纳入幼教课程，从而全面发展孩子们的各项感知能力并提升他们对事物本质属性的认知水平。

（三）培养想象力

通过自由把玩各类材料和形状，在无限想象的过程中，激发孩子们的创造力和想象力。

首先，雕塑制作给予了孩子们自由表达自己观点和情感的机会。相比于其他艺术形式如绘画或音乐等，在雕塑制作中使用三维空间逼真地呈现出内心世界。无论是用泥土、纸张、木头还是其他材料在进行创造性构建物品或形状时，孩子们可以根据自己喜好以及情感状态来选择合适素材，并借此表达对周围环境、人际关系以及个人体验等方面的看法。例如，一个小朋友可能通过扭曲的线条和破碎的形状表达他对失去亲人的悲伤，而另一个小朋友则可能用明亮鲜艳的颜色和流畅的线条创造出他对快乐家庭生活的向往。通过这种方式，儿童可以将自己真实感受直观地转化为可见、可触摸、可分享给他人的作品。

其次，在雕塑制作中，孩子们被鼓励尝试各种不同材料和形状，并从中发掘新鲜感。无论是软泥、纸张还是金属等材料，每一种都有其特殊性质和适用范围。孩子们通过自由的选择并处理这些材料，不仅能够培养他们观察力和分析能力，还能够锻炼判断与决策能力。例如，在使用软泥时需要学会调整手指间压力以及掌握湿度程度才能得到所期望效果；使用纸张时需要考虑到折叠方式以及连接部分等因素来展示自己设计出来物体或形态之美。在尝试各类材料与形状的过程中，儿童会积极寻找并尝试新的方式来应对不同的挑战，从而增强他们解决问题和适应环境的能力。

最后，最重要的是，雕塑制作鼓励孩子们开阔思维、放飞想象。通过感观创造和物品形态设计，能展示出儿童令人难以置信的想象力和对事物本质及关联性把握能力。在这个过程中，他们没有束缚于现实世界规则或成人期望，而是自由地发挥创造潜能。例如，在雕塑制作时，一个小朋友可能会将一块木头塑造成奇幻生物，并赋予其独特特征与故事背景；另一个小朋友也许会用金属线条构建一座未来城市，并设定各种科技设备和交通工具等元素。

在雕塑制作中参与自由玩乐可以激发孩子创造力与想象力。无论是表达情感、探索材料与形状，还是开启奇思妙想，在这个过程中，儿童都可以体验到自由创造的乐趣，并且在逐渐成长和发展中培养出与众不同的思维方式。因此，雕塑制作应该被视为一种重要的教育手段，在儿童教育领域中得以推广和应用。通过鼓励孩子们参与雕塑制作活动，能够为他们提供一个广阔的创造空间，激发他们的无限潜能并培养出独立思考与解决问题的能力。

（四）培养空间意识

雕塑教育能够让幼儿更好地理解立体与平面、形状与大小等几何概念，培养他们的空间意识。

在幼儿园或学前教育阶段，培养孩子们的创造力和想象力是非常重要的任务。通过雕塑教育，孩子们可以以一种亲身参与的方式来探索形状、空间和材料。

（1）雕塑教育帮助幼儿发展对立体和平面之间关系的理解。在日常生活中，所处的环境都是三维立体空间。然而，对年幼的孩子来说，理解这个概念可能并不容易。通过参与雕塑制作过程中的实践经验，幼儿可以亲身感受到物体在三维空间中存在，并且了解各个角度上不同视图呈现出来的特点。

（2）在雕塑制作过程中，幼儿需要考虑形状和大小之间的相互关系。孩子们会使用各种材料来表达自己想象中的物体所具有的形态特征，并通过观察和对比来理解形状的差异和相似之处。例如，他们可以观察不同大小的方块砖头如何堆叠在一起形成一个更大的整体。这种体验有助于他们发展几何概念，并培养他们对形状和大小关系的敏感性。

（3）雕塑教育还能够培养幼儿的空间意识。空间意识是指个体在三维环境中定位、导航、判断和操作等多个能力的综合表现。通过雕塑制作，孩子们需要考虑各个部分相互之间的位置关系，以及整体与周围环境之间的相互作用。这种活动可以帮助幼儿加深对空间概念如前后、上下、左右等方向关系的理解，并提高他们在日常生活中处理空间问题时的能力。

（4）雕塑制作过程也鼓励幼儿发挥创造力和想象力。通过自由地使用材料进行设计与组合，孩子们可以尽情表达自己内心世界中独特而丰富多样的想法。同时，在创造过程中探索新材料、新技巧和新形状，也能够提高他们的解决问题能力和创新思维。

雕塑教育对于儿童的立体与平面、形状与大小等几何概念的理解以及空间意识的培养起着重要作用。通过亲身参与雕塑制作，幼儿可以通过实践经验来感知物体在三维空间中的存在，并理解形状和大小之间的相互关系。

二、学前儿童材料探索活动对创造力发展的作用

（一）激发艺术表达

雕塑作为一种独特的艺术形式，给予儿童们表达自己思想和感受的机会，并培养他们对美感的鉴赏力。通过参与雕塑制作和观察优秀雕塑作品，孩子们

能够发展创造力、提高审美情趣，并获得全面而全新的教育体验。

（1）通过参与雕塑制作，儿童能够锻炼自己的创造力。在这个过程中，孩子们可以用自己独特的方式想象并创造出各种形态各异、具有个性风格的作品。他们可以运用各种材料和工具来实现自己的想法，并从中学习到如何将抽象概念转化为可见物体。这种创造性思维是培养孩子解决问题和适应未来挑战所必不可少的能力之一。

（2）在观察优秀雕塑作品时，儿童不仅可以欣赏到艺术家独特的创意和技巧，还可以通过观察和分析来培养自己的审美情趣。每一件雕塑作品都有其独特之处，它们表达了艺术家对世界的理解和感受。当孩子们仔细观察这些作品时，他们会逐渐发现其中的美、形式、材料等方面。这种观察力和分析能力不仅能够提高他们对艺术作品的欣赏水平，更重要的是能够培养他们在生活中发现美的能力。

综上所述，儿童通过参与雕塑制作和观察优秀雕塑作品可以表达自己独特的思想和感受，并培养审美情趣。这种艺术教育不仅可以培养孩子们的创造力，提高他们对美感的鉴赏力，还可以促进他们与人交流合作以及团队精神的发展。因此，在儿童教育中加强雕塑教育是非常有必要且重要的一环。我们应该为孩子们提供更多机会接触和参与到艺术创作中去，让他们体验到艺术带来的乐趣，并享受其中所带来的成长与收获。

（二）锻炼解决问题的能力

在雕塑过程中，幼儿需要面对各种挑战，并通过实践与探索找到解决问题的途径。

儿童是天生的探索者和创造者。通过参与雕塑制作，幼儿能够面对各种挑战，并通过实践与探索找到解决问题的途径。这个过程不仅有助于发展他们的创造力和想象力，还培养了他们的自信心和解决问题的能力。接下来将探讨儿童在雕塑制作中所面临的挑战以及他们如何通过实践与探索找到解决问题的途径。

1. 挑战——认识材料和工具

在雕塑制作过程中，幼儿需要认识不同材料和工具，并学会正确使用它们。这无疑是一个巨大而复杂的任务，因为孩子们通常对这些陌生事物缺乏经验。例如，他们可能尝试使用错误类型或大小的工具来修剪或模型化形状，并发现结果并不理想。

然而，在教育者或家长的耐心引导下，幼儿渐渐理解了每种材料和工具背后隐藏着怎样一种功能，并学会了正确运用它们。通过反复实践，他们战胜了挑战，并将所学的知识应用于雕塑制作。

2. 挑战——发现创造的可能性

儿童在雕塑制作过程中面临的另一个挑战是如何发现创造的可能性。对幼儿而言，艺术并非一种抽象概念，而是需要具体呈现出来。当他们面对一块未加工的材料时，他们需要从中找到形状和结构，并决定如何使用该材料以表达自己的想法。

这个过程涉及观察、思考和试验。孩子们可能会尝试不同的方式来改变形状、纹理或颜色，并观察结果是否符合预期。如果结果不理想，他们会继续尝试其他方法直到找到满意的效果。

在这个挑战中，幼儿通过实践与探索学习如何利用材料创造出美丽而有趣的雕塑作品。

3. 解决问题

在雕塑制作过程中，幼儿经常遇到各种问题和困难。这些问题可以是关于技术方面的（例如，如何黏合材料），也可以是关于创意方面的（例如，如何表达想法）。

幼儿通过实践与探索，不断寻找解决问题的途径。他们可能会和其他孩子合作，分享自己的观点和经验。他们还可以尝试向教育者或家长请教，并从其经验中获得启发。在这个过程中，他们不仅解决了具体问题，还培养了批判性思维和团队合作精神。儿童通过参与雕塑制作，在面对各种挑战时，通过实践与探索找到了解决问题的途径。因此，在教育中应给予儿童更多机会参与艺术活动，并提供必要的指导和支持，以帮助他们克服挑战并实现更好的发展。

（三）促进团队合作

在儿童的成长过程中，参与雕塑制作可以为他们提供一个宝贵的学习机会。通过参与群体活动，孩子们需要协调合作、分享资源及交流想法，从而增强集体意识和团队精神。这种经历不仅有助于培养孩子们的创造力和想象力，还可以促使他们在集体中学会尊重和倾听他人的观点。

（1）在雕塑制作过程中，孩子们需要协调合作来完成一个共同目标。无论是在选择材料、规划设计还是实际操作方面，孩子们都需要相互配合并分工合作。例如，在一个大型雕塑项目中，有些孩子可能擅长设计构思而不擅长操作技巧，而另一些可能对细节处理非常敏感但缺乏整体把握能力。通过相互之间的配合和协商，在这个过程中每个人都能发挥自己的优势，并将各自的才华融入整个项目。

（2）在群体活动中分享资源是必要且重要的步骤。每位参与者都可能会带来不同类型或数量的材料或工具，并与他人共享。这种资源共享的行为不仅有助于提高整个团队的效率，还能够培养孩子们的慷慨和分享精神。通过分享自己所拥有的资源，孩子们可以学会关心他人，并且体验到同伴之间互相帮助和支持的重要性。

（3）在雕塑制作过程中，交流想法是有效实现群体合作和集体意识的关键。每个孩子都应该有机会表达自己对项目或设计的看法，并倾听其他参与者对此的看法。这种开放式讨论能够促进团队成员之间相互了解、尊重和接纳彼此不同的观点。通过交流想法，孩子们可以学会欣赏不同文化背景下产生出来的创造力，并从中受益。

（4）参与雕塑制作活动可以培养儿童集体意识和团队精神。在一个群体活动中，每个人都被视为整个项目成功所必需的一部分。当每位参与者都明白只有通过共同努力才能完成项目时，集体意识就开始得以形成并得到加强。在这个过程中，孩子们学会了相互依赖和信任，并理解到只有通过全体成员的努力才能达到更高的目标。

总的来说，参与雕塑制作活动可以为儿童提供一个良好的学习平台，以培养他们的创造力、想象力和集体意识。在群体活动中，孩子们需要协调合作、分享资源及交流想法，从而增强团队精神。这些宝贵经验将对他们未来的学习和发展产生深远影响。因此，在教育领域中应该重视并鼓励儿童参与这样类型的集体活动。

（四）鼓励创新思维

儿童雕塑教育不仅鼓励孩子们勇于尝试新事物，在设计与制作过程中也会培养其创新性思维。儿童雕塑教育作为一种独特而有趣的艺术形式，被广泛视为培养儿童创新性思维和审美能力的有效途径。

（1）儿童雕塑教育鼓励孩子们勇于尝试新事物。在雕塑过程中，孩子们需要观察、感受和理解自然界以及社会现象中存在的各种形态与结构。他们可以使用各种材料和工具来表达自己对这些事物的独特理解与见解。通过独立思考并将想法付诸实践，儿童可以在一个相对开放且没有固定答案限制的环境下进行探索。这种探索的过程，培养了孩子们勇于尝试新事物、敢于冒险的品质。

（2）儿童雕塑教育在设计与制作过程中也会培养孩子们的创新性思维。雕塑不仅要求学生具备艺术鉴赏能力和审美意识，更需要他们有独立思考、动手实践以及解决问题的能力。通过设计与制作自己想象中的艺术品，儿童可以在实践中体验到创造力和创新思维带来的成就感，并从中获得启示和灵感。此外，在雕塑教育中，孩子们还需要掌握一些基本的工具使用技巧和材料处理方法。这些技能不仅有助于他们将想法转化为实际作品，同时也提高了他们解决问题和应对挑战时所需的操作能力和逻辑思维。

（3）儿童雕塑教育也可以促进孩子们发展自信心与合作精神。在一个开放且包容性强的环境下进行雕塑活动时，孩子可以自由发挥并表达出自己的创意想法。他们在设计与制作过程中遇到的困难和挑战都可以通过交流与合作来解决。同时，当孩子们看到自己的作品完成并展示出来时，他们会获得一种成就感和自豪感，这有助于增加他们对自身能力的信心。

综上所述，儿童雕塑教育不仅鼓励孩子们勇于尝试新事物，在设计与制作过程中也会培养其创新性思维。通过此类教育活动，孩子们可以培养独立思考、实践能力和解决问题的技能，并且在探索中发现自己独特的艺术天赋。此外，在雕塑教育中还可以培养孩子间的合作精神和互相尊重他人观点以及审美价值观。因此，将儿童雕塑教育纳入学校课程或者课后活动是一种有益且有效地推动儿童全面发展和个性成长的教学方法。

三、实施儿童雕塑装置创作教育的关键要素

（一）提供多样化的材料和工具

幼儿时期是一个富有探索和想象力的阶段。在这个关键时期，给予孩子多样化的材料和工具进行自由创作对其身心发展至关重要。雕塑教育为孩子们提供了一种深入理解三维空间、表达情感以及发展创造性思维的方式。通过让幼儿使用不同质地、形状和颜色的材料进行创作，能帮助他们培养艺术技能、促进智力发展并且加深他们对于美学价值的认识。

1. 培养审美意识

提供不同质地、形状和颜色的材料可以帮助幼儿发展审美意识。触摸各种材质可以让孩子们感受到物体之间的差异，并激发他们对于纹理、温度以及触感等方面之间的差异产生兴趣。此外，使用不同颜色也能够启发孩子们的视觉感知和色彩搭配能力，培养他们对于美学的敏感度。

2. 促进创造性思维

雕塑教育鼓励幼儿进行自由创作，这有助于培养他们的创造性思维。在这个过程中，孩子们可以根据自己的想象力和直觉来构建形状、结构和模型。通过使用不同材料进行实验和探索，他们能够学会尝试新的方法，并从

失败中吸取经验教训。这种无限自由创作的空间激发了孩子们独特而富有创造力的精神。

3. 发展认知能力

雕塑教育帮助幼儿发展认知能力。通过触摸、抓握、拆解和组合不同材料，孩子们可以提高手眼协调能力，并培养空间理解与操作技巧。此外，在制作雕塑时，幼儿还需要考虑稳定性、平衡以及比例等因素，从而增强了数学思维与逻辑推理。

4. 表达情感

艺术是一种表达情感并传递信息的方式，而雕塑作品是孩子们表达内心情感的一个途径。通过使用不同材料和形状创造出具有个人风格的作品，幼儿能够自由地表达他们的情感和想法。这种自我表达不仅增强了幼儿的情感认知，还可以促进他们与他人之间的交流与分享。

儿童雕塑教育为幼儿提供了一种具有全面教育价值的学习机会。通过给予孩子们多样化、丰富而又自由度高的创作材料和工具，并鼓励他们进行自由发挥与探索，能够培养他们对于艺术、美学以及创造性思维方面的兴趣与才能。同时，这种教育方法也促进了幼儿身心发展中各方面技能和认知能力的提升。因此，在幼儿时期，给予孩子多样化材料和工具进行雕塑创作是非常重要且必要的。

（二）建立良好的学习环境

首先，需要有开放式和安全的空间，以激发孩子们对艺术创作的兴趣。

（1）开放式空间可以给孩子们更大自由度去探索和表达自己。相比于传统课堂环境中在僵化、约束性强决定性指导下进行学习活动，开放式空间可以激发孩子们主动探索世界、自我表达以及与他人合作创造。例如，在一个宽阔明亮且装备齐全的工作室里进行雕塑教育，孩子们可以有更多的空间和材料供他们尝试和实验。他们可以自由地选择、组合不同的雕塑材料进行创作。这种开放式环境可以激发孩子们的好奇心，并培养他们积极主动地探索艺术世界的态度。

（2）安全性是儿童雕塑教育中不可或缺的因素。在一个安全环境中学习和创作能够让孩子感到放心和舒适，从而更好地专注于艺术创作过程。安全性包括身体上的安全以及情感上的安全两方面。首先，在工作室中提供适当的防护措施对确保儿童身体健康和避免意外伤害非常重要。例如，在雕塑工作室中使用无毒、环保材料，并确保所有器械都符合儿童使用标准等都是必要措施之一。

其次，情感上也需要提供一个安全稳定、鼓励互动交流并接纳不同观点与想法出现的氛围来帮助儿童投入雕塑创作。在这种环境中，孩子们不会担心被评判或批评，他们会更愿意尝试新的想法和方法。通过与其他孩子、老师以及专业艺术家的互动交流，他们可以从多个角度获得反馈和启发，并进一步提高自己的技能和创造力。

总而言之，在儿童雕塑教育中提供开放式和安全的空间对于激发孩子们对艺术创作的兴趣至关重要。开放式空间可以给予孩子更大自由度去探索、表达自己，并鼓励他们主动学习与合作，而安全性则能够让孩子感到舒适、放心并专注于创作过程。正是在这样一个有积极氛围且满足儿童需求的环境中，儿童雕塑教育才能真正实现其潜力，为他们积累空间观察经验和空间思维能力的发展奠定基础。

（三）引导而不指导

教师应该成为孩子们学习中的引导者，鼓励他们自主探索与实践，而非强行灌输。

学前儿童时期是孩子们人生中非常关键的阶段，这个时期的教育对于他们未来的发展和成长起着至关重要的作用。在学前儿童教育中，雕塑艺术是一种被广泛采用的教育方法，它可以帮助孩子们培养创造力、想象力和审美能力。然而，在引导孩子进行雕塑活动时，教师应该采取引导而不是指导的方法。

（1）通过引导而不是指导的方法进行雕塑活动可以培养孩子们独立思考和解决问题能力。指导式教学往往强调正确答案和特定步骤，限制了孩子们自由思考和表达自己创意的能力。相反，通过引导式方法，教师可以提供给孩子启发性问题，并鼓励他们去探索、实验和解决问题。这样做有助于激发他们独立思考、寻找多种可能性以及培养解决问题所需的创造力和灵活性。

（2）引导而不是指导的方法可以增强学前儿童的自信心和自主性。在雕塑活动中，教师应该扮演一个支持者和鼓励者的角色，而不是一个评判者或控制者。通过给予孩子们足够的自由度去表达他们自己独特的想法和感受，教师可以帮助他们建立起对自己创造力与表现力的信心。当孩子们意识到他们可以做出美丽且有趣的作品时，他们会更加愿意尝试新颖独特的构思，并且体验到成功所带来的快乐。

（3）在雕塑活动中采用引导式教学方法还有助于培养学前儿童的合作精神和社交技能。通过共同参与、讨论以及相互协作完成一项任务或项目，孩子们能够学会倾听、分享、尊重别人的观点并且相互合作。这些都是未来社交发展所必须具备的重要技能，在团队合作中培养这些技能既有益于个人，也有益于集体。

（4）引导而不指导的方法能够激发学前儿童的想象力和创造力。在雕塑活动中，没有固定的模式和规则，孩子们可以根据自己的想法和感受来塑造他们喜欢的形状、颜色和材料。这种自由度不仅可以促进他们的创造力发展，还能够让他们在雕塑过程中体验到乐趣与满足感。通过激发孩子们丰富多彩的想象力，教师可以开拓他们的创新思维与表达能力。

总结而言，在学前儿童雕塑教育中，采用引导而不是指导的教学方法对于培养孩子们独立思考能力、解决问题技巧以及增强自信心、社交技能等方面都有着积极影响。通过给予孩子充分地探索、实验、表达自己创意和解决问题等机会，为他们提供一个全面发展和成长所需具备的良好基础。因此，在学前儿童雕塑教育中，教师应该成为一个引导者而非指挥者，并且给予孩子们足够的自由度去发展他们独特的才能和个性。

儿童雕塑教育是一种培养幼儿创造力、想象力和专注力等综合能力的重要途径。通过雕塑活动，孩子可以在触摸、感知与表达中得到全面发展，并培养出富有想象力及解决问题的能力。在实施过程中，提供多样化的材料与工具、建立良好的学习环境以及引导而不指导是至关重要的。希望通过以上介绍能够进一步推广和倡议儿童雕塑教育在各个幼儿园与学校中得到更广泛的应用。

本章小结

本章以儿童美术教育为中心，从美术的内涵出发，帮助读者了解儿童美术的教育价值、教育内容、教育原则与方法及教育评价。在此基础上，针对学前儿童美术教育常见的内容——绘画、手工设计与制作、材料探索与雕塑装置设计，探讨了其对学前儿童成长与发展的意义与相应的教学策略等。"美工"是深受幼儿喜爱的活动，也是学前教育重要的内容。但对"美工"的理解需要站在领域后的学科的视角，才能帮助教育者更好地把握本质，才能基于理解原理的基础上开展具体而灵活的教育活动。

思考题

1. 如何定义美术以及它在学前儿童美术教育中的意义是什么？
2. 儿童美术与成人美术有哪些区别？儿童美术的特点是什么？
3. 学前儿童美术教育的价值和目标是什么？
4. 在学前儿童美术教育中，哪些原则和方法是有效的？
5. 如何评价学前儿童的美术教育成果？
6. 儿童绘画发展的特点和规律是什么？
7. 如何在学前儿童美术教育中培养图像创造能力？
8. 学前儿童手工艺品设计与制作对全面发展有哪些积极影响？
9. 如何利用儿童雕塑教育和材料探索活动提高学前儿童的创造力和空间意识？
10. 在实施学前儿童雕塑装置创作教育时，教育者应注意哪些关键要素？

第三章

学前儿童音乐教育

第一节 音乐的本质特征及学前儿童音乐教育

一、音乐的起源与本质特征

（一）音乐的起源

关于音乐的起源，存在多种说法和理论。以下是几种常见的说法：

· 自然声音理论：这一理论认为，音乐起源于自然界的声音。人类通过模仿和创造各种自然声音，如鸟鸣、风声、水流等，逐渐发展出了音乐。

· 社会性表达理论：这一理论认为，音乐起源于人类社会的交流和表达需求。原始人类通过语言、身体动作和声音来交流，逐渐发展出了音乐作为一种更加丰富和直观的表达方式。

· 社会仪式理论：这一理论认为，音乐起源于社会仪式和宗教活动。在原始社会中，音乐常常与仪式和宗教活动相结合，用于祭祀、庆祝和祈福等场合。

· 声音模仿理论：这一理论认为，音乐起源于人类对声音的模仿和创造。人类通过模仿动物的声音、人类的声音和环境中的各种声音，逐渐发展出了音乐。

需要指出的是，以上理论并不互相排斥，音乐的起源可能是多种因素的综合结果。由于音乐的起源早已超出历史记录的范围，因此无法得出确凿的结论。对于音乐起源的研究仍然是一个充满争议和探索的领域。

（二）音乐的本质特征

音乐是通过声音表达情感和意义的艺术。它是一种有规律的声音组合，而音的高低、长短、强弱和音色是构成音乐的基本元素。音乐可以用各种乐器演奏，包括弦乐器、管乐器、打击乐器等。音乐还可以使用人声、自然声音、电

感谢原深圳市教科院音乐教研员黎健强老师对本章的指导和修改建议。

子合成器等创造声音的媒介来制作。

音乐有"协和性"(harmonicity)和"弥漫性"(diffusivity)的物理现象。音乐的"协和性"就是音乐中各元素组合的协和性，如音与音间的协和性，各种时值的音符与节拍的协和性，以及在多声部音乐中各声部间的协和性等。"协和性"关系到音乐的美感，不同的文化和音乐体系对协和性的理解和运用虽有所不同，但它在很大程度上是音乐创作和演奏的核心要素之一。

音乐中的"弥漫性"是指声音在空间中的传播特性。当声音波从声源（如乐器或声带）发出时，它们会在空气中传播，并在遇到物体（如墙壁、家具等）时发生反射、折射和吸收。这些物理现象会促使声音在空间中以复杂的方式传播，从而形成声场的弥漫性特征。弥漫性对音乐的感知和欣赏有很大影响。例如，在具有良好弥漫性的音乐厅中，听众可以从不同的位置感受到音乐的丰富性和立体感。而在具有较差弥漫性的环境中，音乐可能听起来单一、封闭或不自然。在音乐对人的影响来说，音量越大，影响范围越大，除特殊情况之外，声音对人的影响是不以人的意志转移的，这也是音乐传播的能量巨大的原因之一。因此，音乐厅的设计和音响工程师需要考虑到弥漫性的物理特性，以创造出更好的音乐体验。了解音乐的"协和性"和"弥漫性"物理现象，有助于我们更好地理解音乐的本质和魅力。

此外，音乐还具有"抽象性"和"直接性"的情感表现特点。音乐的"抽象性"是指它不像绘画、雕塑、文学等其他艺术形式那样具有直接的物质或形象的表现。音乐主要是通过音乐声响来传递情绪情感的，抽象的音乐情绪情感是听者直接感受到的音乐内涵，而音乐具体的形象意境，则是通过情绪情感感受并引起共鸣而产生的个性的意境联想。音乐的抽象性能使听者产生无限的联系空间，这也是音乐区别于其他艺术的独特魅力之一。这种抽象性使得音乐具有更强的内在表现力和更广泛的情感传递能力。由于音乐的抽象性，听众可以根据自己的经历和感受来解读音乐所传达的情感，同一首乐曲可能会引起不同听众的不同联想和情感反应。这种多样性使得音乐具有更丰富的情感表现力和更深刻的精神内涵。

尽管音乐具有较高的抽象性，但它在情感表达方面又具有很强的"直接性"。音乐可以直接触动听众的情感，使他们产生喜悦、悲伤、宁静、紧张等各种情感反应。这种直接性使得音乐成为一种非常强烈的情感传递工具。音乐的直接性主要体现在它的旋律、节奏、和声等方面，通过不同的音高、音长、强弱和音色组合，使音乐可以直接传达各种情感。轻快的旋律和快速的节奏通常带给人欢快的感觉，而低沉的旋律和缓慢的节奏则更容易让人产生悲伤或沉思的情绪。

（三）音乐的基本要素

音乐基本元素的组合，构成了旋律、节奏、调式、力度、速度、音色、曲式、和声、织体等表现音乐的基本要素。

1. 旋律与调式

旋律（melody）是音乐中的一种基本元素，指的是由调式和节奏组成的乐曲主题或主要音乐线索。旋律的行进方式分为上行、下行、平行三种。上行旋律能使情感发展趋向激动强烈；下行旋律使情感变化导致消极压抑。旋律的上行和下行可以分为级进、小跳、大跳的方式。它是音乐中最容易被人们识别和记忆的部分，可以通过演奏或歌唱来表达。旋律在音乐中起着引导情感和表达主题的重要作用，是音乐的灵魂之一。

级进就是二度进行，《洋娃娃和小熊跳舞》的第一节就是级进。级进的特

谱例 3—1

征是平和、温柔，因此《洋娃娃和小熊跳舞》这首歌的情绪整体就呈平和、温柔的感情。

两度以上的行进就是跳进。其中三度进行的为"小跳"，如《义勇军进行曲》的第一节就是小跳。小跳给人的感觉是流畅、活跃的。《义勇军进行曲》最后"前进！前进！前进！"分别每个音相隔四度，即为大跳。大跳就是四度以上进行跳进，由于跨度大，因此有强烈、剧烈的感觉。《义勇军进行曲》采

用大调的方式，以小跳开始，大跳结束，将整首曲子从激昂推向激烈，有种催人奋进的感觉。

所谓调式，就是以一个音（主音）为中心构成的一个音乐体系。调式是形成旋律风格的重要因素，如大调式有明朗的感觉（代表《义勇军进行曲》，其主音为 do mi so），小调式有柔和的感觉（代表《莫斯科郊外的晚上》，其主音为 la do mi），以及我国民乐中常见的五声调式（代表《茉莉花》，其

谱例3—2

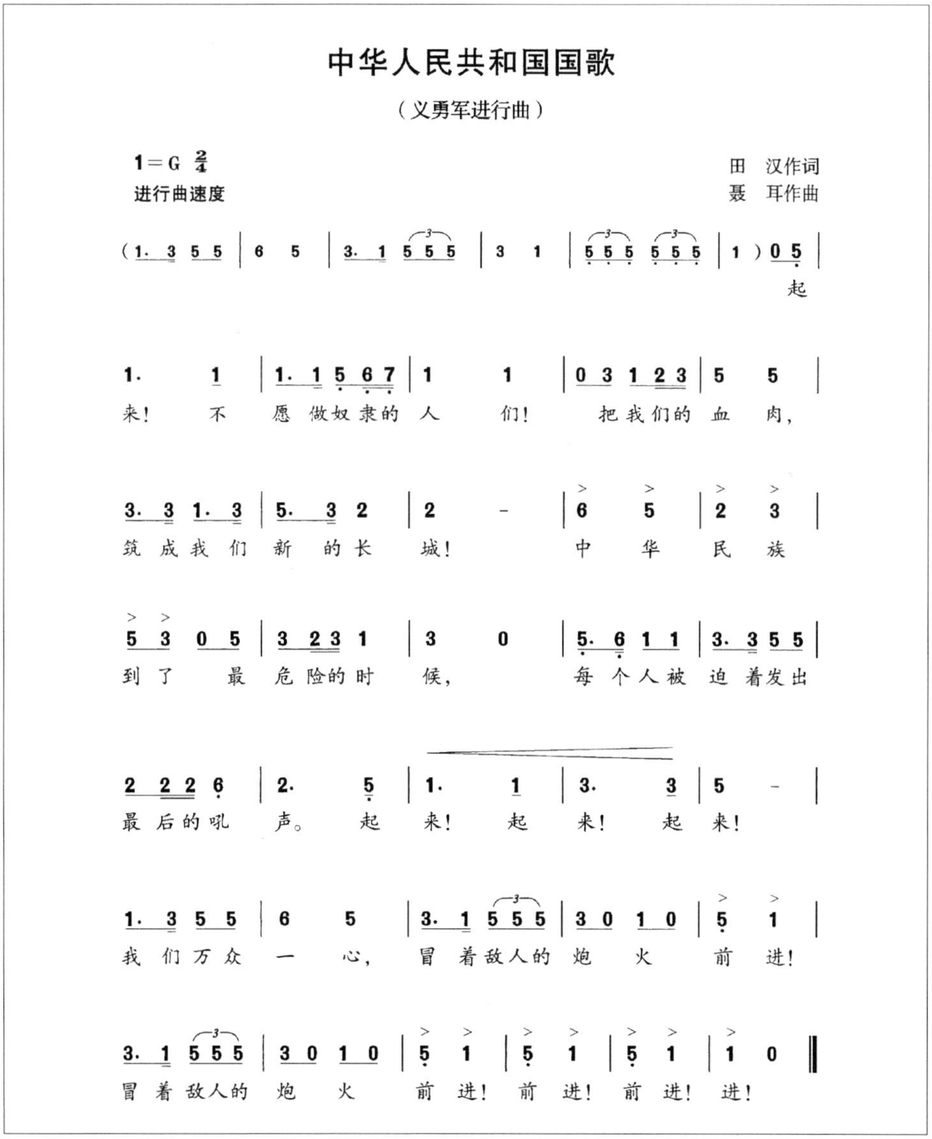

中华人民共和国国歌
（义勇军进行曲）

1=G 2/4
进行曲速度

田　汉作词
聂　耳作曲

谱例3—3

茉莉花

（大众乐谱网制谱）

中国 民歌
卜锡文编曲

（乐谱：好一朵美丽的茉莉花，好一朵美丽的茉莉花，芬芳美丽满枝丫，又香又白人人夸，让我来将你摘下，送给别人家，茉莉花呀茉莉花。）

由 do rei mi so la 构成）。五声调式的特点是缺乏半音和三整音的倾向，格调比较平和。

2. 节奏与力度

节奏（rhythm）是指音乐运动中的长短和强弱，节奏是音乐中的基本脉动和律动。把各种长短的音，按一定的强弱、长短、轻重规律组织起来，就形成节奏。在音乐中，节奏是由一系列音符和休止符的排列组成的。音符代表了音乐中的声音持续时间，而休止符表示音乐中的静音或休息时间。通过安排不同音符和休止符的组合和时值，音乐中的节奏被创造出来。

节奏可以分为不同的层次和组织方式。最基本的层次是拍子（beat），它是音乐中的基本脉动和律动。拍子的强弱和规则性决定了音乐的基本节奏模式。在拍子的基础上，音乐可以进一步划分为小节（measure）和节拍（beat），形成不同的节奏结构。（图3—1）

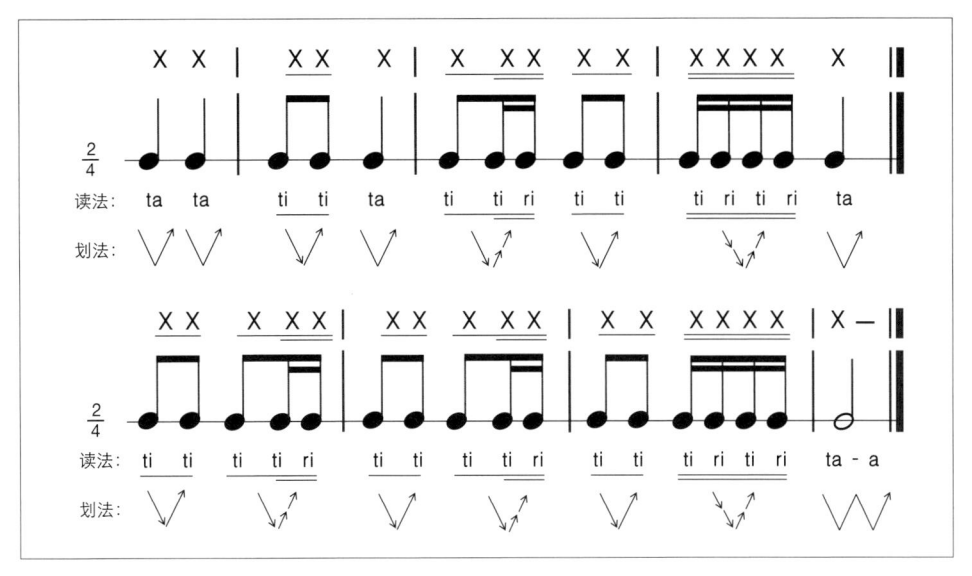

图3—1 节奏的划法与读法

节奏对音乐的表现力和情感传递起着重要作用。通过改变节奏的速度、强度、变化和重复等，音乐可以表达出不同的情感和氛围。快速的节奏可以带来活力和兴奋感，而缓慢的节奏则可能产生宁静和沉思的感觉。除了在音乐中的应用，节奏在人类生活中也扮演着重要的角色。它在舞蹈、运动和语言中都有应用，使得这些活动具有更加有序、协调和连贯的特点。总之，节奏是音乐中时间的组织和分配方式，通过安排音符和休止符的组合和时值，创造出音乐的脉动和稳定性。

音乐中的力度（dynamics），是指音的强弱程度。在乐谱上，力度常常用音乐术语来表示，如弱（piano，缩写为p）、中等（mezzo，缩写为m）、强（forte，缩写为f）等。力度强的音乐会使人有震撼、激动的感觉，能表现坚定、有力的音乐情绪，如《义勇军进行曲》。力度弱的音乐会使人感到平静、柔软、伤感，如《莫斯科郊外的晚上》。

3. 速度和音色

速度（tempo）是指音乐进行中的快慢，它是音乐进行的速率，也就是每分钟的拍数。速度决定了音乐的氛围，对音乐的整体感觉产生很大影响。速度可以根据音乐的风格、情感和表现需求而改变。通常速度快的音乐容易表现欢快、紧张、高涨的音乐情绪；速度慢的音乐容易表现抒情、柔和、伤感的音乐情绪。

速度标记通常写在乐谱的开头，表示整首曲子的基本速度。在乐谱中，速度还可能随着曲目的发展而变化，这种变化用特定的术语来表示，如加速（accelerando，缩写为 accel.）和减速（ritardando，缩写为 rit.）。

速度通常用意大利语的音乐术语来表示，这些术语描述了音乐进行的速率和感觉。例如：

Andamtte（行板）：中速，通常每分钟节拍速率为66拍左右，有行走般的感觉。

Allegro（快板）：快速，通常每分钟节拍速率为130拍左右，具有活泼的感觉。

音色（timbre），是由发声体本身发出的声音品质。音色使得我们能够区分不同乐器、声音来源或者歌手的声音。音色可以分为人声音色和乐器音色、单一音色和混合音色。

音色的变化和丰富性是音乐表现力的关键。同样的音高和音量，不同乐器或声音来源产生的音色差异可以让我们听出各种不同的效果和情感。例如，钢琴和小提琴在演奏同一音符时，它们的音色差异使得我们可以轻易地区分二者。

音色在音乐创作和演奏中有很大的作用。作曲家在创作音乐时，会根据需要表达的情感和氛围选择适当的乐器和音色。演奏者则通过改变演奏技巧和音色表现来丰富音乐的层次感和情感深度。总之，音色对于音乐的个性和魅力起着至关重要的作用。

4. 和声与曲式

和声（harmony）是由不同音符同时发出所形成的混响效果。和声包括"和弦"和"和弦序进"等，它可以使音乐效果更丰富，对音乐情绪展开起着推动的作用。简单来说，和声就是多个声音同时发出，它们相互作用产生的声音效果。

曲式（form）是音乐的段落结构形式，它指一首音乐作品中不同部分的组织和结构。它决定了音乐的整体构架，使得音乐在时间和空间中呈现出一定的规律和秩序。

常见的曲式有：

单段体，即整首曲子只有一个主题，如民歌、童谣等，表示为 A。

二段体，音乐作品由两个不同的部分组成，通常表示为 A—B。

三段体，音乐作品由三个部分组成，通常表示为 A—B—A。

回旋曲，音乐作品中反复出现的主题与其他部分交替出现，通常表示为 A—B—A—C—A。

就音乐与生活而言，音乐是传递美的艺术：音乐能唤起人的情感、愉悦人的身心、振奋人的精神、调节人的情绪、引发人的思想、拓展人的想象。音乐还可以用于娱乐、宗教、社交和文化活动等方面。从音响感觉到情感感受再到形式美感，是音乐感受体验发展的思维过程。"黄自认为欣赏音乐的三个层次：

第一是感觉音响，第二是感受音乐情感，第三是欣赏音乐本身的美，第三层次是最高级的，它是审美的核心。"[1]

第一个层次指向感知层面，通过听觉系统接收音乐的声音信号，对音乐中的基本元素（如音高、音长、强弱、音色、节奏和旋律等）进行辨识和分析。在这一层次上，听众对音乐的理解主要依赖于对声音特征的直接感知。感知层次是音乐欣赏的基础，因为只有在感知到音乐的声音信号之后，听众才能进一步体验音乐的情感和内涵。此外，通过对音乐基本元素的感知和分析，听众可以建立起对乐曲结构和风格的初步认识。第二个层次指向情感层面，通过音乐的旋律、节奏、和声等方面直接触动听众的情感。音乐可以引发听众的喜悦、悲伤、宁静、紧张等多种情感反应，使音乐欣赏成为一种情感体验。情感层次是音乐欣赏的核心，因为音乐的主要功能之一就是传递和表达情感。通过在情感层次上与音乐产生共鸣，听众可以更深入地理解音乐的内涵和价值。此外，音乐所引发的情感反应也可能影响听众的心理状态和行为。第三个层次指向认知层面，通过对音乐的知识、技巧和文化背景的理解，对音乐形式本身进行更深入的分析和评价。在这一层次上，听众对音乐的欣赏不再仅仅依赖于直接的感知和情感体验，而是需要结合音乐理论、历史和审美等多方面的知识。认知层次是音乐欣赏的高级阶段，因为它需要听众具备一定的音乐素养和审美能力。通过在认知层次上分析和评价音乐，听众可以更全面地理解音乐的艺术价值和意义，从而提高音乐欣赏的品质和水平。

音乐是人类文化的重要组成部分，是人类智慧的结晶。它不仅仅是一种艺术形式，也是一种文化传承和交流的方式。在不同的历史时期和文化背景下，音乐也呈现出了多种不同的风格和形式。

二、学前儿童音乐教育的特点与价值

（一）学前儿童音乐教育的特点

（1）以游戏为主要形式：学前儿童的注意力较为分散，喜欢游戏。因此，在音乐教育中，采用游戏化的教学方法能够激发孩子们的兴趣和参与度。

（2）发展音乐潜能：学前儿童音乐教育旨在培养孩子的音乐潜能，如音

---

[1] 王耀华，乔建中. 音乐学概论[M]. 北京：高等教育出版社，2010:70.

感、节奏感、旋律感等，从而为他们音乐感知能力的提升、音乐记忆能力的发展等积累宝贵的经验与基础。

（3）强调互动性：学前儿童音乐教育注重孩子与他人共同参与，通过共同唱歌、跳舞、演奏等形式，促进孩子与他人的互动，并建立良好的关系。

（4）重视德育：音乐教育不仅仅要教授音乐技能，还要注重培养孩子的道德品质。通过音乐活动，培养孩子的团队意识、合作精神和自律能力。

（5）注重情感表达：学前儿童音乐教育鼓励孩子们通过音乐来表达自己的情感，培养他们的审美情趣和艺术素养。

（6）多样性：学前儿童音乐教育应涵盖多种音乐风格和元素，让孩子们接触不同类型的音乐，从而开阔他们的视野和兴趣。

（7）以孩子为中心：在教学过程中，教师要充分尊重和关注每个孩子的个性和需求，因材施教，使孩子们在愉悦的氛围中自然地学习和成长。

（二）学前儿童音乐教育的价值

学前阶段是儿童感知和鉴赏音乐的关键时期，因此通过科学有效的训练方法来提高他们的音乐感知、理解和表现能力具有重要意义。结合音乐欣赏的三个层次包括感知层次、情感层次和认知层次，可以看到学前儿童音乐教育的独特意义。

首先，音乐教育可以提高学前儿童的音乐感知能力，帮助他们识别不同的声音特征，如音高、音长、音强等，从而锻炼听觉敏感度。教育者可以让孩子接触不同风格和类型的音乐，培养他们的音乐兴趣和欣赏能力；设计有趣的音乐游戏，如音高、节奏的辨别，让孩子在游戏中锻炼音乐感知能力；让孩子学习简单的乐器，如打击乐、键盘乐等，通过亲自演奏，加深对音乐的感知认识。在培养学前儿童音乐感知方面，一个重要的前提，是培养幼儿良好的"聆听"习惯，如专注地聆听的品质、对乐音的细心倾听等。其次，音乐教育可以帮助学前儿童表达和调控情感，培养他们的审美情趣，从而促进心灵成长。教育者可以鼓励孩子在听音乐的过程中，体会音乐所传达的情感和意境，培养他们的情感体验；引导孩子通过音乐表达自己的情感，如学唱表达喜悦、悲伤、愤怒等情感的歌曲；将音乐与情感教育融合，通过音乐活动帮助孩子学会表达和调控情感。在这个过程中，教育者需要努力帮助幼儿主动投入不同音乐的情感表达中并努力与音乐的情绪和情感发生"共鸣"。对于音乐的认知层面，音乐教育有助于培养学前儿童的思维能力、观察能力和表达能力，同时也能促使他们更好地理解和把握音乐的结构、形式和规律。教育者可以选择合适的音乐作品，教授孩子音乐的基本元素（如音高、音长、音强、音色等），让他们理解音乐的构成和规律；引导孩子听音乐时，关注旋律、节奏等方面，学会从认知的角度去分析和欣赏音乐；教育者还可以鼓励孩子进行简单的音乐创作，如编排旋律、创作歌词等，培养他们的音乐思维和创新能力。学前儿童音乐教育在感知层次、情感层次和认知层次上都具有重要意义。通过系统的音乐教育，可以培养孩子的音乐感知能力、情感表达和认知能力。

根据学前儿童音乐教育的意义，可以看出学前儿童音乐教育具有以下价值。

（1）智力发展：音乐教育能够激发儿童的想象力和创造力，提高他们的认知能力和思维敏捷性。研究表明，接受音乐教育的儿童在智力、记忆和注意力方面表现得更好。

（2）情感表达：音乐是一种强烈的情感载体，学前儿童通过学习和表达音乐，可以更好地理解和抒发自己的情感，促进情感的健康发展。

（3）社交技能：音乐教育可以提高儿童的沟通和协作能力。在集体音乐活动中，孩子们学会倾听、分享和合作，这些技能对于他们未来的社交生活非常重要。

（4）艺术修养：音乐教育能够培养儿童的艺术鉴赏能力和审美情趣，使他们从小就能欣赏和享受音乐带来的美好。

（5）自信心和成就感：学习音乐可以让儿童体验到不断进步和成功的喜悦，从而增强他们的自信心和成就感。

（6）身体协调性：音乐教育中的舞蹈、节奏和乐器演奏等活动，可以锻炼儿童的身体协调性和运动能力。

（7）文化理解：音乐教育可以使儿童了解和传承各种音乐文化。学习民族音乐，可以帮助儿童了解不同民族的音乐形式和特点和民族文化特色，从而增强文化理解。学习世界音乐，可以感受到不同国家和族群人们的音乐艺术表现，了解他们的文化，培养对文化差异的理解与尊重。

（8）减轻压力：音乐具有独特的抚慰作用，可以帮助儿童缓解压力，保持心理健康。

三、学前儿童音乐教育的原则与方法

（一）学前儿童音乐教育的原则

（1）以儿童为中心：学前儿童音乐教育首先要基于儿童的身心发展水平的基础，选择符合他们年龄和心智的内容和方法。同时还要尽可能关注每个孩子的个性、兴趣和需求，因材施教，让孩子们在愉悦的氛围中自然地学习和成长。

（2）强调启发式教育：教师应引导儿童自主探索、发现和解决问题，激发他们的好奇心和求知欲，从而培养他们的创新能力和独立思考能力。

（3）多样化的活动形式：学前儿童注意力较为分散，喜欢游戏。因此，在音乐教育中，采用游戏、故事、表演等活动形式和灵活多样的的教学方法能够激发孩子们的兴趣和参与度。

（4）突出互动：学前儿童音乐教育应鼓励孩子与他人共同参与，尤其要鼓励家长积极参与孩子们的音乐互动，通过共同唱歌、跳舞、演奏等形式，促进亲子关系和孩子的音乐发展。

（5）循序渐进：音乐教育应根据儿童的年龄和发展水平，采取适度的教学难度，避免过度要求和挫败感。

（6）全面发展：音乐教育应注重培养儿童的音乐技能、情感表达、艺术修养、社交能力等多方面能力，促进他们的全面发展。

（7）多样性：学前儿童应从启蒙阶段就接触各类不同的音乐，通过广泛欣赏不同文化和类型的音乐，感知它们所带来的美感享受，开阔儿童的视野，不断激发他们对音乐的兴趣和想象。

（8）重视评价和反馈：音乐教育应重视对儿童的表现和进步进行评价，及时给予鼓励和反馈，使他们能够在成功的喜悦中不断前进。

（二）学前儿童音乐教育的方法

1. 唱歌与合唱

在学前儿童歌唱与合唱的教学过程中，教师要注重启发式教育，尊重和关注每个孩子的个性和需求，以游戏化的教学方法激发他们的兴趣和参与度。同时，强调亲子互动，鼓励家长参与孩子的歌唱学习，共同促进孩子的歌唱表现意愿，提高歌唱表现力。具体可从以下几方面展开。

（1）通过音调游戏、音高模仿、音阶练习等方式，帮助儿童认识音高、音长和节奏，培养他们的音感。

（2）选择适合学前儿童的简单歌曲，如儿歌、民歌、世界儿童歌曲等。教师可以先演唱，让儿童听并跟随，然后引导他们逐句、逐段模仿和学唱。

（3）在教学过程中，教师要关注儿童的发音，纠正发音错误，使他们养成良好的发音习惯。可以通过发音练习、语言游戏等形式进行训练。

（4）鼓励儿童在歌唱时表达自己的情感，引导他们理解歌词的意义，体验歌曲所传达的情感。可以通过讲故事、表演、画画等方式，帮助他们进入歌曲的情境。

（5）组织儿童进行合唱练习，让他们学会倾听、配合和协作。教师可以根据儿童的声部特点，分配适当的歌唱任务，如主唱、和声、回声等。

（6）在歌唱教学中，可以结合身体的律动，让儿童在动、听中感受节奏和旋律，增强他们的身体协调性和表现力。

（7）对儿童的歌唱表现进行评价，给予积极的鼓励和建设性的反馈，使他们在成功的喜悦中不断前进。

（8）组织儿童参加定期的演出活动，让他们在实践中学习、积累经验和自信，为今后更高层次的音乐表演打下基础。

匈牙利作曲家和教育家扎尔特·科达伊（Zoltán Kodály）创立的科达伊教学法（Kodály method）强调通过声乐（尤其是民歌）来培养儿童的音感、记忆和音乐理解能力。科达伊教学法认为，人类的声音是最自然的乐器，儿童应该通过歌唱来学习音乐。这种方法鼓励儿童学唱民歌，因为民歌旋律简单、易于理解，有助于培养儿童的音乐感知和表达能力。该方法强调循序渐进，按照儿童的年龄和发展水平分阶段进行音乐教育。从简单的歌曲、节奏和音阶开始，逐步引入复杂的音乐元素。科达伊教学法使用手势和视唱练耳法（solfege）作为学习音高的工具，以帮助儿童形成对音高的直观认识，提高他们的音感和音准。科达伊还发明了一套"手势符号"来表示不同的音高，让儿童通过动作感知音乐，培养儿童的身体协调性和音乐表现力。

在歌唱内容方面，与科达伊教学法同样重视用本民族的音乐，尤其是用民歌作为儿童音乐歌唱教学的内容相似的，还有日本的铃木教学法（Suzuki method）。日本小提琴家铃木镇一（Shinichi Suzuki）倡导"母语教育法"，通过模仿和倾听来学习音乐。

2. 舞蹈与律动

学前儿童舞蹈与律动是一种有益于身心发展的活动。通过跳舞，帮助儿童建立自信心、增强身体协调性和节奏感，同时培养他们的创造力和表达能力。学前儿童舞蹈与律动教学的具体方法和步骤如下。

（1）为儿童选择一些活泼、有趣、易于跟随、节奏感比较强的音乐。注意音乐的速度不宜过快，以免儿童难以跟上节奏。

（2）确保活动空间足够大，无障碍物，让儿童可以自由地活动和跳舞。为儿童提供一个舒适、安全的环境，有条件的可以在墙上安装镜子，为孩子创造看见自己表现的机会。

（3）在正式开始跳舞之前，先进行一些简单的热身活动，如慢跑、伸展等，以提高儿童的身体协调性和灵活性。

（4）向儿童展示一些基本的舞步，如踢腿、跳跃、转圈等。让他们模仿你的动作,同时鼓励他们创作自己的舞步。

(5)播放音乐,让儿童跟随音乐的节奏进行舞蹈。可以逐渐增加音乐的速度和节奏,让儿童适应不同节奏的舞蹈。

(6)通过设计一些有趣的舞蹈游戏,如"音乐停止游戏""跟随领舞者"等,可以激发儿童的兴趣和参与度。

(7)在儿童跳舞过程中,鼓励他们表现自己的情感和创意。可以让他们为自己的舞蹈起个名字,或者让他们表演一个自创的故事。

(8)在活动结束后,给予儿童积极的反馈和表扬,激励他们也可以在家里大胆展示和表演,与家人分享舞蹈的快乐。

瑞士音乐家埃米尔·雅克·达尔克罗兹(Émile Jaques—Dalcroze)创立的达尔克罗兹教学法(Dalcroze method),就强调通过肢体运动(尤其是舞蹈)来感受和表达音乐节奏、旋律和结构。达尔克罗兹教学法旨在培养儿童的音乐感知、协调性和创造力。该方法强调通过肢体运动(尤其是舞蹈)来感受和表达音乐节奏、旋律和结构。达尔克罗兹教学法旨在培养儿童的音乐感知、协调性和创造力。

德国作曲家卡尔·奥尔夫(Carl Orff)和同事古恩德尔·鲍尔(Gunild Keetman)创立的奥尔夫教育法(Orff method)也强调音乐、舞蹈和戏剧的综合,让儿童在自然、轻松的环境中学习音乐。奥尔夫教育法强调对儿童个性和兴趣的尊重,以儿童的自然发展为出发点,鼓励他们通过探索和发现来学习舞蹈与律动。该方法注重培养儿童的感知、观察和体验能力。通过身体律动、舞蹈动作和即兴创作,儿童在实践中体验音乐和舞蹈的魅力。奥尔夫教育法强调律动与音乐的紧密联系,在舞蹈与律动教学中,让儿童跟随音乐的节奏进行身体律动,培养他们的节奏感和音乐感知能力。在这个过程中特别关注身体各部位的协调性和整体性。通过舞蹈动作的训练,提高儿童的身体协调性、灵活性和平衡感。而在即兴创作和表达中,奥尔夫教育法鼓励儿童发挥想象力和创造力,让儿童在舞蹈与律动中自由发挥,展现个性和情感。

3. 聆听与欣赏

音乐作为一种诉诸于听觉的艺术,无论是在创作表现还是欣赏感受的过程中,聆听都是基本的前提。学前儿童音乐聆听与欣赏教学是一种培养幼儿对音乐的感知、理解和创造力的过程。在教学过程中,教师需要遵循一定的原则、方法和步骤,以确保幼儿能够全面、有效地学习和享受音乐。

学前儿童聆听与欣赏音乐的基本原则及相应策略有如下。

(1)兴趣导向原则。选择儿童喜欢的音乐作品(如节奏明快、旋律简单,容易引起共鸣的），激发儿童聆听与欣赏音乐的兴趣。为了提高兴趣，还可以结合音乐背后的故事引发孩子的注意，感受音乐的韵味和情感内涵。还可以适时结合恰当的律动、吟唱等活动，增强欣赏活动的趣味性。

（2）发展适宜原则。对于小班的儿童优先选择歌词简单易懂、节奏明快的乐曲，以适应他们的注意力和认知水平。对于中班的儿童可以尝试一些短小而经典的古典音乐片段，特别是与自然主题相关题材的音乐，应到他们结合自己的生活经验用简单的愉悦描述音乐和感受音乐。对于大班的儿童则可以尝试更完整的音乐曲目，并鼓励儿童'沉浸'在音乐的欣赏过程中，期间尽可能保持注意。

（3）循序渐进原则。先让儿童欣赏相对简单的儿歌，再逐渐引入民族音乐、古典音乐等。欣赏的曲目从小型的曲目开始，逐渐转向经典曲目的片段，再到完整的中型曲目，让儿童可以逐渐适应篇幅更长、曲目更复杂的作品。

（4）情感体验原则。强调在聆听与欣赏中感知乐音、节奏、旋律等变化所带来情感体验。通过创设合适的环境，鼓励儿童在聆听的过程中大胆感受，充分发挥想象，让欣赏的过程充满乐趣。在聆听与欣赏的过程中或欣赏后，可鼓励借助语言表达、绘画表现等活动，表达他们的想象和感受。在生活中多鼓励儿童对不同的乐音、乐曲进行感知和体验，引导家长与儿童一起聆听与欣赏音乐，分享感受。

4. 创作与表演

学前儿童音乐创作与表演教学旨在培养幼儿的音乐创造力、表现力和自信心。充分发挥自己的潜能，享受音乐创作和表演的过程，教师应该注意以下基本原则。

（1）集体教学与个性教学的平衡：在调动全体孩子进行音乐创作与表演的过程中，充分尊重每个孩子的兴趣和特长，关注他们的个体发展基础和需求，鼓励他们在音乐创作和表演中展现个性，引导孩子们学习聆听、互相尊重、学会发现与欣赏。

（2）启发式教学：通过提问、引导和示范等方式，激发幼儿的思考和想象力，引导他们自主探索音乐的可能性。

（3）循序渐进：根据幼儿的年龄和认知发展水平，设计适当难度的音乐任务，确保他们在学习过程中能够不断取得进步。

（4）全面发展：注重培养幼儿的音乐技能、审美情感、合作精神和表达能力等多方面的素质，促进他们全面发展。

教师可以通过模仿与创新、小组合作、情境创作、表演展示和反馈评价等方面开展音乐创作与表演的教学。首先教师可以引导幼儿模仿经典音乐作品的旋律、节奏等元素，然后鼓励他们在此基础上进行创新，形成自己独特的音乐作品。尝试将幼儿分成小组，让他们在小组内共同创作音乐作品，培养他们的团队协作能力和沟通交流能力。教师可以为幼儿创设特定的情境，如节日、季节变换等，引导他们根据情境进行音乐创作，提高他们的观察和表达能力。在音乐创作和表演过程中，教师要及时给予幼儿积极的反馈和建设性的评价，帮助他们找到改进的方向，持续提高音乐素养。为了激励孩子们的音乐创造，幼儿园或班级可以定期举办音乐表演活动，让幼儿有机会展示自己的音乐作品，培养他们的自信心和表现力。

第二节 学前儿童音乐素养的培养

首先，需要了解什么是音乐素养。简单来说，音乐素养指个人对于各种形式的音乐表现和创造有深度的理解能力，以及对音乐的欣赏和感受能力。它不仅包括对音乐基础知识、技巧和概念的理解，还涉及个体情感、审美、社交等方面。

学前是儿童一个非常关键的发展阶段，他们正处于快速发展语言、认知、社交和情感等方面能力的时期。而通过参与鼓励幼儿进行听觉刺激和身体运动等活动，可以帮助他们培养良好的音乐素养。研究表明，学前儿童在早期接触音乐并积极参与其中之后，在发展记忆力、注意力、创造性思维以及情绪管理方面取得了显著进步。[1]

其次，通过参与合唱团或其他集体演出活动来锻炼合作精神，并培养孩子们在团队中互相尊重并共同努力实现目标。

学前儿童音乐素养在幼儿园阶段起着重要作用。它不仅培养了孩子们对音乐艺术形式的欣赏能力，还促进了他们整体发展中其他方面能力（如社交与情感发展）。因此，在设计学前教育计划时，应该注重培养幼儿对于各种形式音乐作品理解能力以及感知、表达和创造能力。[2]学前阶段是一个关键时期，孩子们可以通过音乐活动探索和发展自己的潜力，为他们今后的成长打下坚实的基础。

---

1 张玥.家庭音乐教育对学龄前儿童的影响分析[J].喜剧世界（下半月），2021(2):66—67；田青，苗林.论学前音乐教育与民族传统音乐传承[J].音乐大观，2013(12):56—57.
2 于洋.试述学前音乐教育对幼儿成长的作用[J].内蒙古师范大学学报（教育科学版），2011，24(6):148—149.

一、学前儿童音乐能力发展的规律与特征

（一）舒特·戴森的音乐能力发展规律

英国音乐心理学家舒特·戴森（Shuter-Dyson）对早期儿童音乐发展的研究，归纳出了一些与年龄阶段相关的一般特征："0至1岁，对音乐做出各种反应；1至2岁，自发地、本能地'创作'并唱歌；2至3岁，开始能把听到的歌曲片段模仿唱出；3至4岁，能感知旋律轮廓；4至5岁，能辨识音高、音区，能重复简单的节奏；5至6岁，能理解、分辨响亮之声和柔和之声，能从一些简单的旋律或节奏模式中辨认出相同的部分。"[1]

（二）哈密特·穆格的音乐能力发展规律

哈密特·穆格（Helmuit Moog）在1971年对6个月至5岁半之间儿童的音乐能力发展进行了一次大规模的调查研究，并得出以下研究成果：6个月左右的孩子开始主动地对音乐做出反应，而不再仅仅被动地接收音乐；近1岁时，会对鲜明的节奏做出相应的动作反应；1岁左右，儿童开始发声"唱歌"；1岁以后的幼儿对音乐刺激的反应表现出明显的进步：不同类型的身体运动显著增加，包括抬起和放下脚尖或脚后跟等；1岁半左右的幼儿已有试图使自己的动作与音乐节奏相协调的迹象，他们还表现出想与大人一起舞蹈的意向；到3岁至4岁，幼儿在边唱歌边做出合乎歌曲内容的表情及简单的动作方面有所发展；四五岁时，孩子对音乐的身体上反应减少了，有意识听音乐的可能性增加了，即增加了思想上对音乐的反应，并且会在更广泛的活动方面利用这些反应。[2]

（三）儿童音乐能力发展的特征

儿童音乐能力发展是一个逐渐发展和完善的过程，受到生理、认知发展、情感发展、社会环境、个体差异特征等多方面因素的影响。

生理发展方面：儿童的听觉系统和声带发育随着年龄的增长而逐渐成熟。幼儿期儿童的音域和音量较为有限，但随着年龄的增长和生理发育的进程，他们的音域会逐渐扩大，对音乐的感知能力也会逐步提高。

认知发展方面：儿童对音乐的认知能力随年龄的增长而逐渐发展。在幼儿期，孩子们对音乐的理解主要停留在感知层面，如对旋律、节奏的辨识和模

1　杜悦艳.回归本原——论现代儿童音乐教育[D].南京：南京师范大学，2008.
2　罗小平，黄虹.最新音乐心理学荟萃[M].北京：中国文联出版公司，1995:160.

仿。随着年龄的增长，他们会逐渐理解音乐的结构和形式，能够在音乐欣赏中体会到更多的内涵。

情感发展方面：儿童对音乐的情感反应是直接而自然的。幼儿期的孩子们容易被音乐中的旋律和节奏吸引，对快慢、高低、强弱等音乐元素有明显的情感反应。随着年龄的增长，他们对音乐的情感表达能力会逐渐丰富和成熟，能够在歌唱中表现出更多样的情感。

社会环境影响方面：儿童音乐欣赏与歌唱能力的发展受到家庭、学校和社会环境的影响。一个富有音乐氛围的环境有助于培养孩子对音乐的兴趣和欣赏能力。通过参加音乐活动、与同伴合作歌唱等方式，儿童可以在互动中提高自己的歌唱技能和音乐素养。

个体差异特征方面：儿童在音乐欣赏与歌唱能力的发展过程中存在个体差异。这些差异可能源于遗传、生理、心理等多方面因素。因此，在音乐教育中，教师应关注每个孩子的个体差异，因材施教，以促进他们音乐能力的全面发展。

儿童的音乐能力发展受多方面因素的影响并呈现出阶段性的特征，了解这些规律与特征有助于我们更好地理解和指导儿童音乐教育。

二、学前儿童音乐学习材料的选择

（一）学前儿童音乐学习材料选择的原则

根据儿童的音乐能力发展规律、心理、认知和生理等发展特征，为学前儿童选择合适的音乐学习材料是非常重要的。学前儿童音乐学习材料的选择应遵循以下原则。

（1）适龄性原则：音乐学习材料应该符合学前儿童的年龄特征。选择的音乐作品不宜太复杂，应该尽量选择简单、明快、易于理解，且具有较强的旋律性和节奏感的学习材料，以便儿童更易于接受和上手。

（2）启发性原则：音乐学习材料应具有启发性，能够引发儿童对音乐元素如旋律、节奏、音高、音色等产生好奇心，激发他们对音乐的兴趣。

（3）多样性原则：音乐学习材料应具有多样性，涵盖不同的音乐风格、形式和流派，以丰富儿童的音乐体验，拓宽他们的音乐视野。同时，也可以选择一些具有不同文化背景的音乐作品，让儿童了解世界各地的音乐风俗。

（4）教育性原则：音乐学习材料应具有教育意义，能够传递积极向上的价值观念和审美情趣。

（5）互动性原则：音乐学习材料应具有一定的互动性，鼓励儿童参与到音乐活动中，如跟唱、模仿等。这有助于提高儿童的音乐实践能力和自信心，同时也能培养他们的团队合作精神。

（6）个性化原则：音乐学习材料的选择应兼顾到不同儿童的个性差异，关注每个孩子的兴趣和需求。根据儿童的不同特点，选择适合他们的音乐作品，以激发他们的音乐潜能。

（二）学前儿童音乐学习材料建议

根据儿童的音乐能力发展规律及学前儿童音乐学习材料的选择原则，以下是一些建议的音乐学习材料。

（1）儿歌：儿歌是学前儿童音乐教育的基础，具有简单的旋律、明快的节奏和易懂的歌词，如《两只老虎》《小星星》《拔萝卜》《找朋友》《娃哈哈》《天乌乌》《新年好》《生日歌》《嘀哩嘀哩》《听妈妈讲那过去的事情》《幸福拍手歌》等。我国幅员辽阔，有着丰富的地方童谣和儿歌资源。各地的学前儿童音乐教育可以挖掘和利用当地的儿歌、童谣作为儿童音乐欣赏和学习的素材，丰富音乐欣赏的内容。

（2）外国音乐：选择一些旋律优美、节奏明快的古典音乐作品，如莫扎特的《土耳其进行曲》、舒伯特的《摇篮曲》、贝多芬的《欢乐颂》和《献给爱丽丝》、巴赫的《小步舞曲》、柴可夫斯基的《胡桃夹子》、约翰·施特劳斯的《蓝色多瑙河》、圣—桑的《动物狂欢节》、布列兹的《孩子们的玩耍》、比才的《大象》、普罗科菲耶夫的《彼得与狼》、尼古拉里姆斯基—柯萨科夫的《野蜂飞舞》等。

（3）中国音乐：学前儿童可以通过欣赏具有代表性的民族音乐作品，了解不同地域和民族的音乐风格。如《茉莉花》《草原之夜》《瑶族舞曲》《牧童短笛》《苗岭的早晨》《赛马》《春江花月夜》等。

（4）儿童合唱作品：选择一些适合儿童合唱的作品，培养孩子们的合作精神和集体荣誉感。如《我爱你中国》《阳光总在风雨后》《龙的传人》《共产儿童团歌》《送别》等。

（5）儿童音乐剧和电影音乐：选择一些适合儿童欣赏的音乐剧或电影音乐作品，如《狮子王》《阿拉丁》《花木兰》等。

三、学前儿童音乐感知和欣赏的路径

学前阶段是儿童感知和欣赏音乐的关键时期，因此，通过科学有效的训练方法来提高他们的音乐感知能力具有重要意义。

（一）培养兴趣

（1）提供多样化的音乐体验：教师可以通过播放各种类型、风格和节奏不同的音乐作品，激发孩子们对音乐不同方面（如旋律、节奏、声响）的兴趣。

学前教育是儿童成长中至关重要的阶段。在这个阶段，孩子们处于高度敏感和易受影响的时期，他们对各种刺激性的体验都非常渴望。音乐作为一种全面发展儿童的工具，在学前教育中扮演着至关重要的角色。通过提供多样化的音乐体验，教师可以帮助孩子们发展自己与音乐相关的兴趣和技能。

首先，通过播放不同类型、风格和节奏迥异的音乐作品，教师可以激发孩子们对音乐多样性的认识与理解。每一个儿童都有不同偏好和喜欢听取特定类型或风格音乐之处。有些孩子可能会喜欢欢快、节奏明快且活泼跳跃的流行歌曲，而其他一些孩子则更倾向于安静舒缓、旋律柔美抚慰心灵之类轻柔古典曲目。通过向学生介绍并播放不同类型和风格的音乐作品，教师可以让他们了解到世界上存在着无数形式独特的音乐，以丰富他们的视野和思维。

其次，多样化的音乐体验能够激发孩子们对音乐不同方面（如旋律、节奏、声响）的兴趣。儿童常常敏感于声音和节奏，他们在运动和表达中需要一种灵活性。通过播放各种类型的音乐作品，教师可以帮助孩子们发展自己与不同元素相关的技能。例如，在学前班级中使用具有强烈节奏感或连贯旋律线条的歌曲，可以促进孩子们运动协调性和身体控制能力的发展。同时，在静态环境下使用渐进式、柔美而平缓的音乐，会鼓励儿童放松身心、提高专注力。

再次，多样化的音乐体验也有助于学前儿童在情感与社交方面得到全面发展。每个人对特定类型或风格的音乐都可能产生情感共鸣，并引起情绪上的不同反应。通过聆听以及参与演唱或合唱这些曲目，儿童可从中获取积极心理反应并增强自我表达能力。音乐还可以帮助孩子们建立和增强与他人的联系，参与集体音乐活动（如合唱团、乐器组合），可以促进社交技巧和团队合作精神的发展。

最后，多样化的音乐体验为学前儿童提供了一个创造性思考和表达的平台。儿童通常具有想象力丰富、充满创造力以及对未知事物好奇心旺盛的特点，通过鼓励孩子们聆听不同类型和风格的音乐作品，并提供自由表达或创作曲目的机会，教师可以激发他们的独立思考与想象能力。通过参与音乐制作活动，例如，编写歌词、创作简单旋律或设计舞蹈动作等，学前儿童能够培养出艺术性思维、解决问题以及批判性分析等重要技能。

总而言之，在学前教育中提供多样化的音乐体验对于儿童全面发展至关重要。通过播放不同类型、风格和节奏迥异的音乐作品，教师可以激发孩子们对音乐多样性的认识与理解，促进他们对音乐的兴趣和技能发展。这不仅有助于孩子们在感知和情感方面的成长，还为其提供了一个创造性思考和表达自我的平台。因此，在学前教育中全面融入多样化的音乐体验将为儿童提供丰富、有趣且积极影响他们成长发展的机会。

（2）创造积极愉悦氛围：在课堂上进行互动游戏、唱歌跳舞等活动，使孩子们在欢快轻松愉悦中培养对音乐艺术形式及其美好意义的喜爱。

首先，在课堂上进行互动游戏、唱歌跳舞等活动，可以使孩子在欢快轻松愉悦中培养对音乐艺术形式及其美好意义的喜爱。

其次，一个积极愉悦的学前音乐教育环境有助于提高孩子们对学习和参与课堂活动的投入度。当孩子们感到快乐和放松时，他们更容易专注并全身心地参与到活动中去。互动游戏可以帮助他们主动地探索、表达自己，并与其他同学建立联系和合作关系。唱歌跳舞等活动增强了他们对音乐表达方式的理解和掌握，同时也促进了他们身体协调性和节奏感等方面的发展。[1]

创造积极愉悦的氛围能更容易激发他们对音乐的兴趣和探索欲望。通过互动游戏和其他创造性的活动，孩子们可以体验到音乐带来的快乐和情感表达方式，他们会逐渐了解到音乐是一种语言，是一种表达情感、传递信息的艺术形式。在这个过程中，孩子们会培养出对美好旋律、优美节奏以及丰富多样的音色等元素的欣赏能力，并且会愿意主动去探索更多不同类型和风格的音乐。

最重要的是，在积极愉悦的氛围下进行学前儿童音乐教育还有助于促进孩子综合发展。它可以提升其听觉、语言、社交以及运动等方面的能力。通过唱歌跳舞等活动，孩子们不仅锻炼了身体协调性和灵活性，同时也加强了他们与其他同学之间的互动沟通与合作能力。这些综合发展所取得的成就将有助于他们在学习其他学科时取得更好的进展。

创造积极愉悦的氛围对学前儿童音乐教育来说至关重要。通过互动游戏、唱歌跳舞等活动，有助于提高他们对学习和课堂活动的投入度，也能够激发他们对音乐的兴趣和探索欲望，并促进其综合发展。因此，在进行学前儿童音乐

---

[1] 于洋.试述学前音乐教育对幼儿成长的作用[J].内蒙古师范大学学报(教育科学版),2011,24(6):148—149.

教育时，请务必创造一个积极愉悦的环境，让孩子们在快乐中成长并享受音乐带来的美好！

（二）发展基本技巧

（1）培养音乐记忆力：学前儿童音乐教育对于培养孩子们的音乐记忆力至关重要。通过常听、反复模仿和歌唱，让孩子们熟悉一些简单易学的中文儿歌或儿童音乐作品，可以提高他们对旋律和歌词的记忆能力。

音乐是一种强大而丰富的艺术形式，通过它可以表达情感、传递信息，并创造美好的体验。在学前阶段，儿童正处于敏感期，这个时期他们容易接受新事物并将其深深地印刻在脑海中。

首先，通过常听一些简单易懂、优美动听的中文儿歌或儿童音乐作品，可以帮助孩子们熟悉并记住不同旋律和节奏。当他们反复聆听同一个曲目时，会逐渐理解其中隐藏着的情感和意义，并将其牢牢地铭记在心底。例如，《小星星》《两只老虎》等经典中文儿歌，都是学前儿童非常熟悉的曲目。通过反复聆听和模仿，孩子们能够轻松地记住这些曲调，并发展出对旋律的敏锐感知。

其次，反复模仿是培养音乐记忆力的重要方法之一。孩子们可以通过模仿音乐家或教师演唱儿歌或儿童音乐作品来加深对旋律和歌词的理解与记忆。在这个过程中，他们不仅能够锻炼自己的发声技巧和音准感，还能逐渐掌握使用正确语调和节奏来表达情感的技巧。

最后，让孩子们亲自参与歌唱是培养音乐记忆力的关键步骤之一。当孩子在欢愉而有趣的氛围中亲身体验到用声音去表达自己时，会更容易将旋律、歌词以及情感结合起来，并将其牢固地铭记在心中。许多学前教育机构都提供丰富多样、适合儿童年龄段的合唱活动或演出机会，在这样的环境中，孩子们可以与同龄人一起合唱、表演，通过这些活动锻炼他们的音乐记忆力。

总的来说，学前儿童音乐教育在培养孩子们的音乐记忆力方面起着至关重要的作用。通过常听、反复模仿和歌唱简单易学的中文儿歌或儿童音乐作品，可以帮助他们提高对旋律和歌词的记忆能力。这样培养出来的良好音乐记忆能力不仅有助于孩子们更好地理解和欣赏音乐，还会为他们未来更深入地学习其他形式的艺术提供坚实基础。因此，在孩子成长过程中注重音乐教育，并注意培养他们对旋律和歌词的记忆能力是非常值得推广和实施的教育方法。

（2）引导节奏感：教师可以使用手拍、体韵融合等方式，帮助孩子们感受节奏，并进行基本的节拍和节奏模仿练习。[1]

随着社会的发展和人们对儿童教育重视程度的提升，学前阶段的音乐教育越来越受到关注。在这个阶段，培养孩子们对音乐的兴趣、启发他们的创造力以及提高他们的整体协调能力是至关重要的。而其中一个核心元素就是培养孩子们对节奏感的认知与感受。接下来将探讨如何通过手拍、体韵融合等方式引导学前儿童发展节奏感，并进行基本的节拍和节奏模仿练习。

首先，手拍是一种简单而有效地引导儿童认识和理解节奏概念以及培养他们对音乐有良好反应能力的方法之一。教师可以通过示范和指导，使孩子跟随自己用双手轻轻地击打出一定规律性或不规律性间隔的声音。例如，教师可以利用常见的童谣或歌曲，让孩子们用手拍出歌曲中的节奏，并逐步引导他们达到一定的稳定性和准确性。通过反复练习，孩子们可以逐渐掌握基本的节奏模式和感受到音乐中蕴含的节奏之美。

其次，体韵融合是一种结合身体动作与音乐节奏来引导儿童感受和表达节奏感的方法。教师可以设计一系列简单有趣、易于理解并能够让孩子参与其中的动作游戏或舞蹈。例如，在教学过程中使用简单明快、具有较强节奏感且易于模仿的音乐伴随着指导动作，如跳跃、摆臂、转圈等。通过这样有趣且活泼的方式，儿童不仅能够在玩耍过程中享受到音乐带来的快乐感，并且能够在动作与音乐之间建立联系并发展起他们独特而灵活多变的个人表达方式。

最后，在培养学前儿童对节奏感的认知和感受过程中，基本的节拍和节奏模仿练习起着至关重要的作用。教师可以采用各种形式和曲目来进行练习，例如，通过播放一段简单易懂且具有明显节奏感的音乐，让孩子们跟随音乐进行手拍、脚踏等动作。同时，教师还可以引导孩子们利用身体表达自己对音乐节奏的理解与感受，并鼓励他们尝试模仿一些简单的旋律或节奏模式。

在总结上述内容时，可以得出以下结论：学前儿童音乐教育需要通过多种方式引导孩子们发展节奏感，并进行基本的节拍和节奏模仿练习。手拍、体韵融合以及基本的节拍和节奏模仿都是非常有效且适合学前阶段儿童参与并接触到音乐元素的方法。这些方法可以帮助孩子们感受到音乐中的节奏之美，培养他们的协调性、创造力以及社交能力。因此，在学前儿童音乐教育中，应该注重通过引导节奏感来激发孩子们对音乐的兴趣，并为他们打下良好的音乐基础。

1　田青，苗林．论学前音乐教育与民族传统音乐传承[J]．音乐大观，2013(12):56—57．

（三）培养良好听觉能力

（1）听辨音高：通过播放不同音高的声音或乐器演奏声来锻炼孩子们对音高变化的敏感性。[1]

如何培养孩子对于音高变化的敏感性是一个重要问题。因为正确、准确地听辨声调变化对于培养孩子们正确听觉认知以及后续实际操作都具有重要意义。

首先，在学前儿童阶段培养孩子们对音高变化的敏感性可以通过播放不同音高的声音来实现。这意味着教师可以使用不同乐器演奏或播放多种声音，例如，钢琴、小号、长笛等，让孩子们观察和聆听它们之间的差异。这样做有助于培养孩子们对于音高变化的敏感性，使他们能够辨别和区分不同的音调。

其次，为了更好地锻炼孩子们对于音高变化的感知能力，可以设计一些互动游戏来增加乐趣。比如，教师可以播放一段具有连续变化的曲目，并要求学生在听到特定信号时抓住相应的声调或乐器演奏方式。通过这种游戏形式，学生将激发他们对于听辨和反应时间以及空间认知等方面能力的培养。

最后，在进行学前儿童音乐教育时还应该注意适当选择适合孩子年龄段并且容易理解接受的内容。针对学龄前儿童群体，需要使用简明清晰且贴近他们日常生活经验和认识水平的例子和教材。同时，教师应该注重音乐教育的互动性，鼓励孩子们积极参与和表达自己的想法。

学前儿童音乐教育要听辨音高是非常重要的。通过播放不同音高的声音或乐器演奏声来锻炼孩子们对于音高变化的敏感性，可以促进他们听觉认知和后续实际操作能力的发展。此外，通过互动游戏以及选择适合年龄段的内容，也能够增加学生对于学前儿童音乐教育的兴趣，并更好地培养他们对于美妙艺术形式之一——音乐的理解和欣赏能力。因此，在进行学前儿童音乐教育时，请注意培养孩子们对于音高变化的感知能力，并根据他们的年龄特点选择适合的内容，需要注意的是，儿童作为成长中的个体，其各个感觉器官都在继续发育和成熟中，在儿童的音乐教育中要注意保护儿童的听力。世界卫生组织（WHO）建议儿童的音乐音量应控制在85分贝以下。美国语言听力协会（ASHA）建议儿童音乐音量不应超过60分贝。同时老师要注意为孩子提供相对安静的环境，减少噪声给儿童聆听音乐带来的影响。

（2）听辨声响：播放不同种类的乐器演奏及其他环境中产生的声响，让孩子们学会区分不同音色及其特点。

1　于洋. 试述学前音乐教育对幼儿成长的作用 [J]. 内蒙古师范大学学报(教育科学版), 2011, 24(6):148—149.

首先，通过播放不同种类乐器演奏给予孩子们以多样化丰富性的经验。每个乐器都有独特的音质和特点，在早期接触和理解这些差异，将帮助他们更广泛而深入地了解音乐世界。例如，在听到钢琴演奏时，他们可以感受到其明亮和丰富的音色，而当听到小提琴时，他们可能会注意到其柔和及婉转的声音。通过这种多样性的经验，孩子们可以培养出对不同乐器的喜好，并激发他们对音乐的兴趣。

其次，通过让孩子们听辨环境中产生的声响，有助于他们更好地理解音乐与生活之间的联系。在生活中，存在着各种各样产生声响的事物，如鸟鸣、风声、车辆行驶等。通过引导孩子将这些常见的环境声响与乐器演奏相结合，在创造性活动中使用它们能够帮助孩子更加直观地感受音乐。例如，在一堂绘画课上播放风吹树叶摇晃或海浪拍打岸边石头等自然环境产生的声响录音，并要求孩子绘制出相关图像来表达他们对于这些特定场景所感知到并与之相关联的情感。

最后，在学前儿童阶段注重区分不同音色及其特点，有助于发展孩子们的听觉能力和音乐素养。通过训练孩子们对声音的敏感度，可以提高他们对音乐中细微差别的辨识能力。这不仅有助于他们在未来学习一种或多种乐器时更容易区分各种声音，也有助于培养他们对音乐表达和欣赏的理解能力。此外，通过区分不同音色及其特点，孩子们还可以开始探索创作自己独特作品的可能性，并发展出自身个人喜好与审美品位。

在学前儿童阶段注重儿童对不同种类乐器演奏和其他环境中产生声响的听辨是非常重要的，这样做有助于丰富儿童早期接触到世界各种声响和体验到多样化音色所带来的美感。通过培养他们对声响的敏感度，为将来学习一种或多种乐器打下基础，并促进他们在创造性活动中发挥想象力与表现力。因此，在实施学前儿童音乐教育计划时，应该注重让孩子们通过听辨不同声响来学习区分不同音色及其特点。

（四）开展多元化活动

（1）音乐创作活动：鼓励儿童参与编创自己喜欢或想象中的简单旋律，并在集体或个人表演中展示。

随着儿童音乐教育的发展和进步，越来越多的学前儿童开始接触音乐创作活动。这种活动不仅能够培养孩子们对音乐的兴趣和理解，还有助于他们发展创造力、表达能力和团队合作精神。因此，在学前儿童音乐教育中引入音乐创作活动显得非常重要。

首先，进行音乐创作活动能够激发学前儿童的想象力和创造力。通过鼓励他们编写自己喜欢或想象中的简单旋律，孩子们可以将自己内心深处的情感和想法转化为具体的表达方式。在这个过程中，他们会尝试不同的节奏、声调和音符组合，从而开拓思维，并培养出与众不同的艺术审美。

其次，在集体或个人表演中展示自己所编写的旋律也是一种重要且有益于成长发展的经历。当孩子们将自己的心血结晶呈现给别人时，除了获得赞誉与认可外，还能增加他们的自信心和自我价值感。这对学前儿童来说是非常重要的，因为在这个阶段，他们正处于自我认知和社交技能发展的关键时期。

再次，音乐创作和表演活动还能够培养学前儿童的团队合作精神。在集体表演中，孩子们需要与其他小朋友一起合作演奏，并共同创造出美妙的音乐。通过互相帮助、沟通和协调，在团队中发挥各自的才能与优势，并将其融入整体表演。孩子们需要根据音乐表演的需要，理解和尊重不同成员的表现，接纳和包容不同成员的意见和观点才能共同完成一个任务。

最后，在学前儿童音乐教育中引入音乐创作活动，不仅有利于儿童个人成长，也对其综合智力发展具有积极影响。通过参与创作活动，孩子们可以锻炼记忆力、注意力、思维逻辑等多方面才智，并促进大脑各区域之间信息传递和连接功能的提升。此外，音乐创作活动还能够培养儿童的审美情趣和音乐鉴赏能力，进一步丰富他们的艺术修养。

综上所述，在学前儿童音乐教育中进行音乐创作活动具有重要意义。[1]通过鼓励孩子们参与编创自己喜欢或想象中的简单旋律，并在集体或个人表演中展示，可以激发他们的想象力和创造力、培养团队合作精神、提升个人成长发展并促进综合智力发展。因此，在学前儿童教育领域加强对音乐创作活动的引导和推广是非常必要而可行的。

（2）舞蹈配合活动：将舞蹈与特定曲目相结合，引导儿童用身体动作表达音乐的节奏与情感。

首先，舞蹈配合活动可以帮助学前儿童更好地理解和感受音乐。对年幼的孩子来说，他们可能无法准确理解抽象、抽象化或具体化概念中的语言表达方式，但是通过身体运动和舞蹈形式可以更直观地传达出情感和意义。例如，在一首欢快、明快的歌曲中，老师可以引导孩子们用跳跃、摇摆和转圈等简单动作来表达出喜悦和愉悦之情，而在一首缓慢、柔美的旋律下，则可以引导他们

1 　于洋.试述学前音乐教育对幼儿成长的作用[J].内蒙古师范大学学报（教育科学版），2011，24(6):148—149.

做出优雅、轻盈或缓慢移动等动作，以表达出安静和宁静之感。通过舞蹈配合活动，孩子们能够更好地体验音乐的节奏、情感和意义。

其次，舞蹈配合活动可以促进学前儿童的身体发展和协调能力。在跳舞的过程中，孩子们需要掌握一系列基本动作技巧，例如站立、行走、弯曲、伸展等。这些动作训练帮助他们提高平衡能力、灵活性和协调性，并有助于培养他们身体上的自信心。此外，在跳舞过程中需要注意对音乐节奏的把握，并与其他同学进行合作和协调。

最后，结合特定曲目进行舞蹈配合活动也有助于扩大学前儿童对不同类型音乐风格的理解与欣赏。通过引导孩子们用自己熟悉或喜爱的歌曲来表达身体动作，例如，流行歌曲或传统民族音乐，可以增加他们对不同音乐风格的感知和鉴赏能力。此外，特定曲目与舞蹈的结合还可以帮助学前儿童更好地记忆、理解和表达音乐，进一步提高他们对音乐的兴趣和参与度。

（五）家庭互动与延伸

（1）家庭音乐时刻：鼓励家长与孩子一起聆听音乐、唱歌或进行简单的舞蹈活动，增加亲子间的联系与交流。

首先，家庭音乐时刻有助于激发孩子对音乐的兴趣和热爱。对学前儿童来说，他们往往对新鲜事物抱有强烈的好奇心，因此，在家庭中播放各种类型的音乐，包括传统和现代风格，可以为孩子提供全新的听觉体验，并引发他们对不同类型音乐特点和文化背景的探索欲望。

其次，参与合唱活动可以促进亲子间更紧密地联系并增强感情交流。共同参与歌唱活动不仅可让父母和孩子共享快乐时光，在这个过程中还能够建立更深层次的情感纽带。唱歌不仅是一种表达情感的方式，还能帮助孩子发展语言和听力技能，提高他们对音调、节奏和韵律的敏感性。

再次，通过简单的身体律动或舞蹈活动，可以促进孩子运动技能的发展，并培养他们对身体表达的自信。舞蹈是一种极具身体协调性和节奏感要求的艺术形式。在与家长共同进行舞蹈活动时，孩子会通过观察学习家长的姿势和动作，并逐渐掌握节奏变化、肢体协调等基本技巧。这不仅有益于他们身体素质的发展，还有助于提高自我表达能力。

最后，在家庭音乐时刻中积极参与互动游戏可以促进孩子认知能力与社交技巧方面的协调发展。例如，在听音乐时，请孩子尝试根据曲调或旋律变化做出相应反应，或者让家长引导孩子跳舞并配合旋律节拍，等等。这样的互动游戏不仅有助于培养孩子的集中注意力、记忆力以及逻辑思维等认知能力，还能让他们在与家长互动中学习社交技巧，如共享、合作和尊重。

学前儿童音乐教育需要家庭的积极参与和支持，家长应该给予学前儿童充分的音乐教育，并将其融入日常生活，创造出一个温馨而富有艺术氛围的家庭环境。

（2）观看音乐展演：带领孩子们去参观音乐会、博物馆等场所，让他们近距离接触到不同类型和风格的音乐作品。

首先，参观音乐会能够让孩子们直接感受到现场演奏的魅力。与电视或录制好的影像相比，现场演奏有其独特之处。通过目睹艺术家们在舞台上表演，孩子们可以感受到他们的身体语言、表情和动作对于演奏的贡献。同时，现场演出也能让孩子们更加了解各种不同类型和风格的音乐作品，并且深入体验其中所传递出来的情感与思想。

其次，参观博物馆等场所则能为学前儿童提供更多样化且具有历史意义的音乐教育资源。博物馆通常收藏着各种类型和时期的音乐器具、乐谱、音乐人的纪念品等。带领孩子们参观这些展览，不仅可以让他们近距离观察和了解各种乐器，还能展示音乐历史上的重要人物以及他们对于音乐发展的贡献。通过亲身接触这些文物和资料，孩子们可以更加深入地理解音乐在不同社会背景下所承载的文化与意义。

除了直接感受现场演奏和学术性博物馆外，参观其他类型的音乐展览也可以为学前儿童提供更丰富多样化的体验。例如，在艺术画廊中举办以音乐为主题的绘画展览，或者举办以童谣、儿歌为内容的互动式活动，等等。这样一来，孩子们不仅能够欣赏美好的艺术作品，还能通过参与其中获得相应的知识和技巧。

总体而言，带领学前儿童去参观音乐会、博物馆等场所是一种非常有效且有益于其全面发展的教育方式。通过近距离接触不同类型和风格的音乐作品，孩子们可以培养对音乐的兴趣，提高音乐欣赏能力，以及理解并体验音乐所传递出来的情感与思想。因此，在学前儿童音乐教育中，应该积极组织相关活动，让孩子们亲身参与其中，并在这样的环境中感受到音乐带给他们的无限魅力。

学前儿童阶段是培养他们对音乐感知和鉴赏能力的关键时期。通过提供多样化的音乐体验、发展基本技巧、培养良好听觉能力并开展多元化活动以及在家庭环境中进行互动和延伸，可以有效地促进学前儿童对中文儿童音乐的感知和鉴赏。这些训练方法将有助于激发孩子们对音乐艺术形式及其美好意义的热爱，并为他们今后更深入地学习和欣赏各种类型的中文以及世界范围内的优秀作品奠定良好基础。学前儿童音乐感知和鉴赏能力的培养是儿童早期教育中非常重要的一环。通过提供丰富多样化的音乐材料、创造积极互动环境、引导主动探索音乐元素、创设情境与故事以及倾听名家作品等方法，可以有效地培养学前儿童对音乐的兴趣和鉴赏能力。这些方法将在学前阶段为孩子们打下坚实基础，使他们在未来进一步发展自己的音乐才能时能得心应手。

四、学前儿童歌唱和合唱的教学策略

学前儿童阶段是人类生命中最重要的发展阶段之一。在此时期，孩子们开始建立语言、认识世界，并发展出他们独特的音乐能力。因此，教育者在学前儿童的音乐教育中扮演着至关重要的角色。歌唱和合唱是一种优秀的教学策略，有助于培养孩子们对音乐的兴趣与理解。

（一）歌唱和合唱对于学前儿童的益处

（1）培养孩子们对音乐的兴趣与理解：通过歌曲演绎和参与合唱活动，孩子们可以体验不同类型、风格和文化背景下的音乐。这有助于激发他们对音乐艺术形式以及不同文化表达方式感兴趣，并加深他们对节奏、旋律和声音变化等基本概念的理解。

学前儿童音乐教育是培养孩子们音乐素养和艺术表达能力的重要途径。首先，歌曲演绎是学前儿童音乐教育中常用的一种方法。通过演唱各种不同类型的歌曲，孩子们可以接触到从古典到流行、从国内到国外各个领域中丰富多样的音乐作品。这些歌曲可能涉及不同语言、文化传统和历史背景，为孩子们带来了全新而丰富多彩的听觉体验。

当孩子们在学前儿童音乐教育中参与合唱活动时，他们将有机会与其他小伙伴一起合作演唱并创造出美妙的声音效果。通过集体合唱，孩子们可以学会协调合作，提高音乐感知和表达能力。他们在演唱过程中需要注意节奏、音高和声部分工，并学会倾听并与其他人保持一致。这不仅培养了孩子们的集体意识，也增强了他们对音乐的理解和表达能力。

其次，通过参与不同类型、风格和文化背景下的音乐，孩子们可以发展出对多样性的认知和欣赏能力。每种文化都有其独特的音乐传统和风格，这些传统经常以歌曲形式传承下来。通过接触不同文化背景下的歌曲，孩子们可以了解到世界各地不同群体所创造出来的美妙艺术形式，并在其中找到自己感兴趣或者喜爱的元素。

学前儿童时期是儿童思维发展最为关键的阶段之一。通过参与音乐教育活动，特别是歌曲演绎和合唱活动，在这个阶段培养起对多样性、创造性以及其他价值观念方面的兴趣非常重要。这种教育方法激发了孩子们对音乐的好奇心和探索精神，促进了他们对艺术形式和文化传统的理解。

最后，在学前儿童音乐教育中，孩子们还可以通过歌曲演绎和参与合唱活动发展他们的语言能力。当孩子们唱歌时，他们需要准确地发音、表达感情，并理解歌词中所表达的意义。这种语言实践有助于提高孩子们的听说能力，并帮助他们建立起对语言结构、词汇和文化背景的理解。

总而言之，学前儿童音乐教育通过歌曲演绎和参与合唱活动为孩子们提供了一种丰富多样且具有跨文化特点的音乐体验。这种体验激发了孩子们对不同类型、风格和文化背景下音乐的兴趣，并加深了他们对基本概念如节奏、旋律和声音变化等方面的理解。此外，这种教育方法还培养了孩子们在集体合作中重要的协调能力，并为其思维发展创造出积极有益的环境。综上所述，学前儿童音乐教育是培养孩子们音乐素养和艺术表达能力的重要途径。

（2）发展孩子们的听觉技能：学龄之前，在鼓励孩子们参与歌唱和合唱的过程中，他们会通过聆听和模仿来发展自己的音乐感知能力。这样可以提高他们对音调、节奏和韵律的敏感性，从而增强他们的听觉技能。

学龄前是儿童一个非常敏感和接受新事物快速的阶段，他们对于声音和节奏有着特别强烈的好奇和兴趣。通过鼓励他们参与歌唱和合唱活动，可以帮助他们通过聆听和模仿来发展自己的音乐感知能力。在这个过程中，他们可以不仅学会辨别高低、快慢等基本的音调、节奏元素，还可以通过模仿老师或其他同伴来提高自己对于韵律感知方面的技能。

首先，在幼儿园或其他早期教育机构里进行歌唱活动，可以增加孩子对于不同声调之间的区别以及各种节奏变化进行辨识与记忆。这些活动包括许多经典的儿童歌曲，如《小星星》《小白船》等。通过反复唱歌和跟随老师一起演唱，孩子们会逐渐理解和掌握音调的变化和节奏的规律。

其次，在合唱活动中，孩子们不仅可以学会与其他同伴共同合作，并且通过同时听到多个声音的交织，他们可以增强对于音乐中更为复杂的和声关系的感知能力。在合唱过程中，每个孩子都扮演着一个重要角色：有些孩子可能负责主旋律部分，在这个过程中需要准确地把握音高，而其他一些孩子则负责伴奏或和声部分。通过与其他声音进行协调配合，他们将能够更好地理解各种不同元素在整体乐曲中所起到的作用。

最后，在学前儿童歌唱教育中引入简单乐器也是发展听觉技能的有效方式之一。例如，在幼儿园里常见的击打类乐器如小鼓、钢片琴等，可以让孩子们通过自己创造出来的声音去感受节奏，并培养他们对于音乐韵律的感知。通过亲自操作乐器，孩子们将更加深入地理解声音产生的方式和如何控制它们。

学前儿童歌唱教育在发展孩子听觉技能方面影响深远。通过鼓励孩子参与歌唱和合唱活动，并引入简单乐器，可以提高他们对声音的敏感性。这些活动将为孩子们打下良好的基础，使他们在未来更好地理解和欣赏音乐。

（3）增强孩子们的表达能力：学前儿童通常还不能完全运用语言表达自己的内心世界。歌唱和合唱提供了一种非常有效的方式，让他们以一种无压力、愉快的形式将情感表达出来。通过演唱歌曲，孩子们可以被鼓励主动地表达自己，并用声音传递想法、情感和信息。

音乐是一种全球性的语言，它超越了文化和语言的界限。对学前儿童来说，尤其是那些还不具备流利沟通能力的孩子，音乐成了一个独特而有力的工具，帮助他们与世界建立连接并进行交流。

首先，学前儿童音乐教育通过歌唱和合唱活动培养了孩子们良好的发声技巧和呼吸控制能力。发声技巧是指如何正确运用声带、口腔等器官来产生清晰、响亮而准确的声音。这对于儿童在日常生活中与人交流以及在社交场合中能够清晰表达自己的想法和感受非常重要。通过音乐教育，学前儿童可以学习正确的发声和呼吸技巧，使他们能够在歌唱中掌握良好的口齿表达能力。

其次，音乐教育还提供了一个创造性的空间，让孩子们在其中自由地表达自己。学前儿童通常具有丰富而活跃的想象力，在这个阶段他们对世界充满了好奇心和探索欲望。通过歌唱、编曲以及其他形式的音乐创作活动，孩子们可以将自己独特的思维和感知方式转化为音乐作品，并将其与其他人分享。这不仅培养了他们的表演技能，还增强了他们对自我价值和创造力的认识。

再次，合唱活动是学前儿童音乐教育中一个重要组成部分。合唱是指一群人一起演唱同一首歌曲或进行集体呼喊等形式。通过参与合唱活动，孩子们可以体验到集体意识、团队协作以及相互依赖等价值观。他们学会了与他人合作，共同努力达成共同目标。这种集体性的音乐活动不仅有助于孩子们发展良好的社交技能，还培养了他们对集体荣誉和个体责任感的认识。

最后，学前儿童音乐教育通过歌曲中所传递的情感和信息帮助孩子们建立起自己与世界之间更加密切的联系。音乐是一种情绪表达方式，在听歌曲、演唱以及创作过程中，孩子们可以将自己内心深处的情感借由声音传达出来。这有助于他们更好地理解自己以及与周围环境产生情感共鸣，并从中获得心理上的满足感。

（4）促进社交技能：合唱活动是一个团队合作与协作的例证。在学前儿童阶段，通过参与集体演出、共同排练等活动，孩子们将学会倾听并与其他人互动，在团队中找到归属感并建立友谊。

学前儿童音乐教育在培养孩子的社交技能方面起到了积极的促进作用。首先，合唱活动为孩子们提供了一个与其他同龄人一起学习和表演音乐的机会。在合唱团中，孩子们需要一起排练歌曲，并协调各自的声部和节奏。通过这个过程，他们不仅学会了倾听其他人发出的声音，还需要根据指挥老师的指示进行相应调整。

其次，在集体演出时，每个孩子都扮演着不同角色、承担着不同责任。有些孩子可能是主唱或独奏者，而另一些孩子则是合唱团中辅助声部或伴奏者。每个角色都有自己独特而重要的贡献，在整个表演中相互依赖和协作。通过这个过程，孩子们不仅学会了倾听他人的声音，也明白了团队合作的重要性。

再次，在合唱活动中，孩子们还需要与其他同龄人互动。他们一起学习歌曲、排练动作，并尝试在舞台上展示自己。在这个过程中，孩子们会建立友谊和互助关系，彼此支持并共同成长。通过与其他人的互动，孩子们能够培养出倾听、尊重和理解他人的能力。

最后，一个成功的合唱活动不仅需要团队成员之间的相互理解和信任，还需要每个孩子积极参与其中，并为达到共同目标而努力奋斗。这种经历可以让孩子们感受到团队合作所带来的成就感，并激发出他们对于协同工作及集体目标达成方式有更深刻认识。

对学前儿童而言，歌唱或者合唱活动可以帮助孩子们更好地辨别音准，提高音准的表现。在歌唱中，儿童通过气息和发声，负面情绪得到宣泄，积极的情绪得以表达，使个人情绪得到更好的调节，也可以帮助儿童理解和谐整体的效果和意义，感受彼此的情感，形成情感共鸣。同时，在合唱中每个儿童都承担一定的责任，因此合唱活动还能增强个体的责任感。

（二）学前儿童歌唱和合唱教学策略

（1）选择适当年龄段相关且有趣的歌曲：对幼儿来说，选择适合他们年龄段的歌曲非常重要。这些歌曲应该具有简单易懂的旋律和歌词，并能引起他们的兴趣和好奇心。例如，可以选择与身体动作相结合的儿歌，或者包含简单故事情节并引发想象力的儿童歌曲。

幼儿时期是一个非常关键的阶段，在这个阶段，孩子们正在发展语言、认知、运动和情感等多方面。音乐作为一种强大而有影响力的工具，在幼儿教育中扮演着重要角色。因此，为了有效地促进幼儿全面发展，需要选择适合他们年龄段且有趣的音乐。

首先，幼儿学前阶段通常在2岁至6岁之间。在这个阶段，孩子们正在建立他们对世界认知能力和兴趣培养方面的基础。因此，需要选取旋律简单易懂、容易记忆并与实际生活经验相联系的歌曲，可以帮助幼儿更好地理解和掌握其中蕴含的信息，并能够通过重复学唱加深对内容的理解。

其次，适合幼儿年龄段的音乐应该具有引发他们兴趣和好奇心的特点。孩子们在这个阶段往往对新鲜事物充满好奇心，他们喜欢通过探索和互动来学习。因此，选择那些富有创意、活泼有趣且与他们生活相关联的音乐是非常重要的。例如，可以选择与身体动作相结合的儿歌，这种类型的歌曲能够促进幼儿学习基本动作技能，并增强他们对节奏感和空间感等方面的认知能力。

最后，在选择适当年龄段相关且有趣的音乐时，还应该考虑到激发幼儿想象力和创造力方面。孩子们在此阶段正处于高度敏感期，他们渴望通过自己独特而富有想象力的方式来表达自己。因此，在选取音乐时可以考虑那些包含简单故事情节的儿童歌曲，这样的音乐能够激发幼儿想象力和创造力，让他们可以通过歌曲中的故事情节来构建自己的世界。

综上所述，学前儿童音乐教育应选择适当年龄段相关且有趣的歌曲。这些歌曲应该具有简单易懂、容易记忆的旋律和歌词，并能引起幼儿兴趣和好奇心。选择与身体动作相结合或包含简单故事情节并引发想象力的儿童歌曲是非常合适的。通过精心挑选适合幼儿年龄段且有趣的音乐，我们可以有效地促进他们在语言、认知、运动和情感等方面全面发展，并为他们打下良好基础。

（2）创造积极、温馨和鼓舞人心的学习环境：在教学过程中，创建一个积极、温馨和鼓励性质的氛围对于幼儿学习是特别重要的。教育者应以友善、耐心和关注为导向，并使用奖励制度来激励孩子们继续参与音乐活动。

幼儿阶段是一个重要的发展时期，他们处于身体、认知和情感等方面的快速发展阶段。音乐作为一种艺术形式，不仅可以帮助孩子们发展音感、节奏感和创造力，还可以促进他们的社交能力、情绪管理以及表达自己的方式。

首先，教育者在课堂上应以友善、耐心和关注为导向。幼儿尚处于探索世界和自我认知阶段，他们需要得到成年人的理解与支持。在音乐课堂上，教育者应以平等和尊重为原则，与孩子们建立积极的关系。他们应该耐心倾听孩子们的想法和意见，并给予积极的反馈，鼓励他们表达自己。同时，教育者还应注重个体差异，发掘每个孩子独特的音乐天赋和潜力。

其次，在学前儿童音乐教育中使用奖励制度是激励幼儿参与音乐活动的一种有效方式。幼儿通常对获得奖励或被表扬产生积极回应，这可以促使他们更加主动地参与课堂活动。在音乐课堂上，教育者可以设立一些小型奖励机制，例如，颁发奖章、表扬信或小礼物给那些在课堂上表现出色或取得进步的孩子。这样做不仅能够提高孩子们参与学习活动的积极性，还能够增强他们对自身能力和成就感的认知。

再次，营造温馨的物理环境。使用明亮、温暖的色彩布置课室，可以营造出一种温馨、舒适的氛围。室内可以用各种乐器、艺术家表演的摄影作品、艺术家的肖像等烘托气氛，激发兴趣。课室里还可以增加绿植或花卉等自然元素，让儿童更容易感受到自然的美好，让他们能在进入这个环境时就能放松并获得舒适的感受。在教学的过程中，教师需要认真聆听孩子们的歌唱，主动感受孩子们的歌唱表现。主动倾听孩子们的想法，尊重他们的意见和建议，让孩子感受到自己的声音被重视。

最后，教育者在创造积极和鼓舞人心的学习环境时应注重个体差异。每个孩子都有不同程度的对音乐感兴趣或才华潜力。因此，在设计课程内容时，应灵活调整难度，并提供多样化的学习机会来满足不同幼儿群体的需求。

综上所述，在学前儿童音乐教育中创造积极、温馨和鼓舞人心的学习环境对于幼儿发展具有重要意义。通过以友善、耐心和关注为导向，并使用奖励制度来激励参与音乐活动以及创造温暖氛围，教育者可以帮助幼儿更好地发展音乐技能、情感表达以及社交能力，为他们的全面发展奠定坚实的基础。

（3）提供多样化且刺激性的活动：除了传统演唱外，还可以通过游戏、舞蹈或角色扮演等刺激性质的活动将音乐融入课堂。这样做不仅能够保持幼儿兴趣高涨，还有助于提高他们对音乐元素如节奏感知、旋律模仿以及舞台表演等技能的发展。

学前儿童音乐教育应提供多样化刺激性质的活动，以保持幼儿的兴趣，并促进他们对音乐元素的技能发展。除了传统演唱外，通过游戏、舞蹈或角色扮演等刺激性的活动将音乐融入课堂是一种有效的方法。

在学前阶段，儿童对于新事物有着天生的好奇心和探索欲望。因此，在教育幼儿时，应该利用这种特点来吸引他们参与音乐活动。传统演唱仍然是重要的一部分，但单纯地让幼儿坐下来唱歌可能无法引起他们持续的兴趣。因此，通过提供多样化且刺激性的活动可以帮助幼儿更好地参与并享受音乐教育。

游戏是一种非常受孩子喜爱和适合学龄前孩子之间互动交流的方式。在音乐课堂中加入游戏元素可以使幼儿更积极地投入，并从中学到很多有关节奏、旋律以及合作的技能。例如，可以通过手拍游戏教授幼儿基本的节奏感知和打击乐器的技巧。这样的活动不仅有趣，还能够让幼儿在玩耍中自然地学习。

舞蹈是另一个可以将音乐融入课堂的刺激性的活动。幼儿喜欢跳舞，并且对于音乐节奏有着天生的感觉和反应。通过舞蹈活动，幼儿可以更好地理解音乐中的旋律、节奏和情感表达，并将其转化为身体语言。此外，舞蹈也促进了幼儿协调性和空间意识等运动发展方面的技能。

角色扮演是一种鼓励创造力和想象力发展的活动形式。在音乐教育中引入角色扮演可以帮助幼儿更深入地理解音乐内容，并增强他们对于角色情感表达以及舞台表演等方面技能的培养。例如，在歌曲演唱时，孩子们可以扮演相应角色并模仿歌曲中所描述或诉说的内容。这样的活动不仅让幼儿更加投入，还能够增强他们的表达能力和合作意识。

通过提供多样化且刺激性的活动，学前儿童音乐教育可以保持幼儿的兴趣，并有助于促进他们对音乐元素如节奏感知、旋律模仿以及舞台表演等技能的发展。教育者应该根据幼儿发展特点和兴趣，巧妙地将这些活动融入日常课程。在创造性和愉快的环境中进行音乐培养不仅会激发幼儿对音乐和表演艺术的热爱，还会促进他们终身学习和欣赏音乐的能力。

（4）引导和鼓励孩子们自由表达：在教学过程中，教育者应该鼓励孩子们用他们自己的方式去诠释音乐。这可以通过让幼儿进行即兴创作、编写歌词或设计简单的舞蹈等方式实现。这不仅有助于增强学前儿童对音乐的理解，还能促进他们发展独立思考和创造力。

随着社会的进步和经济的发展，人们对学前儿童教育给予了更多关注。其中，音乐教育被认为是培养幼儿全面发展所必不可少的一部分。然而，在传统的音乐教育中，往往过于强调技术性指导和规范化训练，而忽视了幼儿自由表达个体感受和情感表达。

在学前阶段，孩子正处于认知、情感以及身体能力快速发展的阶段。他们对周围环境和事物都充满好奇心，并且拥有丰富多样的想象力。因此，在音乐教育中引导幼儿自由表达非常重要。首先，教育者应该鼓励孩子们用他们自己的方式去诠释音乐。这意味着，教育者需要尊重每个孩子的独特性和创造力，并提供一个开放的学习环境，让他们感受到对音乐表达的自由。

一种实现这一目标的方法是通过即兴创作。给予幼儿机会进行即兴演奏或歌唱，可以激发他们内在的音乐能力并培养创造力。例如，在音乐课堂上，可以为孩子提供各种各样的简单乐器，并引导他们根据个人感受来进行演奏。这不仅有助于增强学前儿童对节奏、旋律和声音变化等基本元素的理解，还能培养他们对于表达情感和创造性思维发展。

除了即兴创作外，编写歌词也是培养幼儿自由表达能力的有效方法之一。

在编写歌词过程中，孩子可以将自己内心世界中所想所感以及体验到的事物转化成文字，并通过演唱来表达自己的感情。这不仅可以锻炼幼儿的语言表达能力，还能培养他们对音乐与词语之间的联系和理解。

此外，设计简单舞蹈也是促进幼儿自由表达和创造力发展的一种方式。通过设计舞蹈动作，孩子们可以将音乐节奏、旋律以及歌词中所传递的情感通过身体语言来展现。这不仅能够增强他们对音乐节奏和韵律感的理解，还有助于发展他们在空间感知、协调性以及创造性思维方面的技能。

因此，在学前儿童音乐教育中，教育者应该注重引导和鼓励孩子们自由表达。通过即兴创作、编写歌词或设计简单舞蹈等方式实现这一目标，可以增强学前儿童对音乐的理解，并促进他们发展独立思考和创造力。同时，为了有效实施这些活动，角色中教育者起着至关重要的作用：提供积极支持和鼓励、观察并了解每个孩子的特点并根据他们的需求调整教学方法。

第三节 学前儿童舞蹈律动与艺术表现

一个人非常高兴和兴奋的状态，是其身心愉悦的情感表现，人就会情不自禁地手舞足蹈。舞蹈是一种通过人体动作、形态、节奏和空间关系来表现情感、思想和故事的艺术形式。它包含了音乐、视觉、肢体语言等多种元素。舞蹈作为一种古老的艺术形式，起源于人类对生活的表现和对自然的崇拜。舞蹈的本质在于它的动态美、表现力和情感传递。舞蹈作品通过舞者的身体语言，将内在的情感和思想表现出来，给人们带来美的享受和心灵的触动。通过参与舞蹈活动，幼儿可以培养自己的艺术欣赏能力，并激发他们内心深处独特而丰富的创造力。学前教育是孩子成长过程中至关重要的一部分，在这个阶段，舞蹈和身体表达被广泛认为是促进孩子综合发展的有效工具。本节将探讨学前儿童舞蹈和身体表达的重要性以及它们对儿童智力、情感、社交和运动技能发展的积极影响。

一、舞蹈和身体表达在学前儿童教育中的价值

学前儿童阶段是大脑发展最快速、最关键的时期之一。通过参与各种形式

的舞蹈活动，幼儿可以积极锻炼大脑，促进神经系统发育，并增强身心健康。学前儿童正在积极开发自己的运动技能和身体意识，舞蹈活动可以帮助幼儿认识自己的身体部位、掌握基本的运动技巧，并提高他们的协调性和平衡感。

（一）提高协调性和灵活性

舞蹈可以帮助学前儿童提高协调性和灵活性。通过跳跃、转动、伸展等动作，孩子们可以锻炼他们的肌肉群，并培养良好的姿势和平衡感。这不仅对于孩子日常生活中运动技能的发展非常重要，还有助于他们在其他领域如写字、绘画等方面更加细致入微地控制手部运动。舞蹈活动还是一种很好的锻炼形式，可以帮助儿童锻炼身体、增强体质。通过舞蹈训练，儿童可以提高身体的柔韧性和协调性，从而有助于身体发育。

（二）增强创造力与想象力

在舞蹈的过程中，孩子可以通过创造出新颖且独特的动作来表达自己。学前儿童舞蹈可以鼓励孩子们发挥自己的想象力，通过身体语言来表达内心的感受和情绪。这种创造性的表达可以激发孩子的创造力，并帮助他们培养艺术欣赏能力。

（三）情感的宣泄和表达

舞蹈是一种通过身体或肢体的表演来宣泄和表达情感的艺术形式。通过舞蹈，孩子们可以把内心的喜悦、兴奋等情感通过肢体动作和舞蹈表现出来，使他们在舞蹈学习中感受到愉悦和快乐。在儿童舞蹈教育中，通过身体语言和情感表现能够带动其他孩子产生情感共鸣。当一个孩子充满热情地跳舞时，周围的孩子们也会被感染，引发情感共鸣。

（四）促进社交技能

在学前儿童舞蹈课程中，孩子们通常需要与其他同龄人一起合作和互动。这种集体活动可以促进他们的社交技能和团队合作意识。通过共同学习和演出，孩子们不仅可以培养友谊，学会与人沟通交流，增进彼此的了解，还能够了解并尊重不同个体之间的差异。

（五）提高注意力与专注度

舞蹈需要孩子集中精神并准确地执行各种身体动作。通过参与学前儿童舞蹈学习活动，可以锻炼儿童大脑对身体的控制，进而提高孩子们的注意力与专注度，并提高解决问题、集中思考等认知技能。这对于他们今后学习其他领域也会带来积极影响。

（六）增强自信心

当儿童通过舞蹈表现情感时，他们更容易投入舞蹈表现之中，并在表现的过程中获得成就感和自信心并对他们的人生观和价值观产生积极影响。给予儿童一个展示自己才华和成就感的机会是非常重要的，这将有助于增强他们的自信心，提高对自己能力的认同感。

学前儿童舞蹈和身体表达对于孩子的全面发展具有重要意义。它不仅促进了身体素质和协调性的发展，还培养了创造力、社交技能、注意力和专注度等认知能力。此外，通过参与舞蹈活动，孩子们也会建立起良好的自信心和自尊感。因此，在教育领域中应该更加重视并鼓励学前儿童参与舞蹈课程及身体表达活动。

二、学前儿童舞蹈教学的基本原则

学前儿童舞蹈教育是指针对3岁至6岁年龄段的幼儿进行的舞蹈教育和培训。在这个关键阶段，幼儿正处于身体和认知发展的关键时期，因此，正确而有效地进行舞蹈教学对他们综合能力的培养具有重要意义。

（一）以身体发展为基础

学前儿童正处于身体发育的关键时期，舞蹈教育应以孩子们的身体发展为基础，进行适度的舞蹈训练。要注重培养孩子们的柔韧性、协调性、力量和平衡感，避免过度训练导致孩子们的身体负担过重。此外，学前儿童的身体和认知发展水平有限，他们对于舞蹈的理解和表达能力还不够成熟。因此，在舞蹈教学中，需要注重幼儿的个体差异，并根据他们的实际情况量身定制教学内容和方式。在教学过程中，要将注意力集中在培养幼儿良好的动作基本功上，并通过简单易懂的语言和动作示范帮助他们理解舞蹈动作要领。

（二）注重舞蹈的趣味性

学前儿童的注意力和兴趣容易分散，因此在舞蹈教育中要注重趣味性。可以渗透有趣的游戏、童谣、故事等元素，激发孩子们对舞蹈的兴趣，使他们在愉快的氛围中学习舞蹈。游戏是幼儿最主要和自然的活动方式之一，也是他们获取新知识和技能最有效且愉悦的途径。在舞蹈教学中，以游戏为核心可以激发幼儿积极参与、主动探索和创造，提高他们对舞蹈活动的兴趣。通过吸引他们玩耍并参与角色扮演等互动活动，可以增强幼儿对音乐、节奏感等元素的理解，并提升他们在空间中移动和协调性方面的能力。

（三）关注情感与创造力教育

在学前儿童舞蹈教育中，教师和家长除了关注孩子们的舞蹈技能发展外，还应关注情感与创造力教育。要引导孩子们在舞蹈中表达自己的情感，学会与他人沟通和交流，培养他们的同理心和团队精神。在舞蹈教学中，应关注培养幼儿情感表达能力和创造思维。通过鼓励幼儿自由表达情感，并提供一些开放性任务或问题激发他们的思考与创造能力，可以促进其审美意识和想象力的发展。同时，在舞蹈活动中营造积极愉悦、轻松自由且富有挑战性的氛围也是必不可少的。

（四）合理安排课程时间与形式

由于幼儿年龄较小且注意力集中时间短暂，课程时间与形式的安排应合理。一般而言，每节课的时间不宜过长，最好控制在30分钟左右，并设置适当的休息时间。此外，要注意在舞蹈学习过程中，可以穿插同伴间的互相欣赏、音乐聆听、互动游戏等调节幼儿的学习状态，让幼儿在舞蹈学习的过程中不断获得不同方式的刺激，进而更好地调节学习的节奏，让舞蹈学习更活泼和有趣。

（五）家园合作

学前儿童舞蹈教学需要与家庭积极配合。教师应积极与家长沟通交流，了解幼儿的特点和需求，并向其提供相应指导和建议。同时，鼓励家长在日常生活中给予孩子更多机会接触音乐和舞蹈，并提供支持与鼓励。尤其需要鼓励家长对幼儿的舞蹈行为给予观察和关注，鼓励并用欣赏的眼光看待幼儿自发性"舞蹈"和动作表达兴奋、开心、沮丧等情绪，并给予幼儿舞蹈表现的空间和机会。可能的情况下，家长也可以试着配合幼儿的这些舞蹈游戏，培养情感交流的机会，增进亲子关系。家长要确保儿童活动的场地有一定的空间，以降低摔倒或磕碰等安全风险。家长还可以在家中播放一些有利于激发儿童舞蹈表现的音乐，鼓励孩子在家中进行舞蹈练习，培养孩子对舞蹈的热爱。

学前儿童舞蹈教育是一个综合性的过程，在培养幼儿身体素质、感知能力以及情感表达方面发挥着重要作用。因此，在进行这项教育时必须坚持以上五个基本原则：以身体发展为基础，注重舞蹈的趣味性，关注情感与创造力教育，合理安排课程时间与形式，并加强家园合作，最大限度地激发幼儿的兴趣和动力，提高他们的学习效果，并在舞蹈教育中取得良好的成果。

三、学前儿童舞蹈动作和编排的训练

舞蹈对学前儿童而言是一种极具益处和受欢迎的艺术形式。通过学习舞蹈，孩子们能够发展身体协调性、灵活性、节奏感和创造力。而动作和编排训练是培养儿童在舞台上表现出色所必不可少的要素。接下来，我们将探讨如何进行学前儿童舞蹈动作和编排的训练的问题。

（一）设定明确的目标

在学前儿童教育中，舞蹈和身体表达训练是非常重要的一部分。在开始这项训练之前，确立明确的目标对于孩子们的发展至关重要。这些目标可以包括技术方面和表演方面，帮助孩子们改善姿势、增加柔韧性，并提高他们的表情和肢体语言能力。通过设定明确的目标，不仅可以帮助教师制订合适的课程计划，还可以激发孩子们学习舞蹈的动力。

（1）在确定孩子想要达到什么样的目标之前，需要了解每个孩子个体之间存在着差异。每个孩子都有自己独特的兴趣、需求和能力水平。因此，在舞蹈和身体表达训练中，应该采用以小组为基础或个人化指导方式来满足每个孩子的特殊需求。

（2）在技术方面，确定具体技巧上需要改善是非常重要的。例如，在舞蹈训练中可能需要关注姿势是否正确、柔韧性是否足够等问题。通过设定明确的技术目标，教师可以根据每个孩子的能力制订相应的训练计划。这不仅有助于提高孩子们在舞蹈方面的技巧，还能够增加他们对自己进步的认可感。

（3）安全为先。在进行舞蹈尤其是基本功练习时，首先要重视孩子的安全。确保训练场地安全，避免滑倒等意外。在进行柔韧性和力量训练时，要注意力度和范围，避免过度拉伸和训练，防止孩子受伤。此外，在进行舞蹈基本功训练之前，要让孩子进行充分的热身运动，提高身体温度，预防运动损伤。训练结束后，进行适当的放松和拉伸运动，帮助孩子恢复体力，避免肌肉疼痛和紧张。

（4）在表演方面设定明确目标同样十分重要。舞蹈不仅仅是技术上的动作,更需要通过表情和肢体语言来传达情感和故事。因此,在学前儿童教育中,需要引导孩子们学习如何运用自己的身体表达内心世界。设立明确目标可以帮助孩子们意识到他们在舞蹈中要表达出何种情感,并激发他们尝试新方法来展示自己。

(5)除了针对技术和表演方面设立目标外,还应该鼓励孩子发展其他重要素质。例如,培养团队合作精神、提高集中注意力以及增强自信心等都是学前儿童教育中非常重要的目标。通过将这些目标与舞蹈训练结合起来,创造一个能提高孩子身心能力的环境。

教师在制订课程计划时,应根据孩子们的目标来设计适合他们的活动和练习。这些活动可以包括技术性的训练,如基本舞步、柔韧性训练等,也可以包括创造性表达的活动,如角色扮演、自由舞蹈等。通过根据孩子们的目标来选择合适的课程内容,能够更好地激发他们对学习舞蹈的兴趣和动力。

总而言之,在学前儿童教育中设立明确目标对于提高孩子在舞蹈和身体表达方面的能力是至关重要的。这些目标不仅有助于教师制订合适的课程计划,还可以激发孩子们对学习舞蹈更强烈的动力。通过设立明确目标并结合相应训练与活动,为孩子提供一个全面发展身心能力的机会,并培养他们积极参与团队合作、增强集中注意力以及树立自信心等重要素质。

(二)学前儿童舞蹈的基本功的具体内容

学前儿童舞蹈练习的基本功包括柔韧性、协调性、节奏感、平衡、动作准确性、表现力、舞蹈记忆力、舞蹈创造力等。科学的舞蹈基本功学习和练习有助于孩子全身肌肉的锻炼,促进骨骼和关节的发育,改善孩子的身体素质。通过舞蹈练习,孩子的身体协调性、平衡感和柔韧度都能得到很好的提高。学习舞蹈能够培养孩子对音乐、舞蹈和艺术的感知能力和欣赏能力,提高孩子的艺术修养。而科学的舞蹈基本功练习还可以帮助孩子学会通过身体语言和肢体动作来更好地表达情感,增强自我表现力。通过不断的练习和进步,孩子能够在舞蹈学习中体验到成功的喜悦,这有助于增强孩子的自信心。舞蹈练习需要孩子集中注意力,记住各种舞蹈动作和组合。这有助于提高孩子的注意力和记忆力,对孩子在其他学科学习方面也有积极的影响。最后,任何基本功的学习和练习,都需要长时间的坚持和努力。通过舞蹈练习,孩子可以学会面对困难和挫折,培养自己的毅力和自律精神。

(1)身体柔韧性:学习舞蹈需要具备一定的身体柔韧度。通过练习拉伸等训练,可以提高孩子的关节柔韧性和肌肉伸展度,使身体更加灵活。

（2）身体协调性：舞蹈需要身体各部位协调配合，通过各种基本动作的练习，如手脚协调、上下身协调等，提高孩子的身体协调能力。

（3）节奏感：舞蹈离不开节奏，培养孩子的节奏感对于学习舞蹈非常重要。可以通过敲击、拍手、跳跃等方式，让孩子感受音乐节奏。

（4）身体平衡：学习舞蹈需要具备良好的身体平衡能力。通过站立、跳跃等练习，提高孩子的身体稳定性和平衡感。

（5）肢体动作准确性：舞蹈动作要求具有一定的准确性。教授孩子基本的舞蹈动作，如踢腿、转身、跳跃等，使孩子能够越来越准确地完成动作。

（6）舞蹈表现力：舞蹈不仅仅是身体动作的展示，还需要表现情感。通过学习表情、肢体语言等，培养孩子的舞蹈表现力。

（7）舞蹈记忆力：学习舞蹈需要记住各种舞蹈动作和组合。通过反复练习，培养孩子的舞蹈记忆力。

（8）舞蹈创造力：鼓励孩子尝试创作自己的舞蹈动作和组合，培养孩子的舞蹈创造力。

（三）注意基本技巧

学前儿童的舞蹈教育是其舞蹈和肢体表现力发展的关键奠基时期，此阶段对于儿童掌握基本的舞蹈与肢体表达技能具有重要的启蒙作用。这些基础技能涵盖了正确的站立姿势、步伐运用、手臂及头部的动作等方面，它们不仅深远地影响着儿童的舞蹈表现力，更对儿童的全面健康成长具有其他活动难以比拟的价值与意义。因此，教师务必重视并确保儿童能够有效学习并掌握这些基础技能。

（1）正确的站立姿势训练构成了儿童发展良好身体姿态与肢体协调性的基石。通过恰当的站立方式，儿童能够维持良好的平衡状态，进而在日常生活中展现出更高的稳定性与自信心。在此过程中，教师应通过示范与指导，协助儿童理解并采纳正确的站立姿势。

（2）步伐技能是儿童参与各类活动不可或缺的组成部分。无论是日常行走还是参与体育活动，都需要具备良好的步伐协调性。通过教授儿童如何迈出稳健有力的步伐，教师能够助力其形成良好习惯，并提升其整体体能水平。

（3）手臂与头部的动作控制同样构成了基础技能中不可或缺的一环。正确的手臂与头部动作对于儿童完成日常生活中的各项任务（如抓取物品、书写等）至关重要。通过指导儿童正确运用手臂与头部的动作，教师能够促进其精细肌肉的发展，并培养良好的身体协调性。

针对学前儿童而言，为有效帮助其掌握这些基础技能，教师的直观示范无疑是最直接的手段之一。通过结合直观的示范与有针对性的个别辅导，可以显著提升教学的实效性。在示范过程中，合理地将连贯动作与分解动作相结合至关重要。同时，在每节课中复习并强化之前学过的内容，通过设计富有游戏性的教学活动，帮助儿童将基础技能提升至更加熟练的水平，同样具有重要意义。当儿童在游戏化的学习过程中掌握并应用这些技能时，不仅技能水平得到提升，其意志力也得到了良好的锻炼。

此外，在学前儿童教育中，还需关注诸多其他重要方面，如语言发展、社交互动、认知能力等，这些都是必须重视并努力提升的领域。然而，在引导儿童学习任何复杂或高级技能之前，确保其牢固掌握基础技能应被视为首要任务。当儿童具备了坚实的基础，他们在面对更为复杂的挑战时，才能展现出更加流畅与自然的应对能力。

总结而言，学前儿童教育中的基本技巧是至关重要且必须牢固掌握的基石。正确的站姿、步伐、手臂和头部动作等都是孩子们日常生活中不可或缺的一部分。通过示范和指导，教师可以帮助孩子们理解并运用这些技巧，并在每堂课中进行复习和强化。确保孩子们掌握这些基本技巧，为他们未来的学习和发展奠定坚实基础。

（四）引入创意元素

学前儿童舞蹈应该注重培养孩子们的创造力和自由表达的能力。在动作和编排训练中，教师可以引入一些创意元素，例如，让孩子们自己设计一组动作或编写一个简单的舞蹈剧情。通过鼓励孩子们发挥想象力，他们将更有可能展现出真正独特且令人难以置信的舞蹈表演，同时还能促进他们解决问题的能力与创新思维能力的发展。

（1）在学前儿童舞蹈中，孩子们通过各种动作、姿势和步伐来进行舞蹈表演。这些动作需要孩子根据音乐节奏进行配合，并按照指导者或教练员给出的指令进行正确的操作。通过这样反复练习和模仿，孩子会逐渐培养出对音乐、艺术以及空间感知等方面敏锐观察和感受能力。

（2）在学前儿童舞蹈活动中，鼓励和提倡创作是非常重要的。孩子们可以通过自由舞蹈，即使是在没有具体指导的情况下，也能够表达自己内心的感受和想法。从动作、姿态到表情，他们可以尽情地展示自己独一无二的风格。

（3）在学前儿童舞蹈中，培养孩子们的团队合作意识也是非常重要的一环。舞蹈演出通常需要多人同步完成各种动作，在集体演出中每个人都扮演着不可或缺的角色,并且需要相互配合以保持整体效果。通过与其他小伙伴一起排练和演出,孩子们学会了沟通、尊重并建立友谊关系。这些团队合作经验对于日后学习和工作也大有裨益。

(4)在学前儿童舞蹈活动中注重肢体语言和面部表情等方面的训练,有助于孩子们更好地理解和表达自己的情感。舞蹈是一种非常富有情感表达力的艺术形式,孩子们通过舞蹈可以学会更好地控制和表达自己的情绪,并且从中获得身心上的放松与愉悦。

在舞蹈动作和编排训练中引入创意元素有助于激发孩子的想象力。这将使他们从传统舞蹈技巧中走出来,并开始探索新颖而独特的方式来表达自己。例如,在设计一组动作时,教师可以给予学生较大程度上的选择权利,以便他们根据个人喜好和天赋进行设计。这样做不仅给予了学生更多主导权,同时也为其提供了一个实现自我想法和成就感的机会。

(五)分阶段训练

学前儿童舞蹈作为一种培养孩子们身体素质和艺术表达能力的活动,在分阶段训练方面有其独特的需求。由于学前儿童的身体发育程度不同,他们在灵活性、协调性和技能水平等方面存在差异。因此,需要根据孩子们的个体差异来进行分阶段训练。

在初级阶段,应该更注重基本技能和灵活性的培养。对年龄较小、身体发育相对较低的学前儿童来说,柔韧性训练是至关重要的。这可以通过伸展运动、简单舞蹈动作和轻松愉快的游戏来实现。柔韧性训练有助于增加孩子们身体部位的可伸展程度,并改善他们对各种舞蹈动作所需肌肉群的控制。

除了柔韧性训练外,在初级阶段还应注重简单动作组合的教授。通过教授一些基础动作,如步伐、手臂姿势等,并将它们组合成简单而有趣的序列,可以培养学前儿童对舞蹈基本节奏和动作的认识。此外,初级阶段还可以引入一些简单的舞蹈技巧,如转圈、跳跃等。这些训练旨在提高孩子们的协调性和对基本动作技巧的掌握程度。

随着学前儿童身体发育水平的提高,他们可以进入高级阶段进行更具挑战性的训练。在这个阶段,可以引入更复杂和具有挑战性的舞蹈技巧和动作。例如,在柔韧性方面,可以教授一些更具挑战性的伸展运动或体位练习;在协调性方面,则可使用复杂而快节奏的音乐,并教授一些需要准确掌握的时机和节拍感才能完成的舞蹈动作。

此外,在高级阶段还可以引入跳跃、转体等更具冒险精神和表现力要求较高的技巧。这将帮助学前儿童进一步发展他们在空间感知、身体平衡以及表演能力方面的潜力。与此同时，逐渐增加动作的复杂性和难度，会提高儿童舞蹈表现的观赏性，从而更容易获得关注和肯定，进而增强他们对学习舞蹈兴趣的外部动机。

除了分阶段训练外，还应该注重学前儿童舞蹈教育中的安全性和健康性。在任何时候都要确保孩子们参与活动时没有风险，并提供适当的指导和支持。

（六）配合音乐

音乐在学前儿童舞蹈中扮演着不可或缺的角色。音乐能够通过节奏明快、简单易懂且具有活力的曲调，帮助教师选择适合儿童舞蹈的背景音乐。通过与音乐配合，孩子们能够更好地感受和理解舞蹈动作，从而提高他们在舞台上的表现能力。如何进行舞蹈配合音乐的训练呢？

（1）教师需要根据幼儿年龄段和舞蹈主题来选择适合的音乐。对年龄较小、刚接触舞蹈的幼儿来说，应该选择简单而明快的曲调，如流行歌曲中常见的轻快节奏以及钢琴或打击乐器演奏出来的简单旋律。这样可以让幼儿更容易跟随节拍，理解并执行相应动作。

（2）在培养孩子对音乐和节奏感知能力方面也是十分重要的。教师可以与孩子一起进行一些简单又有趣味性质的活动来提高他们对音乐的感知能力，例如，教唱简单歌曲、击打鼓点出节奏、教孩子体验不同音符的长短等。

（3）通过编排舞蹈动作与音乐节奏相匹配也是非常重要的一步。在编排过程中，教师需要仔细分析音乐的节拍和旋律，并结合幼儿能够进行完成的动作来进行安排。例如，当音乐节奏较快时，可以选择一些快速而流畅的舞步，而在缓慢柔美或抒情性质较强时，则可以选择一些优雅轻盈又展现情感的舞蹈动作。

（4）在训练过程中，教师应该注重反复练习和巩固记忆。通过反复跳跃、摇摆、转身等基本舞蹈动作来加深孩子对于特定曲调下具体舞蹈步骤及出场顺序等方面内容的记忆。同时，在培养幼儿注意力集中能力以及听觉训练方面，可以通过一些游戏和互动的方式来进行，如"跟着音乐走""模仿舞蹈动作"等。

学前儿童舞蹈中的音乐配合训练对于孩子们的成长和表演能力提高至关重要。教师在选择适合儿童舞蹈的音乐时需要考虑幼儿特点、年龄段以及主题需求。通过与音乐相配合，并结合相应的培养活动和编排技巧训练使幼儿在舞台上更好地表现出自己。

（七）重视团队合作

学前儿童舞蹈是一门有助于培养孩子个人技巧和团队合作能力的艺术形

式。在编排训练时，教师可以设计一些组合动作或小团体表演来鼓励孩子们互相协作和配合。这种团队精神将促进学生之间的友谊和信任，并增强他们在集体演出中的整体效果。接下来将探讨学前儿童舞蹈如何进行团队合作的训练。

（1）教师可以利用编排训练来培养孩子们的协调性和配合能力。通过设计一些需要多个孩子同时完成的组合动作，可以激发孩子们共同努力完成任务的动机。例如，在一个舞蹈片段中，教师可以要求几个孩子同时进行跳跃动作，并要求他们保持统一节奏和动作幅度。这样的训练不仅锻炼了每个孩子的自身技巧，还要求他们相互观察、沟通与配合。

（2）教师还可以设计小团体表演来促进学生之间更紧密的互动与合作。通过分组让孩子们一起合作编排短小的舞蹈作品，可以培养他们在团队中的责任感和信任度。例如，教师可以让孩子们分成不同小组，每个小组负责编排并表演一支自己喜欢的节奏感强烈的舞蹈。在这个过程中，孩子们需要相互协商、分工合作，并且信任彼此完成自己分内的任务。

（3）在学前儿童舞蹈团队合作训练中，教师还可以提倡相互扶持与鼓励。当一个孩子面对挑战时，在其他孩子给予支持与鼓励下会更加勇敢地面对问题并解决它们。因此，在编排训练中，教师应该注重创造积极向上和支持性的氛围。例如，在一个表演过程中出现错误或失误时，教师应该引导其他学生以鼓励为主，并共同寻找解决方案。

（4）在集体演出中，学生之间的团队合作将得到进一步的锻炼。通过整体排练和集中训练，孩子们在舞台上需要密切配合并保持统一动作和表现。这就要求他们具备良好的沟通能力、耐心与合作精神，并愿意为团队付出努力。

此外，在训练过程中教师还应提倡相互扶持与鼓励，并创建积极向上和支持性氛围。通过这样的训练方式，在学前儿童舞蹈领域培养出有技巧且懂得如何成为一个优秀团队成员的孩子们。

学前儿童舞蹈动作和编排训练对于培养孩子们身体协调性、灵活性、节奏感和创造力至关重要。通过设定明确目标、注意基本技巧、引入创意元素以及分阶段训练等方法，教师能够有效地指导和激励学生在舞台上展现出色。能够帮助孩子们发展出色的舞蹈技巧，并为他们打下良好的舞台表演基础。

第四节 学前儿童乐器认识与演奏表现

乐器演奏是音乐教育里的一个重要的内容，乐器演奏是通过各种乐器将音乐创意、情感和技巧相结合，表现出音乐的美感和内涵。乐器演奏是将音乐创意转化为声音的过程，演奏者通过演奏乐器，使音乐表现成为具有独特个性和风格的艺术作品。同时，演奏者还可以通过自己的演奏风格和技巧，将个人对音乐作品的理解和感受传递给听众。乐器演奏是技巧与艺术相结合的过程。演奏者需要掌握各种演奏技巧，才能更好地把音乐的美感、内涵和自己的理解和表达传递给听众。

一、学前儿童参与乐器演奏的益处

在幼儿园音乐教育中，选择适合孩子们的乐器非常重要。打击乐器是最适合幼儿园音乐教育的乐器之一，因为它们容易上手且易于操作。常见的打击乐器包括手鼓、铃鼓、木琴、三角铁等。这些乐器能够帮助孩子们培养节奏感和协调能力。另外，虽然一些弦乐器可能对幼儿来说稍显复杂，但有些小型弦乐器如乌克丽丽适合幼儿园音乐教育。乌克丽丽体积小巧，音色明亮，孩子们可以在学习过程中培养音乐技巧和音感。一些键盘乐器如小型电子琴、口琴（非吹奏口琴）等也适合幼儿园音乐教育。这些乐器可以帮助孩子们学习音阶、和声等基本音乐知识，培养音乐素养。还有一些简单的吹奏乐器如竖笛、葫芦丝等可以用于幼儿园音乐教育。这些乐器能够锻炼孩子们的呼吸控制能力和音感。此外，除了上述专业乐器外，幼儿园音乐教育还可以使用一些简易乐器，如沙槌、铃铛、摇摆鼓等。这些乐器容易制作和操作，能够激发孩子们的兴趣和创造力。在选择幼儿园音乐教育乐器时，教师应考虑孩子的年龄、兴趣和能力，选择适合他们的乐器。同时，注重培养孩子们的音乐兴趣和乐器操作技能，让他们在愉快的氛围中学习和成长。

（一）提高学前儿童的协调能力

随着社会的进步和人们对教育的重视程度不断提高，越来越多的家长开始关注孩子在学龄前阶段接触音乐乐器演奏的好处。事实上，学前儿童演奏乐器对于他们身体协调性和控制能力的培养有着重要意义。接下来将从手指运动、手眼配合两方面来探讨这种活动对学前儿童精细运动技能发展以及大脑发育方面所起到的积极作用。

首先，学习演奏乐器可以帮助孩子培养并加强他们的手指运动能力。不同类型的乐器都需要特定于其所需技巧而进行复杂而精确且独特样式与方式之间转换快速灵活地使用手指。[1]例如，在钢琴上弹奏时需要迅速准确地按压键盘上相应位置，并保持稳定的力度和速度。在吹奏乐器时，孩子们需要掌握正确的手指位置以及如何在特定音符上做出准确而精细的变化来控制音色和音高。

通过这样的手指运动训练，学前儿童可以逐渐提高他们的手指灵活性、协调性和精确性。他们需要学会快速反应并有效地运用手指来完成复杂而紧凑的动作。这对于孩子们日后进行其他活动，例如，书写、打字、绘画等都有着非常积极的影响。而且，在学习演奏乐器过程中获得良好的手指控制能力还有助于缓解与笔迹不清或书写困难相关联的问题。

另外，演奏乐器也要求孩子具备良好的手眼配合能力。通过观察视觉信号并将其转化为相应肢体行为回应是一种复杂但至关重要的技能。当学前儿童演奏乐器时，他们需同时注意到他们所看到和听到的信息，并将其转化为准确而协调灵敏的身体运动。

例如，在弹钢琴时，孩子不仅需要观察乐谱上的音符，还要注意到自己手指在键盘上的位置。他们必须通过视觉和感知信息来准确地定位并按下正确的键。这种手眼配合训练对于学前儿童发展空间想象力、处理多个任务以及提高反应速度都有着显著影响。

此外，学习演奏乐器还可以促进学前儿童大脑发育。近年来，研究表明音乐活动与大脑结构和功能之间存在密切关系。演奏乐器时涉及多个感官通道以及认知和运动控制区域的协调工作，这将对大脑进行全面而综合性的锻炼。

例如，在进行弹琴时，孩子需要同时参与听觉、视觉、运动等多种神经系统功能，以建立并加强不同区域之间的神经连接。这样的综合训练有助于提升孩子们在认知、记忆、语言等方面的能力，并对他们更深层次思考问题和解决问题的能力也有积极的影响。

总结起来，学前儿童演奏乐器是一项非常有益的活动，它可以帮助孩子们发展他们的身体协调性和控制能力。通过手指运动和手眼配合的训练，学前儿童可以提高他们的精细运动技能，并对书写、绘画等日常活动有所裨益。

---

1 蔡丹梅.遇见融合，与爱同行——融合教育视角下的幼儿园教育[J].教育界,2023(19):11—13.

此外，这种活动还对学前儿童的大脑发育有积极影响，促进了他们在认知、记忆、语言等方面的成长。因此，在教育中加强学前儿童接触音乐乐器演奏是非常重要且值得推广的。

（二）培养学前儿童的耐心和专注力

在当代社会中，越来越多的家长开始意识到早期教育对于孩子们发展的重要性。在这个背景下，许多家庭选择让他们的孩子接触音乐教育，并鼓励他们学习乐器。这是因为研究表明，学前儿童通过学习乐器可以培养他们的耐心和毅力。

首先，学前儿童通过练习音符、节奏和演奏技巧等方面来掌握一种新的技能。这需要他们花费大量时间和精力来反复练习，并逐渐提高自己在演奏上的水平。然而，在此过程中可能会遇到困难或挫折，例如，不能正确地弹奏某个音符或无法保持正确的节奏感。因此，为了克服这些困难并取得进步，孩子们必须培养起坚持不懈和耐心的品质。

其次，学习乐器需要学前儿童集中注意力。在练习过程中，他们需要集中精力听音、分析节奏并用正确的姿势演奏。这种要求帮助孩子们培养起对细节的关注，并提高他们的专注力。而且，在音乐表演或参加比赛时，孩子们必须保持全神贯注地弹奏，并与其他音乐家协同合作。

再次，学前儿童通过学习乐器也能够培养出创造性思维和自我表达能力。当他们开始掌握一种新的技能时，会发现可以通过不同的方式进行创作和演绎。例如，在弹奏钢琴时可以尝试改编曲目或即兴创作音符。这种创造性思维将有助于开发学前儿童在其他领域中解决问题、想象未来以及展示独特才华所需的技能。

最后，同样重要的是，通过学习一种新的技能如演奏某种乐器，学前儿童可以建立起自信心与自尊心。当他们经过反复训练并展示自己的成果时，他们会感受到自己的成长和进步。这种积极的体验将激发他们继续努力学习并追求其他目标的动力。因此，对学前儿童健康全面发展来说，音乐教育是至关重要且值得推广的一部分。

（三）培养团队合作意识和沟通技巧

在学龄之前，孩子们的大脑正在迅速发展和成长。他们处于一个非常关键的阶段，在这个阶段，他们开始学习语言、社交技巧以及与人沟通和合作的能力。乐器合奏或团队表演就是一种极好的方式。适合幼儿学习的乐器往往具有一定的局限性，这使幼儿的乐器演奏容易显得单调。然而团队合作演奏乐器可以增强演奏的效果，这可以激励儿童更积极地投入团队的合作，进而培养孩子的团队合作意识与沟通技巧。

首先，通过参与乐器合奏或团队表演，孩子们能够学会如何在一个集体中协调自己的行动。在这个过程中，每个人都有自己独特的角色和责任。例如，在一个管弦乐队中吹奏木管乐器的孩子需要与其他不同类型的乐器协调配合，并且按照指挥者给出的信号进行演奏。

这要求他们学会倾听并理解其他人表现的音乐，并根据需要做出相应调整。通过反复实践和尝试，在团队中协调行动变得越来越自然。

其次，在一个组织良好、互相配合的乐团或表演中，成员之间必须通过眼神、身体语言和音乐符号等方式进行交流。孩子们在参与乐器合奏或团队表演过程中，孩子们需要学会观察其他人的动作和信号，并根据这些信号做出适当的反应。例如，在一个合唱团中，指挥者可能通过手势或眼神示意要求演唱者改变音调或速度。在这个过程中，孩子们不仅能够理解他人的意图，还能够自信地传达自己的想法和观点。

最后，在乐器合奏或团队表演中，孩子们还能够培养出坚持不懈和相互支持的品质。在一个团队中工作时，每个成员都需要付出努力，并为实现共同目标而奋斗。

当孩子们面临挑战、遇到问题时，他们会学会与其他成员一起思考解决方案，并鼓励彼此不断尝试和进步。在这个过程中，他们将培养出坚持不懈、积极向上以及相互支持的态度。

综上所述，幼儿在学龄之前参与乐器合奏或团队表演，通过协调行动、有效沟通以及坚持不懈和相互支持，孩子们将能够在未来的生活中更好地适应社交环境，并成为一个出色的团队成员。

因此，家长和教育者应该鼓励孩子参与并为他们提供机会去发展这些重要的社交技能。通过乐器合奏或团队表演，可以帮助孩子们建立自信心、培养领导能力，并在集体活动中取得成功。

二、学前儿童乐器启蒙的策略

在学前教育阶段，音乐教育对于儿童的全面发展至关重要。通过学习乐器演奏技巧，孩子们能够培养音感、节奏感和表达能力，同时也有助于提高他们的协调性和集中注意力。然而，在进行学前儿童乐器演奏技巧的训练与指导时，需要采用适合他们年龄和发展水平的方法和策略。

（一）了解儿童心理特点

在进行学前儿童乐器演奏技巧的训练与指导之前，首先要了解他们的心理特点。学前儿童通常具有较短暂的注意力和掌握新知识速度较慢等特点。因此，在培养他们对音乐及乐器产生兴趣时，应采用轻松愉快、互动性强且富有创造性的教学方法。

（1）学前儿童通常具有较短暂的注意力。这意味着在训练和指导他们的演奏技巧时，应该将注意力分散，并提供多样化的活动以保持他们的兴趣。例如，在引入新知识时可以使用游戏、歌曲或故事等方式来吸引他们的注意力，并帮助他们更好地理解和记忆所学内容。

（2）在掌握新知识方面，学前儿童往往需要更多时间和反复练习。因此，在培养他们对音乐及乐器产生兴趣时，应该采用渐进式、系统性的方法，并通过反复练习帮助他们逐渐掌握基本的演奏技巧。此外，还可以结合他们已有的兴趣和经验，将学习内容与熟悉的事物联系起来，加深理解和记忆。

（3）学前儿童对于互动性强且富有创造性的教学方法更为接受。在乐器启蒙中，应该鼓励他们积极参与、自由表达和发挥想象力。例如，在教学过程中可以让孩子们尝试不同的节奏、音符组合或琴键排列，并鼓励他们根据自己的感觉进行探索和创作。这样不仅能提高他们对音乐的理解和欣赏能力，还可以培养他们独立思考、解决问题和表达自我等综合素养。

（4）在进行学前儿童乐器启蒙时，应该尽量避免给予过多压力或要求过高。相反，应该以鼓励、赞扬和正面反馈为主导，并在每一次进步中给予适当的肯定。这样可以帮助孩子建立积极向上的心态，并保持对音乐及乐器的兴趣和热爱。

在学前儿童乐器启蒙中，了解孩子们的心理特点是非常重要的。通过采用轻松愉快、互动性强且富有创造性的教学方法，可以更好地培养他们对音乐及乐器的兴趣，并促进他们身心健康和全面发展。同时，还应该给予孩子们足够的时间和空间来探索、实践和表达自己，以帮助他们发展自信、培养良好的学习态度，并在音乐这个美妙世界中找到属于自己的声音。

（二）选择合适的乐器

在学前儿童的音乐教育中，选择合适的乐器对于培养孩子们的音乐潜力和发展潜能非常重要。为了进行有效的训练与指导，应根据具体情况选择适合学前儿童的乐器。一般来说，简单易学的打击乐器如小木琴、鼓等是较为合适的选择。这些乐器不仅操作简单，而且可以培养孩子们对音色和节奏的感知能力。

（1）在选择适合学前儿童使用的乐器时，需要考虑到他们的年龄和发展水平。学龄前儿童通常处于早期感知阶段，在音响变化、节奏感知等方面相对较弱。因此，在这个阶段使用一些简单易懂、声音明亮且操作便捷的打击类乐器是最为恰当和有效果的。

（2）在众多打击类乐器中，小木琴是一个非常好的选择。它通常由几块颜色鲜艳并排放置的键盘组成，并配备有两支小木棒。学前儿童可以通过敲击不同的键盘来发出不同的音调，从而培养他们对于音高与节奏的感知能力。小木琴操作简单、声音明亮，适合年龄较小的孩子使用。

（3）鼓也是非常受学前儿童喜爱且适合开展启蒙教育活动的乐器之一。它可以让孩子用手或者小棍敲打鼓面，并借此感受到节奏和力度变化带来的乐趣。在早期音乐启蒙中，鼓可以帮助孩子们培养出强烈的节奏感和动手能力。

除了小木琴和鼓以外，还有其他一些简单易学、适合学前儿童使用的打击类乐器可供选择。比如，铃铛、沙球等也都是很好的选项。这些乐器都具有独特而清晰响亮的声音，并且易于操作。

然而，在选择适合学前儿童使用的乐器时，并不只考虑到其简单易懂和操作性方便这两个因素就够了，还应该注意到每个孩子在发展方面的差异。有些孩子可能对于节奏感更敏感，而有些孩子则对音色更感兴趣。因此，在为学前儿童选择乐器时，应该根据他们的个体特点和兴趣来进行针对性的选择。

最后，为了有效指导学前儿童的乐器启蒙，应该找到专业、经验丰富的音乐教育者或老师来进行指导和培训。他们可以根据每个孩子的特点和潜力制订相应计划，并通过合适的乐器和启蒙方法来引导孩子们在音乐领域取得进步。

在学前儿童乐器启蒙中选择合适的乐器是非常重要且需要认真考虑的一项任务。通过选择简单易学、声音明亮、操作便捷且能够培养孩子们对音色和节奏感知能力等因素综合考虑，可以找到最适合学前儿童使用的打击类乐器。同时，还需注意每个孩子在发展方面存在差异，并由专业人士提供指导与培训，以确保有效地开展音乐教育活动，并促进儿童的全面发展。

（三）使用多样化且有趣味性的教学方法

学前儿童时期是孩子们发展音乐能力和培养兴趣的关键阶段。为了有效地进行学前儿童乐器启蒙，应该采用多样化且有趣味性的教学方法。一些创造性的教学策略，包括结合歌曲进行节奏练习、利用游戏形式激发兴趣以及组织小型演出活动可以增强表达能力。

1. 结合歌曲进行节奏练习

在音乐启蒙阶段，孩子们对于节奏感的培养非常重要。可以利用简单易懂且富有活力的歌曲来帮助他们更好地理解和掌握节奏技巧。通过唱歌和打拍子相结合，在欢快愉悦的氛围中锻炼他们对于音符长度和间隔等基础元素的认知。同时，通过不同风格、速度和韵律变化等方式引导他们感受音符之间独特的节奏感，培养他们对音乐的敏感性。

2. 利用游戏形式激发兴趣

学前儿童喜欢通过游戏来学习和探索事物。因此，在乐器启蒙中，可以设计一些有趣的游戏来激发他们对于音高变化和速度变换等元素的兴趣。例如，通过让孩子们模仿动物的叫声或者不同对象发出的声音，引导他们理解不同音高之间的差异。同时，在教学过程中加入一些角色扮演和互动环节，让孩子们能够积极主动地参与其中，并从中体验到音乐带来的快乐。

3. 组织小型演出活动以增强表达能力

在学前儿童乐器启蒙过程中，还应该注重培养孩子们表达自己情感和展示自身才艺的能力。为了实现这个目标，可以组织小型演出活动供孩子们展示所学成果并互相欣赏。在准备演出期间，可以分配不同角色给每个孩子，并指导他们协作合作以完成整场表演。这样做不仅可以增强孩子们的自信心，还能让他们学会聆听和欣赏他人的演奏，培养出良好的团队合作精神。

多样化且有趣味性的教学方法对学前儿童乐器启蒙来说是重要的前提，能帮助孩子们更好地理解音乐基础知识，并培养他们对音乐的热爱和创造性思维。希望所提供的教学策略能够为从事学前儿童音乐教育工作的老师们提供一些有益参考，使他们在实践中能够更好地引导孩子们探索和享受音乐之美。

（四）设置合理目标并分阶段进行训练

在学前儿童的音乐教育中，乐器演奏技巧训练和指导起着重要的作用。为了确保孩子们能够获得有效的培养和发展，应该根据他们的年龄和发展水平，制定合理的目标，并在不同阶段进行适当的训练。然而，在这个过程中需要注意避免过度强调速度和完美性，而应注重培养孩子们的音乐感受力和表达能力。

（1）在设定学前儿童乐器启蒙课程目标时，应该根据孩子们的年龄来制定具体可行且符合他们认知水平发展需求的目标。例如，在幼儿园阶段，可以主要专注于培养他们对音乐节奏、旋律、韵律等基本元素的感受，并通过简单节拍与手部动作相结合来进行初步训练。这样不仅可以提高孩子对音乐形式及其多样性的认知能力，还可以促进他们对音符、高低声调的理解。

（2）为了保持孩子们的兴趣和主动性，应该将教学过程分为多个阶段，并逐步引导孩子们进入下一个阶段的训练。例如，在幼儿园中班时，可以通过演奏简单乐器（如小手铃或木琴）来培养他们对音乐节奏和旋律的更深入理解。而在幼儿园大班时，则可以引导他们开始学习更复杂的乐器（如钢琴或小提琴），并注重技巧训练与表达能力开发。

然而，在进行这些阶段性训练时，我们必须谨记不应过度强调速度和完美性。学前儿童正处于身体运动协调和认知能力发展初期，过于注重技巧与完美会给他们带来压力与挫败感。相反，我们应该着眼于培养孩子们对音乐的情感连接与表达能力。通过创造轻松、愉快、富有想象力和互动性的教学环境，鼓励孩子自由地表达自己对音乐作品中情感内涵及形式特征等方面的认知。

为了实现这一目标，可以通过故事情境、身体动作模仿和游戏等方式来激发孩子们的兴趣和参与度。例如，可以用简单的故事情节引导孩子们弹奏乐器来表达角色的感受，并鼓励他们自由地发挥创造力。此外，在训练过程中，也应该注重培养孩子们与他人合作及团队精神，鼓励他们共同演奏并分享音乐欢乐。

在学前儿童乐器启蒙中设置合理目标并分阶段进行训练是非常重要的。通过根据孩子年龄和发展水平制定具体可行且符合认知需求的目标，并在不同阶段进行适当的训练，可以帮助孩子建立坚实的音乐基础，并培养他们对音乐的感受力和表达能力。相比于过度强调速度和完美性，更加关注情感连接与表达能力培养将有助于激发孩子对音乐学科健康积极向上的态度。

（五）家长积极互动

在学前儿童乐器启蒙中，家长的积极互动起着至关重要的作用。家长是让孩子最早接触音乐的人，他们可以成为孩子学习和发展音乐技能的重要支持者和引导者。通过与家长之间的有效沟通和互动，教师可以更好地了解孩子在课外练习中遇到的问题，并提供以下相应的指导和建议。

（1）教师应该采取积极主动的态度。定期安排会面或电话交流是一种常见且有效的方式。这样做有助于建立良好的合作关系，并使双方能够分享彼此对孩子的进步情况及学习需求方面所拥有的信息。

（2）教师应该始终保持耐心和理解。每个孩子都具有独特的个性和学习风格，因此教师需要尊重并适应不同家庭背景以及父母对音乐启蒙教育目标方面存在的差异。

（3）教师需要明确传达给家长关于如何辅助孩子练琴、弹奏乐器的具体建议。这些建议应该简单易行、有趣实用，以便家长能够在家中进行有效辅导。例如，教师可以向家长提供一些练习指导书籍或网上资源链接，让他们了解如何帮助孩子培养正确的乐器演奏姿势和技巧。

除了提供指导书籍和资源链接外，教师还可以鼓励家长与孩子一起参加音乐活动或音乐会。这种亲身体验不仅能够增强孩子对音乐的兴趣和热爱，还能够激发他们对学琴的积极性。此外，在演出前后与家长交流感受和经验也是非常重要的。

此外，在学前儿童乐器启蒙中，反馈机制也是至关重要的一环。教师应该鼓励家长定期向他们报告孩子在课外练琴的情况，并确保及时回复并给予相应的指导意见。这种定期反馈将使得教师和家长之间保持密切合作，并能更好地协调孩子在课堂内外之间的学习进度。

最后但同样重要的是，教师还应该积极鼓励家长参与学前儿童乐器启蒙教育的培训课程。这些课程旨在向家长传授一些简单易行且具有效果的指导方法，以便他们能够更好地协助孩子在家中进行乐器演奏技巧的训练。

通过适合学前儿童特点及发展水平的训练与指导方法，在培养其音感、节奏感和表达能力方面取得良好效果。然而，在实施过程中也要注意个体差异，因为每个孩子都有自己独特的学习风格和发展速度。因此，我们应持开放心态并通过不断尝试来寻找最适合每位幼儿的训练方式，使其获得全面而持久的音乐教育收益。

三、学前儿童乐器启蒙教学的方法与技巧

在进行学前儿童乐器启蒙教育时，应根据年龄特点采用相应的教学方法。对于较小年龄的儿童，可以通过呼唤和模仿等方式培养他们对乐器的兴趣。同时，使用简单易懂、富有情感及节奏感的音乐片段来进行示范和练习，帮助他们更好地理解和掌握音乐知识。而对于较大年龄的学前儿童，则可以引导他们通过自由创作和合作演奏来培养创造力和团队合作精神。

学前阶段是孩子发展的关键时期，在这个阶段提供良好且适当的音乐教育将为其未来做好基础。然而，由于不同年龄段儿童发展阶段差异较大，因此在进行学前儿童乐器启蒙教育时需要根据其年龄特点采用相应的教学方法。

（一）中小班乐器启蒙教学

在3～5岁的学前儿童阶段，他们正处于认知能力快速增长和好奇心与探索欲望旺盛的阶段。对乐器启蒙教育来说，可以通过呼唤、模仿和互动等方式培养他们对乐器的兴趣。这种方法可以包括展示各种乐器的声音和特点，让孩

子根据自己的感觉来模仿，并与老师进行互动。

　　首先，了解幼儿园阶段学生的认知发展特点是非常重要的。在这个年龄段，孩子们开始迅速发展其认知能力。他们开始能够理解和记忆更多的信息，并且也开始表现出对各种新事物充满好奇心和探索欲望。因此，在乐器启蒙教育中，需要利用这些特点来激发幼儿园学生对音乐和乐器的兴趣。

　　一种有效的方法是通过呼唤来引起孩子们对不同乐器声音产生注意并激发他们去模仿。教师可以播放不同类型、风格、节奏和声音特点鲜明的音乐片段给孩子们听。在播放音乐的同时，教师应该鼓励孩子们注意音乐中所使用的不同乐器，并向他们解释每种乐器的声音特点。

　　除了呼唤外，模仿也是培养幼儿园学生对乐器兴趣的一种有效方法。教师可以示范如何演奏某个具体的乐器，并鼓励孩子们模仿自己演奏。这种互动式的学习方式有利于激发孩子们对音乐和乐器的热情，并培养他们对不同乐器声音和演奏技巧的好奇心。

　　其次，在教学过程中，互动也是非常重要的。教师可以与孩子们一起合作玩游戏，例如，通过触摸、拍打或摇晃不同类型的简单小型打击类或弹拨类物品（如小型手鼓、木琴、铃铛等），让孩子亲身感受到每个物品所制造出来的独特而有趣的声响。

　　在进行这些活动时，教师还应该给予积极评价和鼓励来增强学生参与和投入。通过表扬他们正确模仿和参与互动的行为，教师可以增强孩子们对乐器的积极态度，并鼓励他们继续探索和学习更多有关音乐和乐器的知识。

　　在3～5岁学前儿童乐器启蒙教学中，创造一个富有趣味性、互动性和愉悦感的学习环境是非常重要的。通过呼唤、模仿和互动等方式，可以培养孩子们对各种不同乐器声音特点的兴趣，并鼓励他们积极参与到音乐活动中来。

　　总结起来，幼儿园阶段是孩子认知能力快速增长以及好奇心与探索欲望旺盛的阶段。在这个阶段进行乐器启蒙教育时，应该利用孩子们特别感兴趣于新事物并具备模仿能力的特点。通过呼唤、模仿以及与老师一起进行互动等方法，在营造有趣且互动性强的环境下引导幼儿园学生对各种不同类型、风格、节奏和声音特点鲜明的乐器产生兴趣，并鼓励他们继续探索和学习音乐与乐器的知识。另外，在示范和练习过程中，使用简单易懂、富有情感及节奏感的音乐片段是非常重要的。这些音乐片段应该具有较强的表现力，能够引发孩子们情感上的共鸣，并且容易被他们跟随和模仿。同时，在教学中注重节奏感也很关键，因为旋律与节奏是幼儿认识音符、掌握基本音乐元素以及培养运动协调性所必需的。

（二）大班乐器启蒙教学

对6～7岁（小学）年龄段的学前儿童来说，他们已经开始具备一定程度上理解抽象信息以及进行逻辑思考的能力。这个阶段是非常关键的，因为他们正处于快速发展的心智和身体成长阶段。在这个时期，可以引导他们通过自由创作、互动游戏和合作演奏来培养创造力、团队合作精神和社交能力。

乐器启蒙教育是非常重要且有益的方法之一，它可以帮助孩子发展音乐感知、协调性、听觉技巧以及集中注意力等方面的能力。然而，在进行6～7岁学前儿童乐器启蒙教学时，需要采用特定方法和策略来确保他们能够享受到音乐，并且在过程中不会感到过度沉重或压力。

首先，在选择适合该年龄群体的乐器时需要谨慎。对6～7岁的孩子来说，一些简单易学且容易操作的乐器可能更适合他们，例如，钢琴、小提琴、木琴等都是不错的选择。这些乐器相对容易上手，并且可以帮助孩子发展基本的节奏感和音高感。

其次，在教学过程中需要采用互动和游戏的方式。6～7岁的孩子对于游戏非常感兴趣，因此可以通过一些有趣的游戏来引导他们学习乐器。例如，可以利用绘本、音乐故事、角色扮演等方式来激发他们的兴趣，并将学习与娱乐相结合。

最后，合作演奏也是培养团队合作精神以及创造力的重要方法之一。在教学过程中，可以组织小组活动或合奏表演，让孩子们共同完成一个音乐项目。这样不仅可以提高他们的协作能力，还能够培养他们对音乐创作和表演的热爱，并且增强自信心。

除了以上方法外，在6～7岁学前儿童乐器启蒙教学中还需要注意以下几点。

（1）确保教材简单易懂：选择适合该年龄段群体并且容易理解和掌握的教材是非常重要的。应该避免使用过于复杂或抽象的教材，以免孩子们感到困惑和沮丧。

（2）提供积极的反馈和鼓励：在教学过程中，应该及时给予孩子们肯定和鼓励。无论是对于他们的进步还是表现，都应该给予正面积极的反馈，以激发他们的学习动力。

（3）尊重个体差异：每个孩子都有自己独特的发展速度和兴趣爱好。在教学过程中，需要尊重每个孩子的个体差异，并根据他们不同的需求来进行指导。

总的来说，在进行学前儿童乐器启蒙教育时应根据年龄特点采用相应的教学方法。对较小年龄的儿童来说，可以通过呼唤和模仿等方式培养他们对乐器的兴趣，并使用简单易懂、富有情感及节奏感的音乐片段进行示范和练习，而对于较大年龄的学前儿童，则可以引导他们通过自由创作和合作演奏来培养创造力和团队合作精神。

此外，通过电子媒体和互联网等现代科技手段也能为学前儿童提供更丰富的音乐教育资源。在适当的情况下，可以加入一些互动性强、有趣且富有创意的音乐游戏或应用程序。这样不仅能够激发孩子的学习兴趣，还能够帮助他们更好地理解和掌握音乐知识。

本章小结

本章以学前儿童音乐教育为核心，围绕音乐的本质特征、学前儿童音乐能力发展规律、音乐学习材料选择、音乐感知和鉴赏路径等方面进行深入探讨。同时，本章还涉及学前儿童舞蹈律动与艺术表现、舞蹈教学基本原则、舞蹈动作和编排训练等内容。此外，还关注学前儿童乐器认识与演奏表现，探讨乐器启蒙的策略和教学方法。本章旨在为学前儿童音乐教育提供理论支持和实践指导，帮助提高学前儿童的音乐素养，促进其全面发展。

思考题

1. 音乐起源于何时？它对学前儿童音乐教育有何影响？
2. 学前儿童音乐教育的特点是什么？这些特点如何影响教学方法的选择？
3. 如何评价学前儿童音乐教育的价值？它对儿童的成长有哪些积极作用？
4. 学前儿童音乐能力发展有哪些规律？如何将这些规律应用于教学实践中？
5. 选择学前儿童音乐学习材料时应遵循哪些原则？有哪些具体建议？
6. 如何培养学前儿童的音乐感知和鉴赏能力？哪些方法和路径是有效的？
7. 学前儿童歌唱和合唱教学有哪些策略？这些策略如何提高儿童的音乐素养？
8. 舞蹈和身体表达在学前儿童教育中有哪些价值？如何将其融入音乐教育？
9. 学前儿童乐器启蒙教育的策略是什么？如何选择合适的乐器和教学方法？
10. 如何在学前儿童乐器启蒙教学中平衡儿童心理特点、家长互动和教学目标？

第四章

学前儿童戏剧教育

学前儿童戏剧教育是指通过戏剧表演的方式来教育和培养学前阶段儿童的一种方法。这种教育方法旨在提供一个有趣、互动和创造性的学习环境，以促进儿童的综合发展和全面成长。近年来，随着对学前教育重要性的认识不断增强，戏剧教育作为一种创新而有效的方法被广泛应用。

第一节 戏剧的本质特征及学前儿童戏剧教育

一、戏剧的起源与本质特征

对戏剧的起源和本质特征的探讨可以帮助读者更好地把握戏剧艺术形式的独特性，在教育和培养学前儿童时，可以根据教育目的和需要，更好地利用戏剧表演的方式达到理想的教育效果。戏剧的起源可以追溯到人类早期的原始社会，当时的原始人类通过模仿、舞蹈和歌唱等综合的形式来表达情感、祈求丰收和驱邪等目的。随着社会的发展，这些原始的表现形式逐渐演变成具有一定故事性和表演性的艺术形式。

1. 戏剧的起源

（1）宗教仪式与祭祀活动：在原始社会，人们通过模仿自然界的动物和现象来向神灵祈求恩惠，这些模仿行为逐渐发展成为宗教仪式。在这些仪式中，人们通过戴上面具、穿上特定的服装以及歌舞表演等方式来向神灵致敬。这些仪式被认为是戏剧起源的最早形态。

（2）神话传说：民间神话传说是人类最早的文学形式之一，它们通过口头传播和诵唱等方式流传下来。随着时间的推移，这些神话传说逐渐被赋予了戏剧性，成了具有一定情节和角色的故事。通过表演这些故事，人们得以在戏剧舞台上重现神话传说中的场景和人物，使戏剧行为具有更强烈的艺术效果。

（3）民间传统表演：民间传统表演包括神话传说的诵唱、舞蹈、音乐、面具表演、说唱等。这些民间表演形式为戏剧的发展提供了基础和灵感，使戏剧逐渐从原始的表现形式发展成为具有故事性、戏剧性和观赏性的艺术形式。

（4）艺术形式的演化：随着时间的推移，戏剧在各个地区和文化中逐渐演变成不同的艺术形式。例如，古希腊戏剧、古罗马戏剧、印度梵剧、中国戏曲等都是各自文化背景下戏剧发展的独特表现。

在研究戏剧教育的过程中，可以从戏剧的起源中汲取许多对学前儿童戏剧教育有益的启示。首先来说，戏剧起源于宗教仪式和祭祀活动，这些活动中都有丰富的情境。学前儿童戏剧教育应该通过创设情境，激发儿童的想象力和创造力。通过引导儿童置身于不同的情境中，让他们自然地投入角色，从而提高他们的情感表达能力和社会交往能力。戏剧源于民间故事，故事是戏剧发展的基础。充分利用戏剧故事的魅力，引导儿童通过故事理解世界，培养他们的道德观念和审美情趣。同时，故事还可以激发儿童的好奇心和探索欲望，培养他们的思维能力和解决问题的能力。戏剧表演是戏剧的核心，也是戏剧教育的重要手段。学前儿童戏剧教育可以激发儿童的表演欲望，让他们在表演中感受到戏剧的乐趣。通过戏剧表演，儿童可以锻炼自己的语言表达能力、肢体语言能力以及情感表达能力，从而提高自信心和自尊心。戏剧是一种集体创作的艺术形式，合作是戏剧创作的基础。学前儿童戏剧教育可以培养儿童的团队意识和合作精神，让他们在合作中学会相互尊重、相互帮助和共同成长。

2. 戏剧的本质特征

戏剧是一种将文学、音乐、舞蹈、美术等多种艺术手段相融合的表演艺术，它通过演员在舞台上的表演来讲述故事、传达思想和情感。戏剧通过情节、对话、角色、表演、舞台、时空等方便表现出其特征。

（1）饱含故事情节与角色塑造的艺术。戏剧的故事情节是其基本组成部分，通常包括开端、发展、高潮和结局。情节是戏剧的骨架，通过情节的推进，观众可以了解故事的发展过程和人物的命运。戏剧的角色是情节和对话的承载者，它们在舞台上展示各种人物形象和性格特点。角色的塑造需要演员通过丰富的表演技巧和艺术创造力来实现。

（2）对话与表演的艺术。戏剧中的对话是表达人物性格、思想和情感的重要手段。通过对话，观众可以了解人物之间的关系、矛盾和冲突，以及故事背后的主题和深意。戏剧表演是将文学作品转化为视觉艺术的关键环节。演员通过语言、肢体、面部表情等表演手段，将角色的性格、情感和命运生动地呈现给观众。

（3）空间与时间的艺术。戏剧通过时间跳跃、闪回等手法来展现故事的完整性，这使得戏剧能够在短时间内呈现复杂多变的情节。同时，一部戏剧可以根据需要调整时间密度，以便更好地展示故事的情节与主题。在空间方面，戏剧通过场景转换、场景叠加等手法来展现故事的完整性，使得戏剧能够在有限的舞台空间内呈现丰富多样的场景。戏剧空间通过舞台布景、道具等元素可以代表一种情感、一种观念或一种社会现象。通过这些空间符号，戏剧能够更深刻地传达其主题思想。戏剧通过对时间和空间的虚构，可以跨越时空、展现不同的历史时期和地域背景，在有限的舞台上展示丰富多样的情节与主题，为观众呈现出一个多样化、立体化的艺术世界，并为观众带来独特的审美体验。

（4）观众与舞台互动的艺术。戏剧舞台包括布景、服装、灯光、道具等元素，它们为戏剧创造了一个具有时代、地域和文化特色的艺术空间。舞台的设计和运用有助于增强戏剧的艺术表现力和观众的感染力。戏剧艺术作为一种表演艺术，观众与舞台之间的互动具有很强的特点。观众不仅是戏剧艺术的接受者，还是戏剧艺术创作过程中的参与者。观众在观看戏剧表演时，会对舞台上的角色、情节和主题产生共鸣，从而引发自己内心的情感体验。观众的情感共鸣有助于加强戏剧艺术的感染力，使观众沉浸在戏剧所呈现的艺术世界中。在戏剧表演过程中，观众可以通过掌声、笑声、哭声等方式，传递自己的情感反应和评价。这种互动反馈对演员和导演具有非常重要的意义，它可以帮助他们了解观众的需求和喜好，从而更好地调整和完善戏剧表演。戏剧艺术往往需要观众发挥想象力，填补舞台表演在时间、空间和情节上的不足。观众通过自己的想象力，将戏剧中的角色、情节和主题与自己的生活经验和知识相结合，从而获得更丰富的艺术体验。观众在观看戏剧表演时，会将舞台上的角色、情节和主题与现实生活中的人物、事件和问题进行对比和联系。这种关联有助于观众对戏剧艺术的理解和欣赏，同时也使戏剧艺术具有更强的现实意义和社会价值。

二、学前儿童戏剧教育的价值

1. 发展语言能力

学前儿童戏剧教育通过角色扮演和情境再现等活动形式帮助孩子们发展他们的语言能力。在角色扮演中，孩子们可以模仿不同角色，并运用语言表达自己所扮演角色所需的情感、态度和行为。这种实践不仅让孩子们更好地理解语言运用的意义，还培养了他们表达自己想法和感受的能力。

2. 提高社交技巧及合作精神

戏剧活动有助于提高孩子们的社交技巧及合作精神。在参与戏剧表演时，孩子们需要与其他人合作，在团队中分工合作并共同完成任务。这样的合作经验培养了他们的团队意识和沟通能力，同时也培养了他们处理冲突和解决问题的能力。

3. 培养创造力和想象力

学前儿童戏剧教育对于培养孩子们的创造力和想象力也起着重要作用。通过参与角色扮演和创造性表达等活动，孩子们可以自由地发挥想象力，并思考不同情境下可能发生的事情。这种开放式思维让孩子们更加灵活、富有创造性，并且有助于培养他们独立思考和解决问题的能力。

4. 提高艺术理解和欣赏能力

学前儿童戏剧教育还可以帮助提高儿童对文化艺术的理解和欣赏能力。通过参与戏剧表演、观看演出以及接触不同类型的艺术形式，孩子们可以增强对音乐、舞蹈、绘画等艺术形式的理解。这种多元化艺术体验不仅丰富了孩子们对文化艺术领域知识的积累，还激发了他们对美好事物追求及欣赏之情。

听故事和讲故事是学前儿童普遍喜爱的活动之一，而戏剧的综合艺术形式，使儿童听故事和讲故事的形式变得更加立体、活泼和多样化，从而让戏剧作为一种教育的方式更容易走进学前儿童的世界。尽管学前儿童戏剧教育在许多方面带来了诸多益处，但也面临一些挑战和问题。首先，资源不足是一个普遍存在的问题。很多学校或教育机构在实施戏剧教育时缺乏专业的师资力量和适当的场地设施。其次，家长对于这种非传统教育方法可能持保守态度，认为其过于娱乐化而忽视了学术能力的培养。

为了推动学前儿童戏剧教育的发展及提高其质量，政府、学校和社会应共同努力。政府可以出台相关政策支持并加大对这一领域的投入；学校可以加强师资培训，并完善相关设施；社会各界可以积极参与并提供资源支持，共同努力推动学前儿童戏剧教育的发展。

总的来说，学前儿童戏剧教育作为一种创新而有效的教育方式，在促进孩子们综合发展、增强语言表达能力、培养社交技巧等方面具有重要作用。

第二节 戏剧游戏和戏剧节目的设计

一、戏剧游戏

戏剧游戏是一种以表演为主要形式,通过角色扮演和情境重现的方式让儿童参与其中的游戏形式。戏剧游戏注重儿童的主动性,通过角色扮演和互动来培养他们的表达能力、情感认知和社交技巧。

(一)开展戏剧游戏培养儿童表达能力

在儿童的成长过程中,表达能力是一项至关重要的技能。它可以帮助儿童与他人建立有效的交流,并表达自己的想法和情感。然而,许多儿童在这方面遇到了困难,缺乏自信和技巧来清晰地表达自己。为了解决这个问题,开展戏剧游戏成为培养儿童表达能力的一种创新方法。[1]

戏剧游戏是通过角色扮演、即兴演绎和互动活动等方式,让儿童参与其中,并发展他们的语言和沟通技巧。通过参与各种戏剧行动和对话场景,儿童可以学习如何有效地传递信息,并运用身体语言、音调和节奏来提高表达效果。

首先,戏剧游戏提供了一个脱离日常情境的安全无压力环境,在这里孩子们可以放松并尝试不同的语言形式。他们不用担心被评判或批评,而是他们大胆地试验新词汇、短语和句型的行为常常得到鼓励。这样一来,孩子们会感到更加自信,在日常生活中更愿意尝试使用新的语言表达方式。

其次,戏剧游戏通过角色扮演的方式帮助儿童理解和诠释不同情境下的语言使用。当孩子们扮演不同角色时,他们需要思考该角色可能会说什么,如何表达自己的感受和想法。这种实践能够增强他们对特定场景中适当语言使用的认知,并让他们更好地理解交际背后的目的和意图。

再次,戏剧游戏还鼓励孩子们在团队合作中积极参与,并倾听别人的观点和意见。在一个舞台上,儿童需要共同协作来创造出具有连贯性和逻辑性的对话。这样一来,他们必须学会谦虚地倾听、回应并建立有效沟通,在与其他人互动时保持积极态度。

除了发展口头表达能力外,戏剧游戏还提供了锻炼身体表现力和非语言交

1　龚越.浅析在幼儿园开展幼儿科学小游戏活动的策略[J].天天爱科学(教育前沿),2022(11):10—12.

流技巧的机会。通过身体动作、面部表情以及声音调节等元素，儿童可以更好地传达自己内心世界中复杂而多样化的情感。通过练习和表演不同的角色，儿童可以学会如何使用肢体语言来补充和强调他们的话语，并通过这种方式更加准确地传达他们的思想和情感。

最后，戏剧游戏还能够激发儿童创造力和想象力。在角色扮演中，孩子们被鼓励自由发挥并提供独特的解决问题方式。他们可以创造自己的故事情节、编写对话以及设计舞台布景等。这样一来，儿童可以培养创意思维，并将其应用于其他学科领域中。

（二）开展戏剧游戏培养儿童合作精神

培养儿童积极参与合作活动的意识和能力非常重要。而戏剧游戏作为一种富有创造性和互动性的教育工具，可以为儿童提供一个丰富多彩的、沉浸式的学习环境。下面将探讨如何通过开展戏剧游戏来培养儿童的合作精神，并提供一些开展戏剧游戏以培养合作精神的方法并论述其在教育中的意义。

合作精神指人们在共同目标下相互协助、相互支持并共同努力达到目标的意愿和能力。它不仅有助于塑造儿童积极向上且乐于参与集体活动，并且对他们未来适应社会具有重要影响。

戏剧游戏对于儿童的发展具有重要的影响。它不仅能够帮助儿童提高表达能力和创造力，还在很大程度上促进了他们的沟通与合作能力。

首先，促进沟通与合作是戏剧游戏所具有的显著特点之一。在这种游戏中，孩子们需要相互协作、共同完成任务或达到目标。他们必须学会倾听彼此、交流想法、分工合作，并且学会尊重和包容不同观点。通过与其他孩子进行有效沟通并积极参与合作，儿童可以培养出良好的团队意识和卓越的协调能力。

其次，在参与戏剧游戏过程中，孩子们将扮演各种不同角色，并通过共同目标来进行博弈。这种互相配合和相互依赖激发了他们对团队工作的意识和动力。当他们通过体验团队博弈过程中所带来的成就感时，将逐渐明白集体效能背后蕴含着每个人的付出。这样，儿童将培养起对团队贡献价值感，并学会如何与他人合作以实现共同目标。

最后，戏剧游戏还有助于提升情感共鸣。通过扮演不同角色和体验各种情境，儿童可以更好地理解他人的感受和需求。这种情感共鸣有助于培养他们的同理心和互助意识，并进一步促进合作精神的形成。当孩子们能够真正理解并关注其他角色时，他们会更愿意去主动帮助别人，并在需要时提供支持。

戏剧游戏对于儿童来说是一种有益且愉悦的活动。那么，怎样通过开展戏剧游戏来培养儿童合作精神呢？

首先，在引导孩子进行戏剧游戏时，教育者应该注重组织活动和设计任务的方式。可以选择一些需要团队协作完成的任务或项目，让孩子们在完成过程中学会相互依赖、相互配合。例如，在一个小组扮演话剧并进行表演的过程中，每个孩子都扮演不同的角色，需要和其他角色进行互动。在这个过程中，他们需要学会倾听、交流并相互配合以实现良好的表演效果。

其次，在戏剧游戏中加入一些团队合作的元素。例如，在一个小组游戏中，设置一些共同目标或任务，并要求孩子们紧密合作以达到这些目标。这样可以鼓励他们主动寻求帮助、协商解决问题，并学会与其他人分享自己的想法和意见。

最后，在戏剧游戏过程中教育者还可以引导孩子们思考和讨论团队合作所涉及的概念和原则。例如，教育者可以提出一些问题引导孩子们思考如何有效地进行沟通、如何分工合作等。通过思考和讨论这些问题，儿童将更深入地理解团队合作所需具备的技能和态度。

二、创作与排练儿童戏剧节目的指导原则

（一）创作儿童戏剧节目的指导原则

随着现代社会的发展，儿童戏剧节目在儿童教育领域中扮演着越来越重要的角色。它提供了一个独特而有趣的方式，帮助孩子们培养想象力、表达能力和团队合作精神。然而，在创作儿童戏剧节目时，应该遵循一些指导原则，以确保这些节目能够真正满足孩子们的需求并为他们提供积极丰富的体验。

1. 理解和尊重儿童

在创作儿童戏剧节目时，首先要从理解和尊重儿童出发。这意味着要关注他们的兴趣、需求和情感，并根据他们所处年龄阶段来设计内容。通过观察、交流和与孩子互动，可以更好地了解他们对舞台表演和故事情节的喜好。

2. 强调互动参与

互动参与是创作儿童戏剧节目时不可或缺的一个方面。通过鼓励观众与演员互动、参与剧情发展以及提供一些角色扮演的机会，可以帮助他们更好地理解故事，增强孩子们对节目的兴趣和投入程度。

3. 培养想象力和创造力

儿童天生具有丰富的想象力和创造力，而儿童戏剧节目应该成为激发他们这方面潜能的重要途径。通过奇幻般的故事情节、多彩缤纷的舞台布景以及各种角

色形象设计，可以为孩子们提供一个开放、自由发挥想象力和创造力的空间。

4. 传递积极价值观

儿童戏剧节目不仅是一种娱乐方式，也是一种教育工具。因此，在创作过程中应注重传递积极健康的价值观。通过合理设置角色形象、塑造正面人物形象以及体现友爱互助等主题，可以在孩子们心中灌输正确思想观念，并帮助他们理解人与人之间的关系和社会责任。

5. 简单明了的语言和表演形式

儿童戏剧节目应该使用简单明了的语言和表演形式，以确保孩子们能够轻松理解并参与其中。避免过度复杂的剧情设置、难懂的对话以及高难度的动作要求，创作者应力求简约、清晰，用通俗易懂的方式传达信息。

6. 创造美学体验

除了故事内容本身外，儿童戏剧节目还需要注重创造美学体验。舞台布景、服装设计以及灯光、音效等元素都是能够吸引孩子们注意力和提升观赏体验的因素。通过精心设计这些方面，并确保它们与故事情节相协调，可以给孩子们带来更为丰富独特而又有趣味性质的感官享受。

在创作儿童戏剧节目时，请牢记以上指导原则。从理解和尊重儿童出发，并强调互动参与、培养想象力和创造力、传递积极价值观以及使用简单明了的语言和表演形式，可以创作出真正满足孩子们需求的儿童戏剧节目。给予他们积极丰富的体验，并帮助他们在娱乐中学习、成长和发展。

（二）排练儿童戏剧节目的指导原则

儿童戏剧是一种重要的教育工具，它不仅可以培养孩子们的艺术素养和表达能力，还可以帮助他们发展创造力、社交技巧和自信心。然而，要成功地指导儿童戏剧节目的排练，需要遵循一些关键原则。下面将探讨关于排练儿童戏剧节目的指导原则。

1. 了解儿童观众

在选择适合孩子们的戏剧节目之前，首先需要了解儿童观众这个具体的群体。不同年龄段的孩子对于舞台表演有不同程度的理解和兴趣。因此，在规划排练过程时应考虑到他们所处年龄阶段，并选择与之相适应的主题、角色和情节。

2. 注重参与性

在排练儿童戏剧节目的过程中，给予孩子们更多机会参与其中是至关重要的。传统上，儿童戏剧常常由指导者和成人角色扮演者来决定角色设定、对话创作以及舞台布景等方面。然而，我们认为这种做法限制了孩子们的表演和创造能力，并可能降低他们在表演中的自信心，赋予孩子们更多自主设定内容是更有效果的。

通过让孩子参与角色设定，可以激发他们的想象力和创造力。每个孩子都有独特的思维方式和想法，在戏剧排练过程中让他们自己选择或提出自己喜欢扮演哪个角色可以帮助他们找到自己真正感兴趣并且擅长的领域。这样一来，他们会更加投入地去学习和探索该角色背后隐藏着的深层次意义，并能够将自己独特的理解融入表演之中。

让孩子参与设计舞台布景也是非常有益的。传统上，舞台布景由成人或专业团队负责设计和制作。然而，在儿童戏剧节目中，在家长或老师协助下，给予孩子参与设计舞台布景的机会可以激发他们对美学和艺术的兴趣，并培养他们在视觉方面的才华。此外，通过参与实际操作过程，在选择材料、组装道具等环节中锻炼了他们解决问题和团队合作精神。在排练时，给予孩子更多机会去参与其中也是非常重要并且有益的。通过让孩子参与角色设定、创作对话以及设计舞台布景等方面，不仅可以激发他们的想象力、创造力以及表达能力，还能培养他们的自信心。[1]因此，我们应该积极鼓励孩子们参与到儿童戏剧节目中，给予他们更多的机会去发掘和展示自己的潜力。

3. 培养团队合作意识

戏剧表演是一项集体艺术，需要团队合作。儿童戏剧节目也不例外。在排练过程中，应着重培养孩子们的团队合作意识。这包括鼓励他们互相支持、相互帮助，并教导他们如何与其他演员和工作人员进行有效沟通。通过这样的训练，孩子们将学会如何在一个群体中发挥个人才能并共同完成任务。

4. 创造积极环境

在排练儿童戏剧节目时，应营造一个积极、尊重和安全的环境。这意味着要鼓励孩子们勇于表达自己的想法和感受，并尊重每个人独特的贡献。同时，要为孩子们提供良好的反馈机制，在戏剧表演这个既现实又脱离现实的情境中，帮助他们认识到失败与成功都是成长过程中不可或缺的一部分。

5. 注重乐趣与欢乐

在儿童戏剧节目的排练过程中，最重要的是确保儿童戏剧带有趣味性和快乐感。儿童戏剧不仅可以提供孩子们与舞台表演互动的机会，还能激发他们对艺术和表演的兴趣。

---

[1] 张立娟.幼儿园班级管理中培养幼儿自我意识的生活化教育措施探析[J].试题与研究,2021(35):139—140.

首先，在排练儿童戏剧节目之前，应该营造一个愉快、轻松的氛围。这可以通过与孩子们建立良好关系来实现。教师或指导者应该倾听孩子们对于戏剧节目理念和角色设定方面的想法，并鼓励他们参与讨论和决策过程。让孩子们感到自己被尊重和重视，会增强他们对整个项目的投入度。

其次，在设计有趣角色方面也是至关重要的。每个角色都应该具备独特而有吸引力的特点，以便吸引观众（包括其他学生、家长等）注意力并留下深刻印象。可以通过在剧本中加入一些幽默元素、夸张的表演或者特殊才艺来增强角色的趣味性。此外，角色之间的互动也是一个重要因素。创造出有趣和紧密联系的角色关系，不仅能为观众带来笑声，也能让孩子们更加享受排练和演出过程。

最后，在精心编排场景方面，应该注重创造视觉上的趣味性和多样性。舞台布景、服装以及道具都应该精心设计，以吸引孩子们的注意力并激发他们想象力。例如，在儿童戏剧节目中可以运用鲜艳明亮的颜色、有趣形状和丰富多样的道具来营造活泼生动的氛围。此外，舞台上不同区域之间转换时需要流畅有序，并且要考虑到孩子们参与时可能面临的困难或限制。

通过以上几个方面的努力，可以确保儿童戏剧节目充满乐趣和快乐感。这种愉快氛围将使孩子们更愿意参与到排练和表演中，并且激发他们对艺术和表演的兴趣。儿童戏剧不仅能够培养孩子们的想象力、创造力和自信心，还能提高他们的社交技巧、团队合作精神以及语言表达能力。因此，我们应该重视儿童戏剧节目的排练过程，并致力于创造一个愉快而有意义的舞台体验，让孩子们享受到舞台表演所带来的乐趣，并成为他们生活中难忘且宝贵的经历。

通过遵循以上指导原则，可以成功地指导儿童戏剧节目的排练。同时，在这个过程中，也应该记住尊重每个孩子独特性格和才能，并给予适当支持与引导，才能真正帮助孩子们从戏剧表演中获得成长和乐趣。

第三节 儿童戏剧的故事创作和角色扮演

学前儿童表演中戏剧创作和角色扮演发挥着重要的教育作用。它帮助幼儿发展社交技能、提高语言表达能力，并培养想象力。通过制定故事结构、培养角色形象以及引导情节发展，可以促进幼儿在创造性思维和解决问题方面的发展。同时，通过配音表达、身体语言和合作互动，可以提高幼儿的语言表达能力和社交技能。因此，在学前教育中积极推广儿童戏剧的故事创作和角色扮演活动是非常重要的。

一、鼓励儿童创作并演绎自己的戏剧故事

（一）充足的时间和空间让他们自由地想象

为了鼓励儿童的创造力，在课堂上应提供充足的时间和空间让他们自由地想象和探索。教师可以给予他们一些启示或主题，并鼓励他们根据自己的理解去发挥。孩子们可以以绘画、手工制作、游戏或角色扮演等形式来构思和呈现自己独特的想法。这样做不仅可以培养他们对艺术创作过程的兴趣，还能够提升他们解决问题和独立思考的能力。

1. 提供富有创意的激发物

为了让学前儿童能够自由地想象，教师可以提供一系列富有创意的激发物。这些激发物可以包括各种道具、服装、音乐和背景布景等。通过这些元素，孩子们将被鼓励去探索不同角色、情节以及舞台设计等方面，从而启发他们丰富多样的想象力。

2. 鼓励合作与合理引导

在戏剧表演过程中，合作是至关重要的。教师可以鼓励学前儿童之间的互动和合作，使他们能够共同创造一出戏剧作品。同时，教师还应该提供适当的引导，以确保戏剧表演在合理的框架内进行。例如，在角色扮演过程中，教师可以提供一些基本线索和情节设定，但也应给孩子们足够的自由度去发展他们自己独特的想法。

3. 创造宽松与积极评价氛围

为了让学前儿童在戏剧表演中充分发挥想象力，必须营造一个宽松与积极评价的氛围。教师应鼓励每个孩子勇于尝试，并给予他们积极正面的反馈。这样一来，孩子们将会感到受到鼓舞，并且更加愿意展示自己独特而多样化的想象力。

通过提供富有创意的激发物、鼓励合作与合理引导以及创造宽松与积极评价氛围等措施，在学前儿童戏剧表演中为孩子们提供足够的时间和空间来自由地想象是十分重要的。这样的实践不仅能够帮助他们培养表达能力和创造力，还能促进他们在社交、情感和认知方面的全面发展。因此，在教育实践中，应该重视学前儿童戏剧表演，并致力于为孩子们创造一个富有想象力、自由发展的环境。

（二）鼓励孩子们相互支持和鼓励

在学前儿童表演中需要建立一个积极支持团队合作精神的环境。通过小组活动或团队项目，孩子们可以学会相互合作、倾听他人的意见和尊重不同观点。在这个过程中，教师应扮演引导者的角色，鼓励孩子们相互支持和鼓励，并给予他们适当的指导。同时，教师还可以设立一些戏剧表演比赛或展示活动，让孩子们有机会展示自己的创作成果，并从中获得认可和奖励。这将激发孩子们更多地参与到表演活动中，并提高他们对戏剧创作的热情。

（1）以榜样作用示范：教师可以扮演角色，以榜样作用示范相互支持和鼓励的行为。例如，鼓励孩子们彼此合作、互相帮助解决问题，并且在团队中分享表现和成就。这样做可以激发孩子们效仿并理解如何在戏剧表演中相互支持。

（2）创造合作机会：为学生提供与他人合作的机会是非常重要的。教师可以组织小组活动，在教师协助下，让孩子们一起编写剧本、设计舞台布景等。通过合作实践，孩子们学习到共同协作、平等分工以及共享成果的重要性。

（3）鼓励积极反馈：在学前儿童戏剧表演中给予积极反馈是非常关键的一步。教师应该鼓励其他参与者给出友善和建设性的意见，并对他们之间所做出的贡献表示赞赏。这样能够培养孩子们之间相互支持和鼓励的文化氛围。

（4）培养角色扮演技巧：角色扮演是戏剧表演中不可或缺的一部分。教师可以设计一些角色扮演活动，让孩子们体验不同的角色，并鼓励他们在表演中发挥创造力和自信心。同时，教师还应该鼓励其他参与者给予支持和赞美。

（5）明确目标和期望：在戏剧表演中明确目标和期望是非常重要的。教师应该与孩子们共同制定目标，并向他们阐明成功所需的行为和态度。通过清晰地传达期望，孩子们可以更好地理解如何相互支持并为实现共同目标而努力。

学前儿童戏剧表演是培养合作精神、创造力和自信心的有力工具。通过适当的引导方法，在戏剧表演中引导和鼓励孩子们相互支持并树立积极友善的氛围是至关重要的。这样能够帮助他们发展社交技能、团队合作精神，并建立深厚友谊。

（三）引导他们思考角色内心世界

在学前儿童表演中应注重培养孩子们的表达能力。通过角色扮演、舞台对话等形式，让孩子们体验并学习如何用语言表达情感和观点。教师可以引导他们思考角色内心世界，并教授一些基本的声音技巧、肢体语言等戏剧技能。此外，在练习中也应给予积极的反馈和鼓励，帮助孩子克服困难并不断提高自己的表演能力。

学前儿童表演是一种促进幼儿综合发展的重要活动，通过模拟和表达不同角色的内心世界，可以引导幼儿思考和理解他人的情感、想法和行为。在学前教育中，引导幼儿思考角色内心世界是培养其认知、情感和社交能力的关键环节。

（1）在学前儿童表演中引导幼儿思考角色内心世界能够促进他们的认知发展。在扮演不同角色的过程中，幼儿需要从头脑中构建该角色的特征，并试图理解该角色所面对的情感状态。例如，当一个孩子扮演一个悲伤或愤怒的角色时，他们需要想象并体验这些情绪，并思考造成这些情绪变化背后隐藏着什么原因。通过这样的思考过程，幼儿将逐渐认识到自己与他人之间存在着不同观点、感受和需求。

（2）在学前儿童表演中引导幼儿思考角色内心世界有助于培养他们处理复杂情感和冲突状况的能力。在表演中，幼儿可能需要扮演一些对立角色，例如正义与邪恶、友善与愤怒等。通过思考和创造这些角色内心世界时，幼儿必须面对和理解不同情感之间的矛盾和冲突。例如，在一个场景中，幼儿可以扮演一个欺负他人的坏人角色，并思考该角色内心世界背后隐藏的原因以及他们自己是否会有类似行为。通过这样的思考过程，幼儿将逐渐培养出处理复杂情感和冲突状况时需要保持平衡、理解并尊重他人观点的能力。

（3）在学前儿童表演中引导幼儿思考角色内心世界还有助于促进社交技能的发展。在表演中，幼儿通常需要与其他孩子进行互动，并合作完成一场戏剧或剧本。通过共同创造并体现各种不同类型、性格和背景的角色内心世界，幼儿将逐渐学会倾听别人、尊重差异并建立有效沟通。

除了以上提到的认知、情感和社交能力外，学前儿童表演还能够培养幼儿的创造力和想象力。通过扮演不同角色并思考他们的内心世界，幼儿可以激发自己的创造力，并展示出独特而有趣的表演。这种培养了创造力和想象力的过程是孩子们探索、发现自己潜在才华和独特性格的重要途径。

在学前儿童表演中引导幼儿思考角色的内心世界是一项具有广泛意义和深远影响的教育活动。通过模拟不同角色并思考他们的内心世界，幼儿将逐渐认识到自己与他人之间存在着不同观点、感受和需求，同时也能够培养处理复杂情感和冲突状况、促进社交技能发展以及激发创造力和想象力等关键能力。

二、儿童角色扮演的方法与技巧

戏剧教育理论认为通过参与戏剧活动，人们可以增强自信心、表达能力和创造力。对于学前儿童来说，他们正处于语言和社交能力发展的关键时期，因此戏剧活动对于促进他们综合素养提升具有积极意义。

角色扮演被视为一种模拟行为，通过真实或想象中的人物角色来模仿并体验不同情境。这种行为有助于孩子发展自我意识、情感表达和解决问题的能力。

（一）创设情境

为学前儿童提供一个具体的场景，如超市、医院或者家庭，让他们扮演其中的不同角色。这可以通过搭建道具和布置环境来实现。

在学前教育中，提供一个具体的场景让学前儿童扮演不同角色是一种非常有效的教学方法。通过搭建道具和布置环境，可以创造一个真实而丰富的情境，帮助孩子们更好地理解和探索世界。

（1）营造一个有趣而逼真的场景，需要合适的道具。这些道具可以是玩偶、小动物模型、家居用品等，在孩子们眼中能够代表特定角色或物品。比如，如果要创造一个医院场景，可以使用玩偶来扮演医生、护士和病人；如果要创造一个超市场景，则可以使用小动物模型来代表不同种类的食物或商品。

（2）在布置环境时需要注意细节。根据所设定的主题或情境，在教室里设计出相应的空间，并将相关道具放置在适当位置上。例如，在医院场景中设置一张床、一些药瓶以及医疗器械，给孩子们提供一个真实的医疗环境；在超市场景中设置购物篮、货架和商品摆放区域，让孩子们感受到真实的购物体验。

通过搭建道具和布置环境，学前儿童可以扮演不同角色，并参与到情境中去。这种亲身参与的方式能够帮助孩子们更好地理解角色职责和社会规则。例如，在医院场景中扮演医生或护士，孩子们可以了解到如何照顾他人并了解医疗知识；在超市场景中扮演顾客或店员，孩子们能够学习购物礼仪和交流技巧。

（3）角色扮演还可以培养学前儿童的创造力和合作精神。当孩子们融入特定的情境中时，他们会主动思考并尝试新的解决方案。同时，在角色扮演过程中也需要相互合作与沟通。例如，在超市场景中，如果一个孩子扮演顾客而另一个扮演店员，则需要进行有效的沟通以完成交易。

在为学前儿童提供具体场景并让他们扮演不同角色的过程中，搭建道具和布置环境起到了重要的支持作用。角色扮演能够帮助孩子们更好理解和探索世界，培养他们的创造力、合作精神和解决问题的能力。因此，在学前教育中，应该积极采用这种方法，为孩子们提供一个富有创意与趣味性的表演和学习环境。

（二）角色卡片

在学前教育阶段，儿童的认知能力得到了快速发展。他们开始对周围世界产生兴趣，并表现出对不同社会人物和职业的好奇心。在这个关键时期，为学前儿童提供角色卡片是一种有效的教育工具，可以帮助他们深入了解社会各界人士的特点和职责，让他们对具体职业角色形成一种定向印象，帮助他们更好地开展角色扮演活动，增强扮演的信心。

1. 角色卡片作为教育工具

角色卡片是一种以图像和简要描述介绍不同社会人物和职业的资料。通过使用角色卡片，学前儿童可以通过视觉和语言双重渠道进行认知。这些卡片可以包括医生、消防员、老师等各种各样的社会人物和职业。它们通常以有趣且易理解的方式呈现给孩子们，激发他们探索并理解这个多元化世界。

2. 培养孩子对社会人物与职业感兴趣的好奇心

角色卡片可以激发学前儿童对社会人物和职业产生浓厚的兴趣。通过观察图像和了解描述，孩子们可以开始思考不同职业的特点和责任。这种好奇心有助于他们扩大视野、认识更多不同类型的人，并为未来做出更明智的选择打下基础。

3. 培养孩子对社会人物与职业的正面认知

角色卡片可以帮助学前儿童建立积极向上的思维模式。通过深入了解各种各样成功而有意义的工作，例如医生、老师、科学家等，孩子们能够认识到这些职业对社会发展和个人成长具有重要意义。这将鼓励他们树立追求个人梦想与目标，并促使他们在日常生活中培养一种尊重他人职责及工作的价值观。

4. 帮助孩子从小规划未来

角色卡片也为学前儿童提供了一个机会去探索自己感兴趣或适合从事哪些领域。例如，当一个孩子表现出对医生角色卡片特别感兴趣时，教育者可以利用这个机会鼓励他们了解有关医学的更多信息，并为他们提供相关的玩具和游戏。这种早期的职业规划有助于孩子们在成长过程中发展自我意识和职业目标。

为学前儿童提供角色卡片是一种培养他们对社会人物和职业认知的有效方法。通过使用这些卡片，孩子们可以通过视觉和语言双重渠道进行认知，并激发他们对不同社会角色和职责产生浓厚的兴趣。同时，这也有助于塑造积极向上、全面发展的态度，在孩子成长过程中帮助他们树立追求个人梦想与目标、尊重他人工作价值观念等方面起到积极作用。

（三）剧本创作

鼓励学前儿童自己参与剧本创作，在指导老师或家长的帮助下编写小剧本，并进行表演。

　　学前儿童是一个非常有创造力和想象力的群体，他们充满了好奇心和探索欲望。编写小剧本是一种培养孩子语言表达、合作能力以及扩展他们创造力的有效方式。在指导老师或家长的帮助下，学前儿童可以通过编写小剧本来发展自己的表演技巧和故事创作能力。

　　（1）指导老师或家长在提供支持和鼓励方面起到至关重要的作用。他们可以引导孩子们选择适合他们年龄段、理解程度和兴趣爱好的话题，并根据这些话题来编写小剧本。例如，孩子对动物感兴趣，可以让他们围绕动物主题进行故事创作。

　　（2）在编写小剧本过程中，指导老师或家长应该给予学前儿童适当的启发和提示。可以通过问问题、提供相关信息或者共同讨论来激发孩子们思考，并引导他们找到有趣且富有想象力的故事情节。例如，在讨论动物主题时，指导者可能会问："你认为一只狮子会遇到什么样的冒险？"这样可以帮助学前儿童思考并构建故事情节。

　　在编写小剧本的过程中，指导老师或家长应该鼓励学前儿童大胆表达自己的想法，并尊重他们的创造力。与孩子一起讨论和合作，使他们意识到自己的意见和想法是有价值和被重视的。这种积极、支持性的环境将激发学前儿童更多地参与到小剧本编写中来，并对结果感到满意。

　　除了创造力和表达能力，通过编写小剧本，学前儿童还能够培养合作精神。在一个团队中共同工作需要互相协调、倾听别人的意见并提出建设性反馈。指导老师或家长可以安排孩子们分组来编写小剧本，并且给予适当的指导以确保每个成员都有机会发挥其创造力和才能。

　　（3）在完成小剧本之后，指导者应该鼓励孩子们进行实践演练，并给予肯定和鼓励。通过表演他们自己编写的故事，学前儿童可以提升自信心，并进一步发展他们的表演技巧和语言表达能力。此外，家长或指导老师可以组织小型剧场活动，让孩子们有机会与其他学生、家长和社区成员分享他们的创作成果。

　　在指导老师或家长的帮助下，学前儿童可以通过编写小剧本来培养语言表达能力、合作精神以及拓展自己的创造力。这种活动不仅能够提供一个有趣和富有挑战性的学习机会，还能够促进孩子们全面发展并建立积极向上的态度。因此，在教育中应该给予更多关注和支持，以便为学前儿童提供更好的编写小剧本的机会。

（四）协作游戏

将戏剧活动融入团队游戏中，鼓励学前儿童合作解决问题和实现共同目标。这有助于培养他们的社交技能和团队意识。

在学前教育的领域中，协作和合作是培养孩子综合发展的重要环节。通过参与协作游戏，学前儿童可以发展出解决问题、沟通交流、团队合作和自我表达等重要技能。

（1）在开展协作游戏之前，指导老师或家长需要明确目标，并选择适合孩子们年龄和能力水平的活动。对于年轻一些的孩子来说，简单易懂且涉及少量人数参与的小组活动可能更为适宜。教师可以选择一些基于角色扮演或情境模拟的游戏来引导孩子们进行互动。

（2）在设计游戏时融入一些具有剧场表现形式特点的元素会提高整个团队活动体验。例如，在一个寓言故事主题下的游戏中，可以让孩子们扮演不同的角色，并通过表演和语言交流来解决问题。这种方式不仅可以培养孩子们的合作能力，还能够激发他们对于戏剧表达形式的兴趣。

在游戏进行过程中，指导老师或家长应该积极地观察和引导孩子们参与其中。他们可以提供一些引导性问题或提示，鼓励孩子们积极思考和互相合作。同时，在游戏结束后，及时给予反馈和肯定是很重要的。这样可以帮助孩子更好地理解自己在团队活动中所发挥的作用，并意识到团队合作对于实现共同目标的重要性。

（3）在开展协作游戏并融入戏剧元素时也需要注意一些具体操作细节。首先是选取适当且安全的教具和环境设置。确保学前儿童在游戏过程中不会受到伤害，并提供一些可供他们使用和探索的道具或材料。其次是保持良好而积极鼓励性沟通氛围，让每个孩子都有机会参与到游戏中，并尊重他们的意见和想法。

（4）通过协作游戏和戏剧元素的融入，可以培养学前儿童的创造力和想象力。在这样的环境下，孩子们可以自由表达自己的思维和情感，并体验到角色扮演带来的乐趣。同时，他们也能够通过观察其他孩子或与其他孩子互动来拓宽自己的认知范围。

第四节 儿童戏剧表演的技巧

学前儿童戏剧表演是指通过角色扮演、情境再现等方式来展示想象力和创造力。这种活动可以在课堂上进行，也可以作为特别活动或项目展示。通过扮演不同角色或模拟真实情况，孩子们可以增加词汇量、提高语音语调，并学习如何清晰地传达意思。在团队合作中参与戏剧行动时，孩子们学会互相倾听、合作和尊重彼此的观点。[1]戏剧表演鼓励幼儿在角色扮演中运用想象力，从而激发他们的创造性思维和解决问题的能力。

通过肢体语言、面部表情等方式来塑造戏剧表演角色形象，可以锻炼学前儿童的身体控制能力和情感表达能力。对于学前儿童来说，在戏剧表演中如何塑造角色形象是一个具有挑战性但又十分重要的问题。下面，我们探讨学前儿童如何在指导老师或家长的帮助下通过肢体语言、面部表情等方式来塑造角色形象，并在表演中展示出来。

首先，在塑造角色形象之前，学前儿童需要了解所扮演角色背后蕴含着什么样的人物特质和情感。指导老师或家长可以通过阅读相关绘本、观看动画电影等方式帮助学前儿童理解角色的性格、喜好以及所处的情境背景。例如，如果孩子要扮演一个开朗活泼的小兔子角色，老师可以与孩子一起观看有关小兔子的动画片，并讨论小兔子是如何表现自己的快乐和好奇心的。当然，如果条件允许，老师或家长可以带领孩子们深入观察真实兔子的生活，或者有关兔子的纪录片。毕竟艺术家也是在观察真实生活的基础上，通过敏锐的捕捉、丰富的想象和细腻的表演，呈现角色的表演效果。孩子们看到事物真实状态，并对比艺术化处理后的效果，就更有可能引发他们创造和表现的动力。

其次，肢体语言是戏剧表演中非常重要的一环，通过适当运用肢体动作可以更加生动地展现角色形象。指导老师或家长可以引导学前儿童观察并模仿不同人物特定的肢体语言。例如，如果孩子要扮演一个哭泣的角色，老师可以示范出哭泣时身体微微颤抖、脸红眼瞳湿润等动作，并提醒孩子注意身体各部位在不同情绪下面部和四肢发生的变化。

再次，面部表情也是塑造角色形象中至关重要的一环。通过合理运用面部表情能够更加真实地展现人物内心世界和感受。指导老师或家长可以通过游戏

---

1 张立娟.幼儿园班级管理中培养幼儿自我意识的生活化教育措施探析[J].试题与研究, 2021(35):139—140.

或绘本阅读等方式引导学前儿童感受不同情绪，并进行面部表情的模仿与训练。例如，如果孩子要扮演一个生气的角色，老师可以示范出张开眼睛、嘴唇紧抿等面部表情，并让孩子尝试模仿。

最后，角色刻画是学前儿童塑造角色形象中的关键环节。除了肢体语言和面部表情外，还需要通过语音、语调等方式来展现人物特质。指导老师或家长可以帮助学前儿童了解所扮演人物的声音特点，并引导他们进行声音模仿与培养。例如，如果孩子要扮演一个年轻而活泼的男孩角色，老师可以鼓励他们用轻快有力但不过分夸张的声音来表达。

戏剧表演有着特定的技巧，学前儿童在参与戏剧表演的时候如果能够有效运用这些技巧，则能更好地完成表演的任务，并建立和培养起对表演的信心和兴趣。通过肢体语言、面部表情等方式来塑造角色形象，并在戏剧表演中展示出来是一项重要且有挑战性的任务。这种参与式教育能够激发学前儿童对于戏剧艺术和自我表达的兴趣，为他们的综合素质发展提供了宝贵的机会。因此，家长和老师应当积极推广和开展这种方式，并通过指导和训练来提升学前儿童在戏剧表演中角色形象塑造的能力。

一、儿童表演的肢体语言和面部表情的培养

在学前教育阶段，幼儿通过各种方式表达自己，其中包括肢体语言和面部表情。通过表情和身体动作，幼儿能够展示他们的想法、情感和创造力。在这个年龄段，孩子们通常还不具备完全发展的语言能力，但他们仍然需要找到一种方式来表达他们内心想法，并与周围世界进行互动。通过运用身体动作和面部表情等形式进行沟通可以帮助孩子建立联系，并增强他们自信心和社交技能。下面，我们来探讨学前儿童表演中肢体语言和面部表情的重要性，并探讨如何在幼儿教育中有效地促进其发展。

（一）儿童表演的肢体语言的培养

表演活动可以提供一个理想的平台来培养幼儿正面积极地使用肢体语言进行交流。通过参与戏剧、舞蹈和音乐等表演形式，幼儿能够发展自己的创造力和想象力。此外，他们还可以学习合作、集体意识和团队精神，这对于他们未来在学校中的学习和成长至关重要。

表演还可以帮助幼儿建立身体协调性和空间感知能力。在表演过程中，

孩子们需要掌握特定的动作序列，并准确地将它们转化为实际动作。这种练习不仅有助于他们发展良好的肌肉记忆，还有助于提高平衡感、灵活性和空间认知能力。在表演活动中使用肢体语言可以培养幼儿的情感智慧。通过模仿角色或情境并用身体语言传达相关情感，孩子们能够更好地理解自己以及他人的情绪，并学会处理各种复杂的情绪表达。

通过以下方法，可以不断引导孩子们学习和增强肢体语言表现力：

（1）观察和模仿：鼓励孩子观察身边的人们如何使用肢体语言来表达情感，让他们模仿这些动作，以便更好地理解如何运用肢体语言。

（2）角色扮演：让孩子参与角色扮演游戏，在不同情景中扮演不同的角色，这样可以帮助他们了解不同场合下肢体语言的使用。

（3）情感识别练习：通过图片、视频或现实生活中的场景，教会孩子识别不同情感的肢体语言，如高兴、生气、悲伤等。

（4）肢体语言游戏：可以尝试一些肢体语言游戏，如猜表情、动作传情等，让孩子在游戏中学会运用肢体语言。

（5）多样化的沟通方式：鼓励孩子尝试多种沟通方式，如手势、面部表情、姿态等，以丰富他们的肢体语言表达能力。

（6）观看优秀的表演：让孩子观看一些优秀的戏剧、舞蹈、电影等表演，学习专业表演者如何使用肢体语言进行表达。

幼儿在表演活动中，通过肢体语言表达想法和情感，可以帮助他们更好地表现角色，进而更容易获得观众的赞美和鼓励，不但可以增强对表演的信心，还能激发进一步学习的动力。肢体语言表达的练习，也能增强幼儿与同伴之间的社交技能。在完成戏剧表演的过程中学习观察、配合与给予同伴合适的反应，幼儿情感智慧得以增长和提高。此外，在戏剧表演中，肢体语言表达在特定的舞台空间中完成，需要对空间具有感知的能力，因此，幼儿在练习肢体语言的同时，他们的空间认知能力也能得到锻炼。教育者应该积极鼓励幼儿参与表演活动，并为他们提供适当的机会来展示他们的才华和个性。

（二）学前儿童面部表情的培养

表演中，面部表情是传达情感和意图的关键元素之一。戏剧艺术家们通常会通过变化丰富的面部肌肉运动来实现不同的表情，如微笑、愤怒、悲伤、惊讶等。这些表情可以帮助观众更深入地投入故事或角色中，增强情感共鸣和沟通，更好地理解和感受故事和角色。

学前儿童通过表演培养面部表情可以促进他们的认知能力发展。通过模仿不同角色和角色所饱含的情绪，孩子们可以更好地理解自己以及他人的感受和意图。例如，在扮演一个开心或悲伤的角色时，他们需要调整自己的面部肌肉来传达相应的情绪状态。这种实践有助于加深他们对不同情感与相关触发事件之间关联性的理解。

培养学前儿童的面部表情是一个有趣而重要的过程，可以通过以下几种方式来进行：

（1）观察和模仿：鼓励孩子观察他人的面部表情，例如家庭成员、朋友、电视节目或动画片中的角色。通过模仿这些表情，让孩子学会如何运用不同的面部肌肉来表达自己的情感。

（2）以面部训练为主的游戏：通过各种游戏和角色扮演的活动，鼓励孩子运用不同的面部表情来表达情感和意图，例如，让孩子用笑脸表示开心，用哭脸表示悲伤，用惊讶的表情来表示吃惊，等等。

（3）学习故事和绘本：选择一些有趣的故事和绘本，讲述或展示其中的情感和表情。帮助孩子理解故事中角色的情感，并引导他们模仿所观察到的面部表情。

（4）借助镜子：与孩子一起讨论情感和不同的面部表情。帮助他们认识到不同的情感有不同的面部表情，并提醒他们在不同的情境下运用适当的表情。在镜子前进行面部表情练习，让孩子观察并调整自己的面部肌肉来表达不同的情感。

总的来说，通过观察、模仿、游戏、角色扮演、故事、音乐和舞蹈等多种方式，可以帮助学前儿童培养和表达丰富的面部表情。重要的是给予他们支持和鼓励，让他们感受到表达情感的自由和乐趣。学前儿童通过表演培养面部表情在认知、情感和社交能力发展方面有着积极影响。

二、引导儿童表演情节的创造和展现

在戏剧表演中，情节表演是重要的组成部分。情节表演影响到整个戏剧表演的连贯性、整体性、层次感、节奏感等。在情节表演中情感的传达、节奏的把控、演员的语言和动作在情节中的融合度等都是情节表演的难点。在幼儿戏剧教育中，教师需要为情节表演创造更多学习和理解的机会，帮助与幼儿体会和展现情节表演，提高他们的表现力。

（一）引导儿童表演情节的创造

比起肢体语言和面部表情的表演，戏剧情节表演需要幼儿对表演的内容建立更宏观和更抽象的理解。在戏剧表演中展现情节的表演，幼儿需要在戏剧的整体性和角色的特殊性之间有整体的把握，还需要主动融入戏剧故事和角色之中，在记住故事情节的基础上把情节生动地表现出来。围绕情节表演的练习，老师可以提供有针对性的帮助，让幼儿更好地理解和提高情节表演的技能，提高幼儿对情节表演的兴趣。

（1）为了引导儿童创造出有趣而富有想象力的表演情节，教育者需要提供一个激发他们思维和想象力的环境。这可以通过创建一个具有吸引力、富有色彩和多样化材料的戏剧工作室或角色扮演区域来实现。在这个环境中，孩子们可以自由地探索不同角色、场景和故事情节，并根据自己喜好进行选择和创作。

（2）在引导儿童表演情节时，教育者应该尊重孩子们独特而丰富的经验、观点和想法。每个孩子都是独立而特别的个体，在他们自己独特的经验和背景中，有着丰富的想象力和创造力。因此，教育者应该鼓励孩子们分享自己的故事、观点和感受，并将其融入表演情节中。这样不仅可以增加儿童对表演的投入和参与度，还能提高他们对自己创造作品的认同感。

（3）在引导儿童表演情节时，教育者可以采用一些启发性问题来激发孩子们思考和创造。例如，"如果你是一个勇敢的超级英雄，你会如何保护世界？"或者"如果你是一个神奇的魔法师，你会使用哪些魔法来改变世界？"，这样的问题可以帮助孩子们思考角色、动机、冲突等重要元素，并以此为基础构建自己独特而有趣的情节。

（4）在引导儿童表演情节时，教育者还可以利用绘本、音乐和影视资源等多种形式来激发他们创作。通过阅读绘本、听取音乐或观看合适年龄段的影视作品，孩子们可以接触到各种不同的故事情节和角色，从中获取灵感并进行创造。同时，教育者可以与孩子们一起进行讨论和探索，帮助他们理解情节和角色间的关系，并鼓励他们提出自己的想法和观点。

（5）在引导儿童表演情节时，教育者应该提供充分而恰当的支持。这包括提供必要的背景知识、技巧指导和合作交流机会等。通过帮助孩子们了解剧本结构、角色发展以及舞台表演技巧等方面的知识，教育者可以为他们提供必要的支持，帮助他们更好地表达自己并参与到整个创作过程中。

在学前儿童表演中引导儿童创造出有趣而富有想象力的情节是非常重要且有挑战性的任务。通过营造激发思维和想象力环境、尊重孩子独特经验与观点、采用启发性问题激发思考、利用多种资源来激发创作以及提供恰当支持等策略与方法，可以有效地引导儿童创造出独特且富有想象力的表演情节。

（二）引导儿童表演情节的展现

（1）需要明确所谓的"情节"。在学前儿童表演中，情节指的是剧本或故事中发生的事件和行动顺序。一个好的情节能够帮助孩子们更好地理解角色扮演，并通过对话和动作来展现剧情。为了引导孩子们展现情节，应该从简单到复杂逐步进行。最初阶段，可以选择一些简单故事或场景，在这些场景中孩子们可以通过基本对话和行动来传达信息。例如，在一个农场主题的戏剧中，可以选择一个简单的场景：小鸭子迷路了，并寻找回家的路。这个场景只需要几个角色和几句对话即可完成。

（2）应该注重培养孩子们团队合作精神。在学前儿童表演中，每个孩子都扮演一个角色，并与其他孩子互动。因此，我们应该教导他们如何与其他演员合作，并在表演过程中相互支持。可以通过小组活动、角色扮演游戏和团队练习来提高孩子们的团队意识。

（3）应该鼓励孩子们发挥想象力和创造力。学前儿童天生具有丰富的想象力和创造力，他们能够轻松地进入一个虚构的世界并扮演各种角色。为了引导他们展现情节，在剧本或故事的基础上留出一些空白供他们填充细节。例如，在一个关于海洋冒险的戏剧中，可以要求孩子们自行设计并添加一些新奇有趣的场景。

（4）音乐和舞蹈也是帮助儿童展现情节的重要元素之一。学前儿童喜欢跳舞和唱歌，在表演中加入音乐和舞蹈可以使整个场景更加生动活泼。可以选择适合主题和情节的歌曲，并教导孩子跟随节奏和动作来表达情感。

（5）应该关注孩子们的兴趣和参与度。每个孩子都有自己的兴趣爱好和特长，应该尊重他们的选择并鼓励他们发挥所长。在引导孩子展现情节时，可以根据他们的特点设计适合他们能力水平和兴趣爱好的角色。

在学前儿童表演中引导孩子展现情节需要耐心、创造力和团队合作精神。通过简单到复杂、培养团队意识、发挥想象力和创造力以及加入音乐和舞蹈等多种方法，可以帮助孩子们更好地理解角色扮演，并通过对话和行动来展现剧情。

总结而言，学前儿童在指导老师或家长的帮助下开展协作游戏并将戏剧活动融入其中是一种有效且有趣的教育方式。这种方法不仅能够促进孩子们合作精神和解决问题能力的发展，还可以激发他们对于艺术表达形式和文化传统的兴趣。因此，在学前教育中应该积极探索并推广这种以合作为基础、融入戏剧元素的团队游戏模式。

本章小结

本章聚焦于学前儿童戏剧教育，探讨戏剧游戏和戏剧节目的设计，以及儿童戏剧故事创作和角色塑造方法。戏剧教育对提升儿童的表达能力和合作精神具有重要价值。通过开展戏剧游戏，鼓励儿童创作并演绎自己的戏剧故事，引导他们思考角色内心世界。同时，围绕学前儿童戏剧教育，本章提出了儿童角色塑造的方法与技巧，如创设情境、角色卡片、剧本创作和协作游戏等。最后，本章还关注了儿童戏剧表演的技巧，包括肢体语言和面部表情的培养以及引导儿童表演情节的创造和展现。

思考题

1. 戏剧起源于何时，它对学前儿童戏剧教育有何影响？
2. 学前儿童戏剧教育的价值是什么？如何通过戏剧教育促进儿童全面发展？
3. 如何设计有趣且具有教育意义的戏剧游戏，以培养儿童的表达能力和合作精神？
4. 创作与排练儿童戏剧节目时，应遵循哪些指导原则？
5. 如何鼓励儿童创作并演绎自己的戏剧故事？哪些方法有助于激发儿童的想象力？
6. 学前儿童角色塑造的方法与技巧有哪些？如何引导儿童进行有效的角色创作？
7. 在儿童戏剧教育中，如何创设情境和使用角色卡片？
8. 如何培养学前儿童表演的肢体语言和面部表情能力？
9. 引导儿童表演情节的创造和展现有哪些有效方法？
10. 如何将戏剧教育与其他学科（如语言、艺术、社会）结合，提高儿童综合素质？

第五章

学前儿童艺术教育的教学策略和评价

学前儿童艺术教育在培养孩子们的综合素质和创造力方面有着其他领域教育所不可比拟的优越性。为了确保有效率地进行教学，教育者需要运用适当的策略与评价方法。个性化指导、游戏化学习、多元感知和手工制作等策略将有助于提升艺术教育效果。观察记录法、组织展示会和反思笔记是常见的评价方法，可以帮助教师了解孩子们的成长和进步，并激发他们对艺术探索的兴趣和热情。

第一节 有效的学前儿童艺术教育教学策略与方法

　　学前儿童艺术教学策略是指在幼儿园和托儿所等早期教育机构中，为培养孩子的创造力、审美情趣以及社交能力而采用的一系列方法和技巧。过提供丰富多样的艺术体验，学前儿童能够发展创造力、表达能力和审美意识。

一、日常化策略

　　日常化策略是将艺术教育自然融入幼儿的日常生活中，让艺术创造成为幼儿生活的一部分，从而更好地激发幼儿的艺术创造行为。日常化策略包括环境创设的日常化、活动设计的日常化、教师引导的日常化、家园合作的日常化。

（一）环境创设的日常化

　　环境创设的日常化实质是教学环境的艺术化，它包括室内外环境的艺术化布置和艺术展示区的设置等。尤其是在艺术展示的设置部分，可以创设便于更换作品展示的展陈空间，让幼儿的作品可以不断得到更换，让更多的幼儿有机会展示自己的作品。在展示空间设置舒适的休息和交流区域，为幼儿的欣赏活动创造更有利的条件。同时可以在这个区域为儿童提供艺术实践探索的条件，满足幼儿在观看和欣赏作品后激发的创作愿望。

（二）活动设计的日常化

活动设计的日常化，首先通过常态的艺术创作区域活动创设。教师可以鼓励孩子们进入美工区、艺术实验区等区角参与活动。同时，教师需要对进入相应区角开展的活动进行有目的的活动设计。教师可以结合班级日常的主题活动，设计相应的艺术领域探索活动，并投放相应的工具材料，让孩子们在完成艺术实践与探索任务的过程中进行日常艺术实践活动。教师也可以参考适合儿童身心发展阶段的小型艺术实践活动的设计，设计具体的艺术实践任务，引导孩子们常态化开展艺术实践。

活动设计的日常化策略中，及时或定期的艺术展示特别重要。幼儿的艺术活动需要在展示和展演的过程中实现交流、促进反思的功能。其次可以通过在日常的教学流程中渗透艺术活动实现常态化设计，如晨间活动可以渗透音乐欣赏的环境，鼓励幼儿跟着音乐进行轻松简单的律动或放松运动；餐后休息可以渗透音乐或美术欣赏的活动，或者安排一些艺术小游戏，如图形的拼摆与联想，故事或短剧的创编或续编等。在幼儿户外活动的时候，可以引导幼儿观察、感知自然中的景观，包括色彩、形状、质感、甚至气味等，鼓励幼儿描述他们的所见所想，用绘画或语言表达自己的感受。

教师引导的日常化主要通过教师对幼儿日常艺术活动及艺术化行为的观察和启发来实现。老师需要密切关注幼儿的兴趣点，及时发些幼儿在艺术活动中的需求，以便在后续活动中"投其所好"，创设更多符合学生喜好的艺术创作主题。在日常生活中，老师也要善于启发幼儿的创作灵感，如当幼儿看到美好的事物时，老师可以鼓励和引导幼儿用绘画的方式表达出来；当幼儿在户外游戏时，发些有趣的小昆虫，可以引导幼儿歌唱或聆听有关小昆虫的歌曲，进一步引发他们对大自然的感知、观察和想象等。日常生活中，老师要对幼儿的艺术创作行为和结果给予积极的反馈，并尽量表现出对相关活动的关注，同时鼓励幼儿分享自己的作品和想法，增强幼儿的表达能力和自信心。

"艺术化行为"是指个体在日常生活中，将艺术的思维方式、表现手法或审美观念融入到个体行为和活动中，使这些行为或活动呈现出艺术的特质和美感。幼儿在日常生活中常常会将艺术的某些思考方式或表现手法不自觉地融入到他们的行为和活动中。虽然这些不自觉的行为与艺术家的"有意而为"存在本质的区别，但老师仍然可以通过"有意注意"，帮助幼儿意识到自己的这些艺术化的行为，并让这些行为变得更有"自主意识"。

创造性思考是艺术化行为的一种常见的表现。老师通过主动观察和发现幼儿不拘常规的独特视角，以及幼儿通过他们自己的方式解决问题或表达情感的行为，并引导幼儿意识到自己这些"打破常规"的想法的可贵之处。其次，老师要善于观察和发现幼儿对色彩、形状、节奏等艺术元素的敏感表现，鼓励幼儿感知这些形式所带来的美感，并通过艺术创造活动表现出来。老师还可以鼓励幼儿用美术、音乐、舞蹈等艺术语言，表达他们对事物的理解和感受，同时引导他们进一步用这些艺术语言进行交流，传达自己的思考或情感等。

（三）家园合作的日常化

家园合作的日常化就是定期组织亲子艺术活动，增进家园沟通，帮助家长了解艺术教育的重要性，分享艺术教育的理念与方法，让家长理解艺术教育的目标不仅是培养幼儿的艺术技能，更重要的是培养幼儿的创造力、表达力和审美能力。鼓励家长在家庭中为幼儿创设艺术环境，为幼儿提供丰富的艺术材料，并且做好幼儿艺术分享和展示的积极欣赏者和合作者。

二、实验场策略

艺术最有教育价值的部分之一，在于艺术的探索性和实验性。实验场策略是指为幼儿提供一个自由探索和实验的艺术环境，让幼儿在其中大胆尝试、自由创作，培养其创造力和审美能力的策略。实验场为幼儿提供了丰富的材料和自由的空间，他们可以不受限制地尝试各种创意，将脑海中的想法转化为实际作品，从而激发创造力和想象力。在实验场中，幼儿可以根据自己的兴趣和想法选择材料和创作方式，自主完成作品，这有助于培养他们的自主性和独立思考能力。通过接触和使用各种艺术材料，幼儿能够感受不同材料的质感、色彩和形状，从而增强对美的感知和欣赏能力。

在运用实验场策略的时候，需要为幼儿提供丰富的材料，同时确保材料的安全性。更重要的是需要营造一个宽松的心理环境，给予幼儿充分的自由和信任，不对幼儿的作品进行过多的评价（特别是负面评价）和干预，尤其注意避免简单的用"像不像""好不好"等标准来衡量孩子的作品，而应该更多地通过"关注""好奇""肯定"和"提问"等方式进行反馈。如果条件允许，老师可以鼓励幼儿对作品进行更多的介绍和解释，让他们感受到自己的想法和作品是"被接纳"和"被认可"的。在幼儿完成作品之后，老师特别需要注意引导幼儿对自己的创作实验过程和结果进行反思和总结，帮助他们积累经验。

需要注意的是，一般的实验往往存在结果的成败问题。在艺术实验中，结果的表现可能会通过"与预期的偏离程度"表现出来。事实上，许多艺术实验虽然偏离预期，但也可能带来意料以外的"惊喜"。毕竟"没有标准答案"就是艺术的一个鲜明的特性，这也是艺术的独特魅力之一。老师需要对那些"偏离预期"的艺术实验结果给予更多的关注和包容，以引导幼儿发现不同结果可以产生怎样的效果，激励幼儿更多的尝试和更大胆的创造。

三、情感激励策略

情感表现是艺术的特征之一。幼儿在艺术创作和表达中传达的情感能否获得教师的共鸣，教师能否对幼儿的情感表达给予积极的反馈，并激励幼儿进行艺术创造活动，会影响到幼儿参与艺术活动的态度。因此情感激励策略在学前儿童艺术教学中有着独特的意义与价值。

艺术活动为幼儿提供了一个表达和宣泄情感的途径，情感激励则能够帮助幼儿更好地理解和表达自己的情感。当幼儿通过绘画、表演等方式表达出喜悦、悲伤、愤怒等情感时，老师的共情和引导能够让他们更清晰地认识到自己的情感状态，学会用包括艺术这样的适当的方式表达和调节情感，有助于幼儿情感的健康发展。同时，情感激励能够激发幼儿对艺术活动的兴趣和热情，使其更愿意主动参与其中。当幼儿在绘画、唱歌或跳舞时，教师给予积极的情感回应，如赞美、鼓励的言语和期待的表情，会让幼儿感受到被关注和认可，从而增强他们对艺术活动的喜爱和投入程度。

情感激励是师生情感交流的重要方式之一，通过教师对幼儿情感表达的关注和回应，能够增进师生之间的感情，建立良好的师生关系。这种良好的关系会让幼儿更加信任教师，愿意与教师分享自己的想法和感受，为艺术教学活动的顺利开展创造积极的条件。

在采取情感激励策略时，需要尊重幼儿独特的情感表达。每个幼儿的情感表达方式和内容都是独特的，要尊重这种差异，避免用成人的标准去评判幼儿的作品和表现。面对幼儿的艺术表现，老师需要及时给予积极而具体的反馈。

如，比起只是说"你画得真好看"，"你在这幅画中用了绿色和蓝色的点缀，让画面看起来很清爽，就像在炎热的夏天吃了一口冰淇淋"的表达更能引发幼儿的认同，也为后续的交流创造更大的空间。老师要为幼儿创造一个宽松、自由、愉悦的情感氛围，让他们能够毫无顾虑地表达自己的情感。特别需要注意把握艺术技巧训练的"度"，以免压抑幼儿的情感表达和创造力。

在艺术教学过程中，老师需要密切关注幼儿的情感变化，及时发现他们可能遇到的困难或挫折，并给予适当的情感支持和引导。只要孩子能参与的艺术实践的过程，就应该鼓励和肯定。当然，老师积极、热情、乐观的情感态度也会感染幼儿，让他们感受到艺术活动的快乐和美好。因此在教学中，教师可以通过自己的表情、语气、肢体语言等方式传递积极情感，带动幼儿的情绪，激发他们的参与热情。

第二节 学前儿童艺术教育的组织与管理

一、明确教育活动的目标和内容

为了有效地管理学前儿童艺术教育活动与课堂教学行为，需要明确艺术教育活动及相关课程的目标和内容。从广义上来说，学前儿童艺术教育可以涵盖视觉艺术、音乐、舞蹈等多个方面。因此，在规划课堂时需要考虑到各种不同的活动，并确保它们与整体目标相符。为了明确学前儿童艺术课程的目标和内容，可以采用以下几种方法。

（一）确定整体目标

第一步需要确定学前儿童艺术教育的整体目标。结合这个目标可以是培养孩子们对艺术的兴趣和欣赏能力，提升他们的创造力和想象力，以及发展他们的表达能力等。在确定整体目标之后，在规划具体课程时可以更加有针对性。

（二）分解为小目标

将整体目标分解为小目标，以便更好地指导教师在每节课中设置合适的活动和任务。例如，如果整体目标是培养孩子们对视觉艺术的兴趣，那么其中一个小目标可能是让孩子们学习基本绘画技巧或认识不同种类的颜色。

（三）设计多样化活动

学前儿童喜欢通过亲身参与来学习。因此，在设计课程内容时应该包括多样化的活动，如绘画、剪纸、手工制作、音乐游戏等。这样不仅能够满足孩子们不同方面的发展需求，还能让他们在玩乐中学习。

（四）结合季节或主题

为了增加学前儿童艺术课程的趣味性和吸引力，可以结合不同的季节或主题来设计相关内容。例如，在春天可以进行植物绘画，冬天可以制作雪花手工艺品。这样能够让孩子们更好地理解和感受到不同的艺术元素。

（五）引入艺术家和作品

通过介绍一些知名的艺术家和他们的作品，可以激发学前儿童对艺术的兴趣，并且开拓他们对不同风格、形式和表现方式的认识。老师可以通过图片、视频等方式向孩子们展示这些作品，并鼓励他们表达自己对作品的感受和想法。

在明确学前儿童艺术课程目标和内容时，需要考虑到确定整体目标、分解为小目标、设计多样化活动、结合季节或主题以及引入艺术家和作品等方面。这样能够使课堂更有针对性，提升教育效果，并且让学前儿童在愉快中获得更多关于艺术的知识和经验。

二、注重灵活性和生成性

由于幼儿的特点是具有易变性和较短的注意力持久度等，所以，灵活性至关重要。这意味着老师需要根据幼儿对不同任务或活动的反应来调整计划并做出相应改变。幼儿情绪和兴趣容易发生变化，需要老师能够及时调整。幼儿对于一个任务或活动只能保持一段时间的专注。幼儿渴望探索新事物，并表达自己独特的思想和观点。艺术教育追求润物无声的美育效果，需要老师在艺术教育的过程中善于发现与孩子的互动过程中闪现的美育资源，将儿童的生活、经验作为艺术教育活动设计的素材，组织儿童在艺术活动中体验、学习不同的艺术表现方式，表达儿童自己的理解和感受。

（一）设计多样化任务

（1）引发兴趣：通过选择吸引幼儿兴趣、具备互动性质并且轻松易懂的任务来吸引他们参与。例如使用多种颜色和纹理来画画。

（2）提供选择权：让幼儿在一定范围内选择他们想要的任务，这样能够增加他们对任务的投入感和满足感。例如提供不同形状和大小的画笔给幼儿选择使用。

（3）制定清晰目标：为每个任务设定明确的目标，并向幼儿解释这些目标。这有助于增加他们对任务的理解和参与度。

（二）针对性调整计划

（1）观察幼儿反应：密切观察每个幼儿在不同任务中的表现，并了解他们喜欢和擅长什么，以及需要进一步支持或挑战哪些方面。

（2）灵活安排时间：根据观察结果调整课堂时间分配，给予更多适应性强、能够提高注意力持久度的活动。例如，在注意力开始减退之前进行集体活动，如音乐合唱等。

（3）改变教学方法：尝试用不同的教学方法来吸引不同类型的学习者。使用视觉、听觉和动手实践等多种方式来传授知识。

（三）鼓励创造力发展

（1）提供自由探索空间：为幼儿提供充足的时间和空间，让他们自由探索并用自己的方式表达。例如在画画活动中提供多种材料和工具供幼儿选择。

（2）赞赏独特思维：鼓励幼儿表达自己独特的观点和创意，并给予积极反馈，以促进他们创造力的发展。

（3）提供合作机会：组织合作活动，鼓励幼儿相互分享和交流想法。这将有助于培养他们的团队合作精神和集体智慧。

灵活性对于组织学前儿童艺术教育课堂至关重要。通过了解幼儿特点、设计多样化任务、针对性调整计划和鼓励创造力发展，老师能够满足幼儿对不同任务或活动的需求，并帮助他们获得更丰富、有趣且有效果的学习体验。

三、建立秩序和纪律

尽管幼儿较小且容易分心，但在学前儿童艺术教育课堂中，建立秩序和纪律是必不可少的。这可以通过制定明确的规则和预期来实现，并与幼儿进行积极互动，激发他们对参与课堂活动的兴趣。学前儿童的艺术教育对于他们的全面发展至关重要。然而，一个有序的课堂环境对于有效的学习和创造力的培养同样重要。

（一）明确规则与期望

在学前儿童艺术教育课堂中建立秩序，必须明确规则与期望。孩子们需要清楚地知道在课堂上应该做什么以及不应该做什么。这可以通过明确规定一些基本准则来实现，例如，尊重他人、合作交流、保持安静等。同时，在开始每节课之前简短而清晰地介绍这些规则，并与孩子们进行互动讨论，以确保他们理解并接受这些准则。在学前儿童艺术教育课堂中营造温暖友好氛围是非常重要的。孩子们在一个温暖友好的环境中更容易积极参与和合作。老师应该关注每个孩子，并尊重他们的感受和想法。鼓励学生之间的互动和友善交流，以及发展良好的团队合作精神。

（二）借助明了的视觉标识和语言

使用简洁明了的文字，避免使用模糊或复杂的词语，确保学前儿童能够理解规则的含义。规则应该简洁明了，容易被理解和记住。使用简短的语句来描述每个规则，并确保每个规则只包含一个主要概念。将一些大的规则分解为更具体的细则，以帮助学前儿童更好地理解和遵守规则。例如，将"尊重他人"这个大的规则分解为"不打架、不互相辱骂、不抢夺他人的物品"等具体的细则。使用图片、图表、标志等可视化辅助工具，将规则可视化，帮助学前儿童直观地理解和记忆规则。

（三）提供清晰指导与示范

在学前儿童艺术教育课堂中提供清晰指导与示范也是建立秩序不可或缺的一部分。教师应该给予明确而简洁的指导，确保孩子们理解每个任务或活动的目标，并知道如何做出正确且优质的艺术作品。同时，为了帮助孩子们更好地理解，教师可以进行一些示范，以展示正确技巧和方法。

（四）积极激励与正面引导

在学前儿童艺术教育课堂中采用积极激励与奖惩机制也能有效地建立秩序。鼓励措施可以包括表扬、创造展示的机会或特殊优待等方式，以此来鼓励那些表现遵守规则、大胆表现、乐于分享、敢于创造想象的学生。而正面引导则是当孩子出现不恰当的行为时，老师需要通过正面引导的方式指出孩子不当行为的同时，给予孩子正确的引导。例如给予孩子们一些时间反思和改正错误行为的机会，表扬正确行为以引发他们对正确行为的关注，或者减少他们在艺术活动中的参与权利，以促使他们认识到自己不良行为的后果。

（五）合理安排和管理时间

在学前儿童艺术教育课堂中合理安排和管理时间也是建立秩序必须考虑的因素之一。教师应该精心组织每节课的时间，以确保每个环节都有足够的时间完成。此外，要注意在孩子们专注力量下降之前进行活动或任务切换，以避免过度疲劳和注意力分散。

在学前儿童艺术教育课堂中建立秩序对于有效地传授知识、培养创造力以及塑造健康成长起着重要作用。通过明确规则与期望、营造温暖友好氛围、提供清晰指导与示范、采用积极激励与奖惩机制以及合理安排和管理时间等策略，可以帮助教师有效地建立秩序，并促进学前儿童艺术教育的全面发展。

四、鼓励合作和互动

在学前儿童艺术教育课堂中，鼓励合作和互动非常必要。幼儿通常更喜欢与同伴一起完成任务，而不是单独行动。因此，在组织活动时可以设计小组工作或合作项目，并鼓励幼儿之间的互相交流和分享。

尽管幼儿较小且容易分心，但在学前儿童艺术教育课堂中，建立秩序和纪律是必不可少的。通过建立秩序和纪律，教师能够确保学生的学习效果最大化，并为他们提供一个安全、积极和有益的环境。

（一）制定明确而一致的规则

制定明确而一致的规则是建立秩序和纪律的基础。由于艺术课程通常对孩子们充满诱惑，因而，让学前儿童参与讨论制定明确的规则，可以增强他们的责任感和主动性。可以以小组讨论或游戏的形式，让学前儿童表达他们希望遵守的规则，然后共同制定一致规则。在课堂上反复强调规则，帮助学前儿童理解并牢记规则。

（二）及时有效地反馈

在建立秩序和纪律时，及时有效地反馈、奖励或惩罚也非常必要。当幼儿表现出良好行为时，要及时给予赞扬或奖励，以增强他们的积极性。同时，当幼儿违反规则或表现出不良行为时，教师也应立即采取适当的纠正措施，并对其进行解释和讨论。这种及时而有效的反馈可以帮助幼儿理解哪些行为是可接受的，哪些行为是不可接受的，并激励他们改变不良习惯。

（三）合理而具体地安排活动和时间

在教育课堂中建立秩序和纪律时，合理而具体地安排活动和时间也非常重要。幼儿在学习过程中容易分心和疲劳，因此教师需要根据他们的注意力水平和兴趣特点合理安排活动和时间。例如，在一节课上交替进行集体活动、小组活动和个人任务可以增加幼儿参与感，并保持他们对学习内容的关注度。

此外，在学前儿童艺术教育课堂中建立秩序和纪律还需要注重与家庭之间以及其他相关方面的合作。家庭教育在孩子发展过程中起着至关重要的作用，因此与家长保持密切沟通并共同制定一致原则十分必要。同时，与其他教师、学校管理层和专业人员的合作也能够为幼儿提供更全面的支持和指导。

综上所述，在学前儿童艺术教育课堂中建立秩序和纪律是非常重要的。通过制定明确的规则，及时有效地反馈、奖励或惩罚，合理安排活动和时间，并与家庭以及其他相关方面进行合作，可以为幼儿提供一个积极、有序且有益的学习环境。这样做不仅有助于他们在艺术领域获得更好的发展，还能促进其整体人格素养的提升。

五、提供合适的资源和材料

学前儿童艺术教育强调创造力和表达能力的培养，因此需要提供多样化且适应年龄段特点的材料。

学前儿童艺术教育是培养孩子综合发展的重要阶段，而提供适当的资源和材料对于孩子获得全面艺术教育至关重要。下面将探讨学前儿童艺术教育课堂中如何提供适当的资源和材料。

（一）合理安排空间

在学前儿童艺术教育课堂中，合理安排空间也是十分重要的。一个开放而有序的空间能够激发孩子们对学习与创造性活动的兴趣，并帮助他们更好地理解与应用所提供给他们的各类资源与材料。以下是一些建议来合理安排空间：

（1）创造开放的空间：为学前儿童的艺术活动提供足够的空间，让孩子们可以自由地移动和表达自己。确保教室布置上避免过多的障碍物，为孩子们提供足够的活动空间。

（2）提供良好的照明：良好的照明可以增强儿童对颜色和纹理的感知，同时也能提供一个明亮、愉悦的环境。选择自然光线和柔和的灯光来照亮教室。

（3）提供各种材料和工具：为儿童提供各种各样的艺术材料，例如颜料、彩笔、纸张、黏土等，以及适当的工具。确保这些材料和工具易于取用，并放置在儿童可以自由选择和使用的地方。

（4）有足够的储存空间：确保为艺术材料和工具提供足够的储存空间，让儿童可以保持教室的整洁和有序。标明储存物品的位置和方式，帮助儿童学会归还和整理。

（二）因材施教

（1）了解每个孩子的兴趣和能力水平。观察孩子在艺术方面的表现，包括绘画、手工制作、音乐、舞蹈等。了解他们的倾向和喜好，以便根据他们的兴趣创造学习和探索的机会。

（2）为每个孩子制定个性化的学习目标。根据孩子的能力和需求，设定适合他们的目标。这样可以确保他们在课堂上有挑战性但也能够成功地完成任务。

（3）提供不同的学习材料和活动。在课堂上提供多样性的艺术材料和活动，例如颜料、纸张、乐器等。这样可以激发孩子的创造力和想象力，同时提供他们选择适合自己的材料和活动的机会。

（4）个别辅导和反馈。与孩子进行个别辅导，给予他们针对性的指导和反馈。这样可以帮助他们发现自己的潜力和提高自信心。

（5）保持灵活性和创新性。根据孩子的发展和兴趣，随时调整教学内容和方法，以确保他们能够得到最大的学习效果。

另外，在学前儿童艺术教育中，鼓励家长与教师之间进行积极合作可以让孩子们的艺术学习事半功倍。通过与家长交流收集孩子在家庭环境下表现出来的兴趣爱好和潜力等信息，教师能够更准确地了解每个孩子在学习过程中需要什么样类型的资源与材料，并为其提供更具针对性、有效性的支持。

第三节 艺术作品的评价和指导的途径及方法

对于幼儿在艺术创作过程中的成果进行评价和指导，是确保他们能够得到充分发展的关键环节。本节旨在探讨学前儿童艺术教育中，有效的艺术作品评价和指导途径及方法。

一、扎根于幼儿特点的评价与指导方法

艺术作品评价与指导方法是学前儿童艺术课堂中容易被忽视却又可以对学习产生重要影响，因为它可以帮助教师了解幼儿特点，并有效地引导他们进行创造性表达。接下来将分点具体论述学前儿童艺术教育课堂中扎根于幼儿特点的艺术作品评价与指导方法。

（一）立足于幼儿个体差异

每个孩子都有独特的人格特点、认知能力以及情感表达方式。因此，评价与指导方法应该通过了解每位幼儿独立思考和表达方式来帮助他们实现自我潜能。

1. 理解幼儿个体差异

（1）了解每位幼儿的背景：每个孩子都来自不同的家庭环境和文化背景。这些因素会影响他们对艺术作品评价和创造力发展的态度。

（2）注意观察与记录：通过观察、记录和分析每位孩子在艺术活动中表现出来的兴趣、能力以及学习方式，可以更好地了解他们各自独特的需求。

（3）建立信任与关系：建立积极且支持性的师生关系对于理解并满足每位学生的需要至关重要。只有建立信任与尊重才能有效地处理个体差异。

2. 评价艺术作品的个体差异

（1）多元化的评价方法：使用多种不同的评价方法，如观察记录、口头和书面反馈以及对话式反思等。这样可以更全面地了解幼儿在艺术作品中表现出来的独特风格和创造力。

（2）避免一刀切的标准：不同孩子之间存在差异，因此要避免过度依赖单一标准来评价他们的艺术作品。相反，应根据每位学生的能力水平、兴趣和目标制定个性化评价指标。

（3）鼓励自我发现与探索：给予孩子们足够的自由空间去探索和表达自己

在艺术作品中独特而个性化的想法。鼓励他们发现自身潜力,并支持他们找到并实现自己感兴趣的领域。

3. 指导幼儿个体差异

(1)不断提供挑战与支持:为每位幼儿提供适当水平上具有挑战性但又不过于困难且有针对性的支持的学习机会。这有助于满足每位幼儿的学习需求,促进他们在艺术创作中的成长与发展。

(2)个性化指导:根据每位幼儿的兴趣和能力,提供个性化的指导和教学资源。这有助于激发孩子们对艺术作品探索和创造力发展的积极性。

(3)培养自信与自我评价能力:通过鼓励孩子们对自己的作品进行反思和自我评价,帮助他们建立正面且批判性地看待自己作品的态度。这样可以培养他们对艺术表达过程中个体差异持开放态度并增强他们独特想法及风格。

处理幼儿个体差异是艺术教育中重要且挑战性任务之一。了解幼儿背景、使用多元化评价方法以及提供针对个体需求而设计的指导是实现这一目标所必需的步骤。通过尊重和满足每位幼儿的独特需要,可在艺术教育领域为孩子们打开更广阔的世界,并为他们未来的学习与成长奠定基础。

(二)注重多元智能发展

根据霍华德·加德纳所提出的多元智能理论,在评价与指导过程中应该注重鼓励孩子各种不同形式(如绘画、音乐、舞蹈等)的艺术表达,以促进全面发展。

在现代教育领域中,多元智能理论已经成为一个受到广泛关注的概念。霍华德·加德纳提出了这一理论,认为人类拥有不止一种智力类型。而对于学前儿童来说,鼓励他们从小开始通过艺术表达来发展多元智能是至关重要的。

1. 了解多元智能理论

首先,老师需要了解霍华德·加德纳提出的多元智能理论。该理论认为人类具有包括语言、逻辑数学、音乐、空间感知等八大不同类型的智力。每个人都在这些方面拥有不同的潜能和天赋。因此,在评价和指导学前儿童的艺术表达时,应该注重发现和培养他们在各种智力类型中的潜力。

2. 鼓励多元智能展示

作为教育者,应该鼓励学前儿童以各种不同形式的艺术表达展示他们的多元智能。这可以通过提供丰富多样的材料和工具来实现,例如颜料、音乐乐器、舞蹈道具等。同时,还需要创造一个支持性和积极鼓励的环境,让孩子们自由表达自己,并为他们提供合适的挑战。

3. 提供个性化指导

在评价学前儿童创建艺术作品时，个性化指导非常重要。每个孩子都有其独特的兴趣、才能和风格。教育者应该善于观察并了解每个孩子在不同类型智力方面的优势，并针对性地提供指导与建议。一对一交流是非常有效的方式之一，在这过程中教育者可以引导孩子探索更广阔领域的艺术表达，帮助他们发展各自的多元智能。

4. 综合评估学前儿童的艺术作品

除了个性化指导外，综合评估是另一个重要的环节。老师应该基于多元智能理论来评估学前儿童创作艺术作品的成果。这意味着老师不仅要关注绘画技巧或舞蹈步法是否准确，还应该看到孩子们在不同智力类型上的表现。例如，在音乐方面，可以侧重观察孩子们是否具有节奏感、音调敏感度等，而在空间感知方面，可以侧重观察孩子们对形状、颜色和布局等方面的理解。

通过注重鼓励学前儿童各种不同形式（如绘画、音乐、舞蹈等）的艺术表达，并基于多元智能理论提供个性化指导和综合评估，可以促进他们全面发展。这种方法不仅有助于发现和培养孩子们在各个领域中的潜在天赋，还鼓励了他们探索自我并建立自信心。因此，在未来的教育中，应该重视多元智能发展，并在艺术作品评价与指导中给予学前儿童足够的关注与支持。

在学前儿童艺术教育课堂中扎根于幼儿特点的艺术作品评价与指导方法有助于促进幼儿综合能力和自我认知的全面发展。因此，在学前儿童艺术教育中应注重培养一支具备专业知识和丰富经验的教师队伍，他们能够准确评价和指导幼儿在艺术创造过程中的表现，并提供适当而有效的支持。

二、有效的评价与指导策略

（一）用语简明扼要

对于年龄较小的幼儿来说，简单直接但又肯定且积极地给予反馈是十分关键的。这样可以保证他们能够理解并且接受所给出的建议。

无论是绘画、手工制作还是音乐表演，这些艺术作品都为幼儿提供了展示自己创造力和想象力的机会。然而，对于年龄较小的幼儿来说，他们可能不具备理解复杂反馈的能力。因此，在给予幼儿艺术作品评价时，教师需要使用简明扼要但又肯定且积极的语言。

（1）在给予评价时应尽量使用简单直接的语言。幼儿对于复杂或抽象词汇可能无法理解或产生困惑。因此，教师应尽量使用他们熟悉和容易理解的词汇来描述他们的艺术作品。"漂亮""有趣""好看"等简单直接的形容词可以有效传达对孩子作品美感方面的肯定和鼓励。

（2）在表达意见时需要保持积极态度并给予肯定反馈。年龄较小的幼儿对于成就感和自尊心的培养非常重要。当教师给予肯定反馈时，幼儿会感到被认可和鼓励，从而激发他们对艺术创作的兴趣和积极性。例如，可以说："你画得真好！你用了很多颜色，让我觉得很开心。"

（3）在评价过程中应提供简明扼要的建议。幼儿需要指导来提高他们的技能和表达能力。然而，长篇大论或过于复杂的建议可能会令他们迷失方向或产生挫败感。因此，在给予建议时教师应使用简明扼要但又具体明确的语言。"下次试试用不同颜色混合在一起看看效果如何？"这样简短清晰但又具有启发性的建议可以帮助幼儿改进作品。

通过使用简单直接、肯定且积极的态度以及给予具体清晰建议等方法，教师能够保证年龄较小的幼儿能够理解并接受所给出的评价，从而促进他们对艺术创作的兴趣和积极性的发展。

（二）引导式问题

通过提问来引导幼儿思考和分析自己作品中存在的问题或改进空间。这种反馈方式既鼓励了孩子们主动参与讨论，也培养了他们独立思考和解决问题能力。

在幼儿教育领域中，提问是一种非常有效的指导方法。它能够帮助教师引导学生思考、分析和评估自己的作品，并找出改进的空间。这种反馈方式不仅鼓励孩子们参与到讨论中去，而且培养了他们独立思考和解决问题的能力。

教师可以通过特定的问题引导幼儿深入分析自己作品中存在的问题，并尝试寻找解决方法。例如，"你认为有什么方法可以改善这件艺术作品？你可以尝试使用不同材料或尝试换一种画笔来表现吗？"这样一种鼓励性而又具体的提问方式能够帮助孩子们理解并应用他们所学到的知识和技能来解决实际问题。同时，教师还可以利用开放性问题来促使幼儿思考不同可能性，并鼓励他们在寻找答案时展示出创造力和想象力。

通过提问还可以促进幼儿之间以及与教师之间进行互动交流。当一个孩子分享自己创建或完成的作品时，其他孩子也有机会加入讨论并分享自己对该作品的观点和建议。这样一种互动交流的环境不仅能够激发孩子们的学习热情，还可以帮助他们从不同角度思考问题，并从他人的意见中获得启发。同时，教师在这个过程中也能够提供及时反馈和指导，以帮助幼儿更好地理解并改进自己的作品。

（1）通过提问来引导幼儿思考对于他们认识自己所做作品的价值和目标具有重要意义。当一个孩子完成一项任务或创造出一件作品时，教师可以用开放性问题来启发他们对此进行深入思考。例如："你认为你完成这个任务时最困难的部分是什么？""你觉得这个项目会对其他人有什么影响？"这样引导学生去回顾自己所做作品在创作过程中面临到的困难、挑战以及可能产生效果等方面，帮助他们更好地理解自己的工作。

（2）提问还可以引导幼儿分析自己作品中存在的问题或改进空间。通过针对性的问题，教师可以帮助学生认识到他们作品中存在的缺点或需要改进之处。例如"这件作品有没有什么需要改进的地方？"通过这样引导学生去思考和分析自己所做作品的不足之处，培养他们发现问题和解决问题能力。

（3）在讨论过程中，教师应该鼓励孩子们独立思考和提出自己的独特见解。通过给予孩子更多发言机会，接受并尊重他们的不同意见和观点，鼓励他们学会独立思考与表达。例如："你认为我们应该怎样来解决这个问题？"在给予孩子积极回应和肯定性评价时激发了幼儿主动参与讨论及表达意见，让他们相信并感受到自身价值。

在幼儿教育中，教师通过提问来引导幼儿思考和分析自己作品中存在的问题或改进空间是一种非常有效的反馈方式。这种途径不仅鼓励孩子们积极参与到讨论中去，而且培养了他们独立思考和解决问题的能力。尤其对于幼儿教育来说，这种方法是特别重要的，因为它可以激发孩子们对学习的兴趣，并帮助他们从小就具备批判性思维和创新精神。

三、家庭参与在评价与指导中扮演重要角色

（一）家庭支持与合作

家长在评价孩子艺术作品时起到了至关重要的作用。他们不仅是唯一能够真正理解孩子心灵世界和创造力表达方式的人，还具备对孩子成长环境和背景有深入了解的优势。因此，他们能够提供更准确、具有针对性和个性化的评价意见。家长是评价孩子艺术作品的重要依据，因此，家庭应该积极参与幼儿艺术教育，并在评价和指导中给予正确的引导和支持。与此同时，在进行评价过程中，教师要引导家长注意给予正确引导和支持。

（1）在赞美方面，家长应注重鼓励孩子对自己创造出来的艺术作品感到自豪，并从中找到可取之处进行称赞。这样做有助于增强幼儿自信心，并激发他

们继续探索、创新以及改进技巧。

（2）在指导方面，家长可以帮助幼儿分析作品中的优点和不足之处。通过提供具体的建议和指导，帮助孩子了解如何改进艺术作品，提升技巧和表现能力。同时，家长还可以鼓励孩子尝试不同的艺术风格和媒介，引导他们开阔视野，并展示自己独特的创造力。

（3）除了评价和指导外，家长还应积极参与幼儿艺术教育。首先，在学校或社区举办的艺术展示、比赛等活动中支持孩子参与，并积极参与其中。这样做不仅能够激发孩子对艺术的兴趣与热爱，还能够让他们感受到家庭对他们发展的支持。其次，在日常生活中为孩子创造更多接触艺术的机会。可以带孩子去美术馆、博物馆、音乐厅等文化场所进行参观学习，也可以在家中组织一些有趣且有意义的手工制作活动，让孩子亲自动手创造属于自己的小作品。

（4）在培养幼儿对待艺术评论以及审美品位方面，家长也要发挥重要作用。他们可以与孩子一同欣赏经典艺术作品，引导孩子学会欣赏和分析艺术作品，并培养其独立思考和审美能力。

（二）家访和互动

定期开展家访活动是加强学校与家长之间联系的有效方式。通过走进学生们居住的社区或住所，教师能够更好地了解孩子们的成长环境和背景情况。这种身临其境式的观察可以帮助教师更好地理解每个学生，并针对个体差异调整教学方法和策略。通过定期开展家访活动、分享孩子作品以及与家长互动交流，有助于增进师生间的了解，提升评价指导工作的有效性。通过分享孩子的作品，教师也能够从家长那里获得宝贵的反馈和意见。这种互动交流不仅有助于改进评价指导工作中可能存在的问题，还可加深对孩子需求和优点的理解。

在艺术教育中，学前儿童家访和互动交流对于教师来说是一项有意义的任务。艺术教育旨在培养学生的创造力、想象力和表达能力，而这些能力在儿童阶段尤为关键。通过家访和互动交流，教师可以更好地了解学生的背景、兴趣和需求，并根据这些信息进行个性化的教学设计。

（1）在进行学前儿童家访时，教师需要有明确的目标和计划。教师应该提前与家长预约，并说明目的是了解孩子在艺术方面的兴趣、才华以及任何已经展示出来或潜藏着但尚未发掘出来的特殊能力。这样做能够使得双方都对于此次会面有所准备，并且可以更有效地沟通。

（2）在与家长交谈时，教师需要倾听并提问以获取更多信息。教师可以询问孩子喜欢什么类型的艺术活动，是否参加过任何相关课程或表演等。此外，了解到孩子对哪些形式或主题感兴趣也很重要。例如，一个孩子可能对音乐感兴趣，而另一个孩子可能更喜欢绘画或舞蹈。通过与家长的交流，教师可以更好地了解学生的兴趣和潜力。

在交流过程中，教师应该保持积极的态度，并鼓励学生表达自己的想法和感受。他们可以使用开放性问题来引导讨论，并给予肯定和鼓励。例如，"你喜欢听钢琴曲吗？""你最喜欢哪种颜色？"等。这样做有助于激发学生的想象力和创造力，并提高他们对艺术的理解。

（3）在与家长交流之后，教师还可以安排一些互动活动来进一步了解学生并促进他们在艺术方面的发展。例如，教师可以组织小型艺术工作坊或游戏活动，在其中鼓励学生展示自己的才华和创造力。这样做不仅有助于培养学生对艺术的兴趣，还能够为他们提供实践机会并增强其表达能力。

（4）在进行家访和互动交流时，教师需要尊重学生和家长的隐私，并保护他们的个人信息。他们应该与学校建立良好的合作关系，并遵守相关的法律和规定。

在艺术教育中，学前儿童家访和互动交流是一项有助于教师了解学生兴趣、需求和潜力的重要任务。通过有效地进行家访，教师可以更好地设计个性化的教育方案，并为学生提供更具挑战性和有意义的艺术体验。因此，教师应该保持积极态度、倾听并提问、鼓励表达，并与家长建立合作关系，以促进儿童在艺术领域的全面发展。

第四节 学前儿童艺术教育的评估与反思

一、学前儿童艺术教育评估的重要性

（一）了解学习结果

学前阶段是关键的发展时期，对于孩子们来说，艺术教育在培养他们的创造力、情感表达和认知能力方面起着至关重要的作用。然而，如何评估学前儿童艺术教育的效果并了解他们的学习结果成为一个重要而值得探讨的问题。通过有效的评估方法能够帮助了解儿童在艺术教育中取得的进展，并进一步改进教育方法和课程设计。

（1）通过学前儿童艺术教育评估可以帮助我们了解孩子们在不同艺术领域

中的发展情况。例如，在绘画方面，可以观察他们使用颜色、线条和形状等元素进行表达以及描绘对象是否具有逼真感。又如，在音乐方面，可以听到孩子们演奏乐器或唱歌时所表现出来的节奏感和音准是否准确。这些观察和评估过程能够提供有关孩子们在艺术领域中技能和表现的信息，帮助了解他们的学习成果。

（2）学前儿童艺术教育评估还可以帮助我们发现孩子们在艺术创作过程中的问题和挑战。通过细致观察和记录孩子们的表现，可以发现他们可能面临的困难，并寻找适当的方法来解决这些问题。比如，如果一个孩子在绘画时经常出现线条不稳定或者色彩运用不当等问题，那么教育者可以提供相应的指导来改进他们的技巧和创作能力。通过及时发现和解决这些问题，能够更好地支持儿童在艺术领域中的学习。

（3）通过学前儿童艺术教育评估还可以了解孩子们对于不同形式艺术作品产生的情感反应以及理解程度。例如，在观看一幅画或听一首音乐时，可以询问孩子对作品所传达的意境或情感是否有深刻体会，并根据其回答进行评估。这样做有助于了解他们对于不同形式艺术作品的欣赏程度以及对艺术作品产生情感反应的能力。通过评估孩子们在这方面的发展，可以为他们提供更加贴切和有针对性的艺术教育。

通过学前儿童艺术教育评估，能够全面了解孩子们在不同艺术领域中的学习结果和发展情况。这种评估方法帮助发现孩子们在艺术创作过程中可能遇到的问题，并提供相应指导来促进他们技能和表现水平的提高。此外，通过了解孩子们对于不同形式艺术作品产生的情感反应以及理解程度，可以为他们提供更加贴切和有针对性的艺术教育。因此，在学前儿童阶段进行有效而系统化的艺术教育评估是至关重要且值得深入研究与推广使用的。

（二）发现个体差异

每个孩子都有独特的兴趣、天赋和发展速度。通过评估可以帮助识别出每个孩子在艺术领域中可能存在的弱点或优势，并针对性地提供指导措施。学前儿童艺术教育评估是一种有效的方法，用于了解和发现每个孩子在艺术领域中的差异。这种评估可以帮助教育者更好地了解他们所面对的学生，并为他们提供适当的指导和支持。

（1）通过评估能够发现不同儿童之间在艺术方面存在的差异。一些孩子可能表现出对音乐、绘画或舞蹈等特定形式艺术活动具有较高兴趣和天赋，而另一些孩子则可能对戏剧、雕塑或摄影等其他形式更感兴趣。通过了解每个孩子在不同艺术领域中表现出来的偏好和潜力，以便为他们提供相应领域的专门指导，从而极大程度地发挥他们潜力。

（2）通过评估还可以帮助我们找到每个孩子在艺术领域中可能存在的弱点或挑战。有些孩子可能在表达自己的想法和情感方面遇到困难，而另一些孩子可能缺乏创造力或想象力。通过了解这些弱点，教师可以针对性地提供指导和支持，帮助他们克服困难并发展相关的技能。

（3）评估还有助于识别每个孩子艺术发展的速度。一些孩子可能在短时间内取得快速进步，而另一些孩子则需要更长时间来掌握特定的技能。通过了解每个孩子的发展速度，教育者可以为他们制订合适的学习计划和目标，并提供相应程度上的挑战和支持。

（4）在评估过程中也可以发现潜在因素会对儿童艺术兴趣与天赋产生影响。这包括家庭背景、环境因素以及个人经历等。通过了解这些因素是如何影响儿童艺术表现的，教师能够更加全面地理解每个学生所处环境对其艺术兴趣与天赋产生的作用，并为他们提供更加适当的支持和指导。

（三）指导教学

评估结果可以为教师提供数据支持，以便他们更好地了解学生的需求，并相应地调整和优化艺术课程。同时，评估还可以帮助教师发现自身的教学方法是否有效，并在需要时进行改进。

（1）通过对学前儿童进行综合评估，可以更好地了解他们的兴趣、技能水平和发展阶段。这种了解有助于教师为每个孩子制订适合其个体差异的课程计划。例如，在绘画方面有天赋但在音乐方面较弱的孩子可能需要不同于其他孩子的指导和支持。评估结果可以提供有关每个儿童独特需求的信息，并支持针对性地调整教学内容和方法。

（2）评估结果可以帮助教师发现自己的教学方法是否有效，并在需要时进行改进。通过定期评估学生的学习成果和反馈，教师可以了解他们的教学效果。例如，如果一个艺术课程中很多孩子都没有达到预期的创造性表达水平，那么可能存在着一些问题或挑战需要解决。评估结果可以揭示这些问题并指导教师调整课程内容、引入新的教学策略或提供额外支持。

（3）通过评估还可以为家长提供他们孩子在艺术领域方面的表现情况和发展进展。这种信息有助于家长了解孩子在艺术领域中的兴趣和潜力，并能够更好地支持他们在家庭环境中进行相关活动。评估结果也可以作为与其他专业人士如心理专家、艺术导师等交流合作的基础。

综上所述，通过对学前儿童艺术教育进行评估能够为教师提供数据支持以更好地满足不同学生需求并优化课程。同时，在了解自身效果的基础上，教师可以灵活调整教学方法以提供更好的艺术教育。通过评估结果，还能够为家长提供孩子在艺术领域的发展情况和支持建议。因此，通过学前儿童艺术教育评估来指导教学，是一种有效且必要的方法。

（四）提高家长参与度

学前儿童艺术教育在培养孩子的创造力、想象力和表达能力方面发挥着重要作用。通过学前儿童艺术教育评估，可以向家长展示孩子在艺术领域中的表现，从而激发他们对孩子学习成果的兴趣和关注。这种评估不仅可以促进家校合作，还有助于增强家长对孩子全面发展的重视。

（1）通过学前儿童艺术教育评估向家长展示孩子在艺术领域中的表现是非常重要的。艺术教育可以帮助孩子培养绘画、音乐、舞蹈等各种形式的创造性技能。当我们提供一个机会让家长观看孩子参与各种艺术活动并展示他们所取得的成果时，将使得家长更容易被吸引并关注到这一方面。

（2）评估可以激发家长对孩子学习成果的兴趣和关注。当我们向家长呈现他们自己眼中令人欢喜而又惊讶的作品时，他们会对孩子的表现感到自豪和鼓励。这种积极的反馈将激发家长更大程度地关注孩子在艺术领域的学习成果，进而促使他们更积极地参与到孩子的学习过程中。

（3）通过学前儿童艺术教育评估，家校合作得以增强。评估结果可以为家长提供有关孩子在艺术方面所需支持和帮助的信息。家长可以根据评估结果了解到自己孩子在哪些方面表现出色，在哪些方面还需要进一步加强。这样一来，教师和家长之间就能够更好地协作，共同为孩子提供适当的支持和资源。

（4）学前儿童艺术教育评估也有助于增强家长对全面发展的重视。通过观察、记录和评价孩子在艺术领域中的表现，向家长展示了他们在此领域所达成的成就，并使之认识到这种全面发展对于孩子未来成功至关重要。

通过学前儿童艺术教育评估可以通过向家长展示孩子在艺术领域中的表现，评估可以激发他们对孩子学习成果的兴趣和关注，从而增强家校合作。这种评估不仅有助于提高家长对孩子的关注度，还能够为提供适当支持和资源的家庭教育奠定坚实基础。

二、学前儿童艺术教育评估的方式

在现代教育学中,如何评估学前儿童艺术教育的效果成为一个关键问题。随着对儿童发展的深入研究和对综合能力的重视,学前儿童艺术教育逐渐被认为是培养孩子全面发展必不可少的一部分。然而,由于其独特性和主观性质,评估学前儿童艺术教育的效果变得复杂且具有挑战性。

学前儿童艺术教育与传统的知识传授不同,更注重培养儿童创造力、想象力和表达能力。这种类型的教育强调通过自由探索、互动和感知来激发孩子们对音乐、绘画、舞蹈等艺术形式的兴趣。因此,在评估这样一种主观体验类别时,并不能仅仅依赖于传统测量工具或标准化测试。

另外一个困难是根据年龄段确定评估指标。由于不同年龄段的孩子在认知和情感方面存在差异,相应地,他们对艺术教育的需求和表现也不同。例如,对于幼儿园阶段的孩子来说,他们更多地关注于感知、模仿和表达,而在学龄前阶段,儿童开始形成自己独特的思维方式,并逐渐培养起创造性思维和批判性思维能力。因此,在评估学前儿童艺术教育过程中,需要根据不同年龄段的特点来确定合适的评估指标。

(一)定量评估方法

(1)知识与技能测试:通过测试孩子们对于绘画、音乐和舞蹈等方面的知识和技能,以了解他们在这些领域的掌握程度。

(2)观察记录法:采用观察记录法来观察孩子们在进行各种艺术活动时的表现,包括他们的参与度、创造力、表达能力等方面。

(二)定性评估方法

(1)个案研究法:通过个案研究来深入了解每个孩子在接受艺术教育后所发生的变化,并以此为依据进行评价。

(2)访谈法:与家长和老师进行访谈,了解他们对于孩子在艺术教育中的变化和发展的观察和评价。

(三)综合评估方法

(1)综合测评:将定量和定性评估方法相结合,通过综合测评来全面了解学前儿童在艺术教育方面的发展情况。

(2)教师评估:教师通过观察、记录和反思,对学生的艺术表现进行综合性评价，并提出针对性建议。

（四）技术手段辅助评估

（1）视频录像：利用摄像设备记录下孩子们参与艺术活动的情况，以便后期回放分析。

（2）数字工具：利用数字工具设计交互式课程或游戏，让孩子们在参与中学习，并通过数据分析来进行学习效果的测量。

（五）自我评估方法

学前儿童的艺术创作是他们探索世界和表达自己的重要方式之一。为了展示他们在视觉艺术、音乐、舞蹈等方面的成就，学前教育机构通常会要求家长和教师帮助孩子制作一份精美的艺术作品集。

1. 确定内容

首先，需要确定将哪些内容包括在内。除了孩子们的绘画、手工制作和雕塑之外，还可以考虑包含照片、音乐录音以及舞蹈视频等多种形式的艺术表现。不仅仅是完成品本身，也应该记录下孩子的创意、思维过程以及背后的故事。

2. 给予每个项目适当描述

为每个项目提供一个简短但有力的描述是非常重要的。这样能够让阅读者更好地理解这幅画或手工制品所传达出来的信息和感情。使用生动形象且具体明确的语言描述，例如颜色、材料和主题等，可以帮助读者更好地欣赏每个艺术品的独特之处。

3. 展示孩子的创造力

在制作学前儿童艺术作品集时，应该突出展示孩子们的创造力和想象力。通过描述他们选择画什么、为何使用特定材料以及描绘画面中所包含的故事或情感等方面，读者能够更好地了解到孩子们在艺术创作上所做出的努力。

4. 使用简单易懂的语言

考虑到读者通常是家长和教育工作者，应该尽量使用简单易懂且贴近日常生活用语的文字来撰写。避免使用过于专业或难理解的词汇，并保持句子结构简洁明了。这样有助于确保信息传达清晰直接。

5. 考虑篇幅与排版

由于学前儿童艺术作品集通常会被制成书籍或以文件形式呈现，因此需要考虑篇幅与排版。确保每个项目都被适当展示，并合理安排文字与图片之间的比例关系。可以使用标题、副标题和章节分隔来提升文档的可读性。

6. 添加反思与亲笔签名

在学前儿童艺术作品集的结尾，可以添加一篇关于孩子们的创作感悟和成长心得的反思文章。家长和老师可以帮助孩子们撰写这篇文章，并在最后附上孩子们的亲笔签名，以表达他们对自己作品集的自豪之情。

通过有效制作学前儿童艺术作品集，展示孩子们在创造力、想象力和表达能力等方面所取得的进步。准确地描述每个项目并突出其独特之处，同时使用简单易懂且富有感染力的语言，将有助于读者更好地欣赏和理解这些可爱而珍贵的艺术作品。

三、学前儿童艺术教育反思

（一）教学目标

反思是一个持续不断进行的过程，在每次反思中教师需要审视自己所设定的教学目标是否恰当，并根据实际情况进行调整。只有明确的教学目标才能更好地指导我们对于孩子艺术能力培养工作。

在开始任何一个课程或项目之前，必须首先明确想要达到什么样的目标。对于学前儿童艺术教育而言，最基本的目标是培养幼儿对各种形式艺术作品（如音乐、绘画、手工等）的兴趣，并激发他们自由表达自己感受与创造力。

制定目标只是一个起点，真正重要的是对教学目标进行反思。这意味着需要不断评估和调整所设定的目标是否合理并且是否有效。以下是几个关键问题，可以帮助进行教学目标反思。

1. 是否符合幼儿个体需求？

每个孩子都有不同的兴趣和天赋，因此，在制定教学目标时必须考虑到每个孩子的独特需求。有些孩子可能对绘画更感兴趣，而其他孩子则对音乐或舞蹈更感兴趣。因此，在课程设计中应该给予他们选择与多样性，并确保他们参与到自己感兴趣的艺术形式中。

2. 是否符合年龄发展阶段？

幼儿的认知和运动能力在不同年龄阶段有所不同。因此，在制定教学目标时，需要确保目标与幼儿的年龄相适应。比如，在3—4岁阶段，可以通过提供简单且具体的创作任务来培养他们的想象力和手眼协调能力。而在5—6岁阶段，则可以引导他们进行更复杂的艺术表达，并向他们介绍一些基本技巧。

3. 是否能够激发幼儿主动性？

教育应该是以幼儿为中心，鼓励他们主动参与学习过程。因此，在反思教学目标时，需要考虑到如何激发幼儿自我表达和创造的欲望。为了实现这一点，可以提供一些启示性问题或情境，并鼓励幼儿用自己独特的方式回答或表达。

通过反思教学目标，可以更好地指导学前儿童艺术教育，并帮助孩子们培养对美感、创造力和艺术技能的兴趣。在明确目标的基础上，应该关注个体需求、年龄发展阶段和激发幼儿主动性等因素，以确保教育目标的合理性和有效性。只有这样，才能真正实现学前儿童艺术教育的价值和意义。

（二）教学方法

通过反思可以发现自己在教学过程中可能存在的问题与不足之处。比如，在某些案例中可能会发现某些方法并未有效地激发孩子们对于艺术创造性活动之兴趣，并据此做出改进。

为了确保艺术课程的质量和效果，首先需要反思当前使用的教学方法，并寻找改进之处。

（1）在进行反思教学方法时，应该考虑到孩子们的发展特点和需求。幼儿时期是孩子们认知、情感和身体发展最快速的阶段之一。因此，在设计课程内容时，应该选择符合他们年龄特点的主题和素材，并采用互动、参与性强的方式来引导他们参与到艺术活动中去。

（2）反思教学方法也涉及课堂组织和师生互动方式。传统上，艺术课堂往往由教师主导，而孩子们被动接受指导。然而，这种方式可能限制了孩子们的创造力和自主性发展。因此，在进行艺术教育时，应该倡导让孩子们成为课堂的主人，并鼓励他们通过合作、探索来实现自己的创意。

（3）在评估学前儿童艺术教育效果时，需要反思当前使用的评价方法是否能够全面地衡量孩子们在艺术活动中所获得的收益。传统上，以作品为依据进行评价是常见做法。然而，在这种方式下容易忽略探索过程、表达能力等非作品方面的发展。因此，在进行评价时应该多角度观察学生在绘画、音乐等活动中所体现出来的理解和表达能力。

通过对学前儿童艺术教育中使用的教学方法进行反思，可以更好地理解如何提高艺术课程的质量和效果。通过关注孩子们的发展特点和需求、选择适合他们的教具和材料、倡导互动性强的教学方式以及多角度评价学生的表现，可以培养出更有创造力、自信心和表达能力的学前儿童。

总结起来，在进行学前儿童艺术教育时，应该不断反思当前使用的教学方法，并寻找改进之处。只有通过不断的改进与创新，才能够提高艺术课程在学前阶段对于儿童全面发展的质量和效果。

(三) 效果验证

通过定期检查和分析实施课程的效果，我们能够了解到教学是否达到预期目标，从而根据实际情况进行调整和改进。

1. 选择适当的评估方法

一旦目标被设定好，接下来就是选择适当的评估方法。这些方法应该能够全面评估学前儿童在艺术教育中所取得的进展。以下是一些常见且有效的评估方法：

（1）观察记录：教师可以通过观察幼儿在课堂上表现出来的技能和知识来进行记录。这种方法可以提供详细而具体的信息，并帮助教师了解每个幼儿在不同方面所取得的进步。

（2）干预测试：这种测试可以用于测量幼儿在特定领域（如色彩理解或创造力）上所掌握的知识水平。通过与事先设定好的标准进行比较，我们可以更准确地了解幼儿是否达到了预期目标。

（3）反馈问卷：通过向家长发送反馈问卷，可以了解他们对幼儿在艺术课程中的表现有何评价。这些问卷可以提供有关幼儿兴趣和动力等方面的信息，同时也为教师提供了改进课程的建议。

2. 分析结果并进行调整

收集到评估数据后对结果进行分析。比较每个幼儿在不同方面的表现，以及他们是否达到了预期目标。通过这种方式能够确定哪些方面需要改进，并制定相应的调整措施。

例如，如果发现大多数幼儿在色彩理解上出现困难，则教师可以增加与色彩相关的活动和练习来帮助他们加强这一领域的能力。此外，在收集到家长反馈后，教师还可以考虑是否需要改变课程内容或者采取其他策略来增加幼儿对艺术学习的兴趣。

选择适当的评估方法是确保有效教学并满足幼儿需求的关键。只有通过持续的评估和改进，才能提供高质量的艺术教育给学前儿童，帮助他们实现潜力并培养艺术素养。

(四) 反馈机制

建立有效的反馈机制是反思的重要组成部分。通过及时给予儿童和家长对于孩子在艺术领域中表现的评价与鼓励，能够激发他们继续投入艺术创作并不断提升自己。

（1）了解每个孩子独特的需求和兴趣是建立有效反馈机制的关键。每个孩子都有自己独特的才能和潜力，在不同阶段可能会展现出不同程度的兴趣和能力。因此，教师需要倾听并观察每个孩子在艺术领域中所展示出来的兴趣、天赋和进步。这种了解可以通过与孩子进行频繁而深入的互动来实现，例如观察其作品、聆听他们对作品背后想法及意图进行描述等。

（2）在给予反馈时，要注重积极评价以及具体指导。积极评价是指给予孩子肯定和鼓励，以增强他们对自己能力的自信心。例如，当孩子完成一幅画时，教师可以表达对其用色、构图或想象力等方面的赞赏，并引导孩子思考如何进一步发展和提升这些技巧。同时，具体指导是指提供明确的建议和反馈，帮助孩子认识到改进和发展的机会。通过向学生解释他们在艺术作品中哪些方面已经做得很好以及哪些方面可以改进并提供具体建议，使得学生能够更好地理解自身优势与不足之处。

（3）在学前儿童艺术教育中与家长的沟通也至关重要。家长是孩子成长过程中最重要的支持者之一，并扮演关键性角色来推动孩子在艺术领域中不断成长与发展。因此，在给予反馈时，教师应该及时与家长进行沟通并分享孩子在课堂上所取得的进步以及需要加强的地方。这样做有助于建立一个紧密合作而积极支持儿童发展的教育生态系统。

（4）在学前儿童艺术教育中，及时反馈是关键。孩子们需要在创作和表演过程中得到实时的反馈，以便他们能够及早纠正错误、改进技巧并提高表现水平。这可以通过一对一的评估、小组讨论或集体展示等形式实现。另外，儿童还应该被鼓励参与自我评估，并学会从他人的反馈中汲取经验和启发。

本章小结

本章重点关注学前儿童艺术教育的教学策略、组织管理、评价指导以及反思。这里提出了有效的学前儿童艺术教学策略和方法,如启发式和探索性活动、观察和模仿等。同时,重视艺术教育的组织与管理,包括明确教育活动的目标和内容,注重灵活性和生成性,建立秩序和纪律,鼓励合作和互动,提供合适的资源和材料。此外,本章还探讨了艺术作品的评价和指导的途径及方法,以及学前儿童艺术教育的评估与反思。本章的探讨是为学前儿童艺术教育提供理论依据和实践指导,助力提高儿童艺术素养,促进其全面发展。

思考题

1. 如何将培养创造力、促进表达能力和发展审美意识融入学前儿童艺术教学策略中?
2. 启发式和探索性活动在学前儿童艺术教育中如何发挥作用?
3. 如何通过组织和管理提高学前儿童艺术教育的效果?
4. 如何制定明确而一致的规则,鼓励合作和互动?
5. 家庭参与在艺术作品评价和指导中如何发挥重要作用?
6. 学前儿童艺术教育评估的方式有哪些?如何选择适合的评估方法?
7. 如何通过反思提高学前儿童艺术教育的教学质量?
8. 跨领域整合在学前儿童艺术教育评估中如何实现?

结 语

学前艺术教育是一种以儿童为中心的教育模式，旨在通过艺术体验和创造力培养孩子们的全面发展。

从研究来看，近年来，随着对儿童教育重视程度的提高和社会经济发展的推动，中国学前艺术教育研究也取得了显著进步。

首先，中国学前艺术教育研究存在一些问题。当前，大部分研究还停留在理论框架层面上，并缺乏实践性、创新性和深度分析。此外，现有的研究主要集中在专业领域内，并缺乏跨学科交叉融合与综合应用。

其次，在未来的发展中，中国学前艺术教育研究需要加强实证性、应用性和深度化。具体而言，在方法论上需要运用多元化方法进行数据收集与分析；在内容上需要关注儿童个体差异、社会文化背景等因素对学前艺术教育影响的研究；在实践上需要将研究成果与教育现实相结合，提出可操作性的教学策略和方法。

再次，中国学前艺术教育研究还应该加强国际交流与合作。通过与国外相关机构及专家的交流合作，借鉴他国先进经验和理念，促进中国学前艺术教育研究的发展。同时，也可以通过对比不同文化背景下的学前艺术教育模式和效果进行研究，探索适合中国儿童特点和需求的学前艺术教育模式。

从次，在政策支持方面也需要加大力度。政府部门应加大对学前艺术教育研究项目的资金投入，并将相关课程纳入师范生培养计划中。此外，在制定学前艺术教育政策时要注意均衡发展、培养多元化人才等方面。

最后，中国学前艺术教育研究还需要注重实践普及与推广。只有将优秀研究成果转化为具体实践行动，才能真正促进学前艺术教育的普及和提高。在此过程中，各级教育部门可以通过组织培训、举办研讨会等形式，将研究成果传递给广大的学前教育工作者。

中国学前艺术教育研究在未来的发展中需要加强实证性、应用性和深度化，加强国际交流与合作，并得到政策支持。只有如此，才能更好地满足中国儿童的学前艺术教育需求，为其全面发展奠定坚实基础。

从实践来看，随着中国经济的快速发展和社会进步，学前艺术教育在中国得到了越来越多的关注和重视。

首先，目前中国家庭对于学前阶段孩子的艺术教育普及程度较低。许多家长在选择幼儿园时更加注重知识性科目如数理化等领域，而忽略了对艺术素养和审美能力的培养。因此，在未来，有必要加强对家长们关于学前艺术教育重要性的宣传和认识，并提供相关培训和指导。

其次，当前我国很多幼儿园缺乏专业化、系统化、个性化的学前艺术教育方案。很多幼儿园只是通过简单地进行一些手工活动或绘画来满足孩子们对于创造力和想象力的需求，并没有真正引导他们去探索、表达内心世界。因此，在未来，需要建立一套科学、有效的学前艺术教育课程体系，提供更加丰富多样的艺术活动和表现形式，以促进孩子们的全面发展。

再次，学前艺术教育需要与现代科技手段相结合。在数字化时代，应该充分利用互联网和新媒体等工具，在保持传统艺术教育特色的同时，创新教学方式和方法。例如，通过在线课堂、虚拟实境等技术手段来增强互动性和趣味性，并将传统文化与现代科技有机结合起来。

从次，在未来学前艺术教育中应当注重培养孩子们创造力和审美能力。创造力是人类文明进步的源泉之一。通过培养孩子们独立思考、勇于尝试、善于创新的能力，可以激发他们对于未知世界的好奇心，并为其日后终身学习打下坚实基础。

最后，同样重要的是政府部门在推动学前艺术教育方面发挥积极作用。政府可以出台相关政策措施，并加大资金投入，支持学前艺术教育的发展。同时，建立相关机构和专业团队，提供培训、评估和指导服务，并加强与学校、家庭等各方面合作。

学前艺术教育在中国的未来发展有着广阔的空间和潜力。通过加强家长宣传引导、提供专业化教育方案、结合现代科技手段、注重培养创造力与审美能力以及政府部门的积极推动，可以期待在未来看到更多优秀的学前艺术教育实践案例。

从政策来看，中国政府对学前艺术教育的政策趋势可以从多个方面来分析。首先，政府逐渐加大对学前艺术教育的投入力度。在财政支持上，各级政府不断增加对学前艺术教育的拨款，并在国家层面制定相关资助政策和项目，以确保幼儿园和学前艺术教育机构能够提供优质、普惠、可持续发展的服务。为了推动学前艺术教育水平提升，中国政府还积极鼓励引进国际先进经验和理念，并开展与其他国家之间的交流合作。这不仅有助于提高我国早期艺术教育师资队伍水平，也为幼儿创造更广阔、更多元化的发展环境。

其次，中国学前艺术教育政府政策注重培养专业化师资队伍。在2015年颁布实施《中小幼儿园（班）园长培训实施意见》后，政府将幼儿园教育纳入专业化培训体系，要求园长和幼儿园教师具备相关艺术教育背景知识和专业技能，并通过考核评估提升其教育水平。这项政策的实施对于提高学前艺术教育的质量和水平具有重要意义。同时，政府还鼓励高校增设学前艺术教育等相关专业，并通过各种渠道提供奖助金、激励措施吸引更多优秀人才从事学前艺术教育事业。

再次，中国政府致力于构建全面发展的评价体系。在过去，传统观念中评价主要侧重于幼儿记忆能力、认知水平等方面，而对其创造性、审美情感等方面的评价相对较少。然而，在新的时代背景下，培养创造力和审美情感已成为社会需求和国家发展所迫切需要解决的问题之一。为此，在学前艺术教育领域中逐渐推行以绘画、音乐、舞蹈、戏剧等为核心的综合评价体系，倡导多元化的评价方式，将幼儿个体特长和潜能纳入考量范畴。

最后，中国政府注重提升学前艺术教育与其他学科的融合度。在新修订的《学前教育指导纲要》中明确提出，幼儿园应该以艺术为基础，注重整合语言、数学、科学等各个领域的知识和技能，并通过跨学科融合培养幼儿兴趣和创造力。这种融合模式有助于丰富幼儿园教育内容，扩大幼儿知识面，并促进其多元智能发展。

在中国政府对学前艺术教育政策趋势的推动下，我国早期艺术教育呈现出日益发展壮大的态势。通过加大财力投入、引进国际先进经验、培养专业化师资队伍、构建全面评价体系以及与其他学科进行融合等措施，在保证公平普及基础上促进了我国早期艺术教育的质量和水平提升。相信随着政府政策的不断完善和实施，中国学前艺术教育将继续为培养具有创造力、审美情感和文化素养的新一代人才做出更大贡献。

从全球来看，随着对幼儿早期教育重要性的认识不断提高，学前艺术教育也逐渐受到国际上的关注与研究。

国际上对学前艺术教育研究日益重视。随着科技进步和全球化趋势加剧，各个国家都开始关注幼儿早期发展以及其对整个社会发展的影响。因此，在全球范围内出现了越来越多针对幼儿早期阶段进行艺术教育研究的机构和项目。这些研究不仅涉及不同年龄段儿童，还包括了多种不同形式和内容的艺术活动。当然，在国际上开展学前艺术教育研究还面临一些挑战。首先，是研究方法的选择和适应性问题。由于每个国家和地区的教育背景、文化传统以及法律规定不同，对学前艺术教育研究方法的选择会有一定的限制。因此，在开展国际合作研究时需要充分考虑到这些差异，并寻求灵活性和有效性并存的方法。

其次，另一个挑战是关于学前艺术教育影响因素的多样性。幼儿早期发展受到许多内外部因素影响，如家庭环境、社会文化背景等。这使得学前艺术教育研究需要综合考虑各种因素，并在不同国家之间进行比较时要注意结果是否可靠。

最后，跨文化交流也是当前学前艺术教育研究面临的问题之一。尽管各个国家都认识到了学前艺术教育对幼儿早期发展的重要性，但由于文化差异等原因，各国在具体实施方案上存在着很大差异。因此，在推广和应用其他国家或地区成功经验时需谨慎并充分考虑文化适应性。

综上所述，学前艺术教育研究的国际展望尽管面临着诸多挑战，但随着各国对幼儿早期发展的重视和对学前艺术教育的认知逐渐提高，这一领域未来发展仍然具有广阔的空间。通过加强国际合作研究、针对各种不同影响因素进行深入探讨以及促进跨文化交流，可以进一步推动学前艺术教育在全球范围内得到更好的实施和发展。

余 论

　　2015年，国务院办公厅发布了《国务院办公厅关于全面加强和改进学校美育工作的意见》的文件。强调要"按照国家中长期教育改革和发展规划纲要（2010—2020年）要求，把培育和践行社会主义核心价值观融入学校美育全过程，根植中华优秀传统文化深厚土壤，汲取人类文明优秀成果，引领学生树立正确的审美观念、陶冶高尚的道德情操、培育深厚的民族情感、激发想象力和创新意识、拥有开阔的眼光和宽广的胸怀，培养造就德智体美全面发展的社会主义建设者和接班人"[1]。2020年，中共中央办公厅、国务院办公厅印发了《关于全面加强和改进新时代学校美育工作的意见》中进一步强调，要"弘扬中华美育精神，以美育人、以美化人、以美培元，把美育纳入各级各类学校人才培养全过程，贯穿学校教育各学段""将学校美育作为立德树人的重要载体，坚持弘扬社会主义核心价值观，强化中华优秀传统文化、革命文化、社会主义先进文化教育，引领学生树立正确的历史观、民族观、国家观、文化观，陶冶高尚情操，塑造美好心灵，增强文化自信"。[2]学前儿童艺术教育作为学校美育系统中的组成部分，有必要积极投入我国学校美育系统工程中，积极从中华优秀传统文化中汲取营养，将中华美育精神融入生命早期教育，让中国儿童在博大的中华文化浸润中茁壮成长。

1　国务院办公厅关于全面加强和改进学校美育工作的意见 [EB/OL]. （2015—09—28）[2023—12—24].https://www.gov.cn/zhengce/content/2015—09/28/content_10196.htm.
2　中共中央办公厅 国务院办公厅印发《关于全面加强和改进新时代学校美育工作的意见》[EB/OL]. （2020—10—15）[2023—12—24].https://www.gov.cn/gongbao/content/2020/content_5554511.htm.

1. 在学前阶段进行艺术教育，可以帮助学前儿童更好地了解、认识和传承中华优秀传统文化。

通过学前艺术教育，幼儿可以接触到丰富多样的传统艺术形式，如传统音乐、舞蹈、戏剧、书画和丰富多彩的民间工艺等。各种民俗活动、节庆活动为学前儿童学习传统艺术创造良好的契机，在相应活动期间开展中国传统艺术的学习，可以激发幼儿对这些艺术形式产生兴趣，为培养他们对中华优秀传统文化的认同感埋下一颗种子。

2. 学前儿童艺术教育可以教授给孩子们传统艺术初步的技能和知识，如利用毛笔等传统书写和绘画工具尝试进行书法和绘画的创作，通过对传统乐器的接触，学习中国传统舞蹈动作等。

这些技能和知识的学习体验，有助于儿童形成对这些民间艺术形式的初步感知，在日后的成长过程中继续深入了解和传承传统文化。

中国书画作为中华文化的瑰宝，具有悠久的历史和丰富的内涵。中国书画融合了绘画、书法和诗歌等多种艺术形式，形成了独特的审美风格和表现手法。这种艺术形式不仅影响了东亚地区的绘画发展，还对世界美术史产生了重要影响。中国书画承载了丰富的历史、哲学、道德等文化内涵，通过细腻的笔墨和深厚的意境，传达了中华民族的精神追求和文化价值观。幼儿从能够用拇指和食指捏住笔，并用中指支撑配合下，形成对笔的控制开始，很快就进入一个涂鸦的阶段。儿童的涂鸦行为，从发现痕迹到画出封闭的图形，再到赋予图形具体的意义、"创造完整的图像"，最后到"创造真实的图像"，就是从线到面，再从面到体的发展。学前儿童的大部分自发性绘画，都是以线作为主要的造型手段。尤其是中国书画"线造型"的特点，对学前儿童艺术学习而言具有独特的优势。中国的汉字从象形文字发展而来，特别是在一些早期石刻艺术（如贺兰山岩画等）中，一些符号化程度很高的图形就像儿童艺术，看起来既像简洁的图画，又像图像化的文字符号。学前儿童学习中国书法和绘画，高度契合他们的艺术本能，容易引发学习和创造的兴趣。此外，中国地大物博，拥有丰富多彩的民间艺术，它们作为民间创作的智慧结晶，具有极高的艺术价值和文化意义。中国民间艺术种类繁多，各地区有各地区的特色，如剪纸、扎染、泥塑、面塑、糖画、布艺、木版年画等。这些民间艺术大部分与生活、民俗等密切相关，在生活中随处可见，成为鲜明的"中国色彩"和"中国图像"。幼儿通过对中国民间艺术的学习，不仅可以锻炼手脑协调性，还可以将学习与生活密切联系起来，激发动手制作的兴趣，体验制作带来的快乐，并在动手制作的过程中体会精益求精带来的积极反馈，进而培养"精加工细制作"的精神。

学前儿童可以学习中国的传统音乐，如民歌、童谣以及民族乐器。常见的民族乐器有二胡、古筝、笛子、琵琶等。学习传统音乐可以培养儿童的音感、节奏感和对音乐的热爱，建立起对中国传统音乐表现形式和审美特点的初步感知。学前儿童通过制作简易的民族乐器，激发动手和创造能力的同时，可以更好地引发对民族音乐的兴趣，引导他们走进民族音乐。传统乐器的学习，其所具有的独特音色和表现力，又进一步激发学前儿童的学习兴趣，使学前儿童对民乐的学习形成一个良性的循环。通过欣赏民族音乐，让幼儿感受到民族音乐独特的调式、表现特点及音色，了解到我国作为一个历史悠久的多民族统一的国家灿烂丰富、瑰丽多彩的音乐世界。

学前儿童可以通过观看和参与传统戏剧表演，如皮影戏、木偶戏、布袋戏等，了解和体验中国传统戏剧的表现形式和故事内容。此外，还可以学习一些简单的京剧、川剧、粤剧等地方戏曲表演技巧，如脸谱、唱腔等。

3. 学前艺术教育可以帮助儿童建立起对美的认识和评价标准，从而塑造他们的审美观念。

在学前阶段接触到中华优秀传统文化的美学观念，有助于儿童形成独特的审美视角，进而增强对传统文化的热爱和传承意识。

（1）中国书画的美学观念对学前儿童艺术教育的意义

"写意"是中国书画美学的重要观念之一。它主张画家在描绘自然景物时，要以心传神，表现内心的感受和情感，而非简单地模仿自然。通过写意，画家可以将自己的审美情趣、思想感悟和个性风格融入作品中，使作品具有较高的艺术价值和个性化表达。儿童的美术表现活动，尤其是自发性绘画活动，主要是在表现自己的感受、情感、所见、所想，这使儿童的绘画表现出强烈的个性特点。早期儿童绘画的造型规律，使儿童绘画表现出简洁性与意象性，这恰好与中国书画重视写意的美学观念高度契合。我们可以通过中国书画的教学，让儿童接触到不同于西方绘画重视"写实"传统的表现形式，感受到"写意"的独特趣味。

"骨法用笔"是中国书画美学的重要技法观念。骨法指的是作品的结构、形态和线条，用笔则是指笔触、笔力和笔法。学前儿童通过运用毛笔，在宣纸上进行中国书画的创作，可以体会到毛笔这种工具的独特表现力，并在表现的过程中，感受到不同笔墨痕迹带来的乐趣之余，体会到线条表现的丰富魅力，在活动过程中增强对工具的驾驭能力和对线造型活动的兴趣，为下一个阶段的学习积累宝贵的视觉经验和操作经验。

"留白"是中国书画美学的一种重要表现手法。留白体现了道家"无为而治"的哲学思想。道家主张自然而然，顺应自然规律，强调"无为"中的"有为"。在书画创作中，留白让画面保持一定的空间感和层次感，给予观者想象的余地，避免画面过于拥挤，从而符合道家的自然之道。留白体现了禅宗"空"的哲学思想。禅宗强调对"空"的领悟，认为一切皆为空，空即是色。在书画创作中，留白可以表现出画面的宁静、深远与超然，使观者在欣赏作品时能够体会到禅宗"空"的禅意。"留白"在书画中的运用体现了儒家的"中庸之道"思想。在画面布局上，留白可以使画面达到平衡和谐，符合儒家追求和谐、稳重的审美观。同时，留白也寓意着画家对事物的谦逊态度，表现了儒家敬畏天地、尊重自然的价值观。"留白"表现了画家对自然的尊重，展现了人与自然和谐共生的价值观。通过留白，画家体现了自己对自然的敬畏与谦卑，强调人应该顺应自然、尊重自然，与自然和谐共处。留白不仅是作品中的空白部分，更是一种寓意丰富的艺术象征。留白是艺术家善于利用空间的具体表现。留白使画面具有开阔感和层次感，同时也能给观众留下想象和联想的空间。留白不但使中国书画产生独特的"虚实相生"之美，还体现着中国传统哲学思想。学前儿童从小接触中国书画学习，潜移默化地感受着中国独特的审美，为塑造他们的品位奠定重要的基础。

（2）中国民间美术的美学观念对学前儿童艺术教育的意义

中国民间美术是中国传统文化的重要组成部分，其美学观念反映了人们普遍的审美观念和价值取向。

中国民间美术具有强烈的寓意性和象征性，作品中的图案、色彩和形象往往具有一定的文化内涵和象征意义。这种寓意性和象征性赋予民间美术作品丰富的内涵，使其具有独特的魅力。中国剪纸、年画等民间美术作品中，大量运用谐音等创造手法，表现出人们对美好生活的向往和追求，使民间美术表现出浓郁的"烟火气"和生生不息的强大生命力。学前儿童学习这些民间美术，可以更好地激发出对美好生活的愿望。

中国民间美术强调作品的装饰性，追求图案的美观、色彩对比强烈又和谐，线条行云流水，造型方法灵活直接。这种装饰性使得民间美术作品具有较强的视觉冲击力和审美价值。民间美术的这些特点本身就很容易吸引儿童的关注。学前儿童通过创作民间美术作品，可以反过来满足他们艺术创造的欲望，使艺术创造活动具有强烈的吸引力。

中国民间美术具有鲜明的地域特色，各地的民间美术风格各具特点，反映了不同地域的民族文化、风俗和传统。这种地域特色使得民间美术具有丰富的民族风情和艺术魅力。学前儿童通过学习中国民间美术，可以了解到我国东、西、南、北不同的地区人们的生活方式、风俗和传统，也可以看到多样而灿烂的艺术表现，这不但可以刺激幼儿的视觉感知，更能激发他们的艺术创造愿望。

中国民间美术具有强烈的社会功能性，它既是民众日常生活的装饰品，也是传承民族文化和传递社会信息的载体。在节日、庆典、婚礼等场合，民间美术发挥着调节情感、传递文化和凝聚民族精神的重要作用。学前儿童通过制作民间美术作品，可以更好地参与到各种民俗活动之中，增强他们的主体意识。

（3）中国传统音乐和中国民间音乐的美学观念对学前儿童艺术教育的意义

中国民间音乐是中华民族音乐文化的重要组成部分，其美学观念具有鲜明的民族特色和地域特点，体现了中华民族独特的审美情趣和生活哲学。

意境是中国传统音乐美学的一种重要表现手法。意境是通过音乐的抽象表现，使听者产生一种超越现实的审美体验。中国传统音乐强调通过音乐的内涵和形式，创造出独特的意境，使作品具有更高的艺术价值。

和谐是中国传统音乐美学的核心观念。在音乐创作中，和谐表现为音高、音色、节奏等各种音乐元素的协调统一。这种和谐观念源于儒家文化对和谐社会的追求，以及道家对自然和谐的领悟。通过和谐的音乐表现，中国传统音乐展现出独特的审美韵味。

音律制度是中国传统音乐美学的基础。中国古代音律制度主要包括宫、商、角、徵、羽五声音阶，以及后来发展出的十二律制度。缺少半音和三整音这类音程的显得尖锐，宫角之间形成五声调式中的大三度（小六度），只有 do re mi so la，因此让人觉得特别好听。尽管在许多国家和地区的传统音乐中都可见到五声调式，但五声调式广泛存在于中国古代和民间音乐中，并且在这个基础上形成了中国民族调式的种种变化和完整的音乐理论体系，而被称为"中国调式"或"民族调式"。像中国人民耳熟能详的《彩云追月》《平湖秋月》《二泉映月》《春江花月夜》《广陵散》《金蛇狂舞》等，都是典型的五声调式。这样的调式使中国传统音乐散发出独特的"中国韵味"，学前儿童从小欣赏中国传统音乐，品味独特的审美，对其理解中国美学奠定重要的感情和认知基础。

民间音乐紧密地与人们的生活实践相联系，它强调通过音乐表达对生活、对自然的感情和态度。民间音乐以其质朴、真挚的情感，反映了广大劳动人民对美好生活的向往和对社会现实的关注。

中国民间音乐具有鲜明的地域特色，各地的民间音乐风格各具特点，反映了不同地域的民族文化、方言、风俗等多样性，如陕北民歌《山丹丹开花红艳艳》、江苏民歌《茉莉花》、山东民歌《沂蒙山小调》、藏族民歌《唱支山歌给党听》、土家族民歌《龙船调》等，这种地域特色使得民间音乐具有丰富的民族风情和艺术魅力。

民间音乐的美学观念强调通俗易懂，使作品具有广泛的群众基础和亲和力。民间音乐以其简单明了的歌词、优美动听的旋律和富有感染力的演唱方式，深受广大民众的喜爱。如广东一带流行的传统儿歌《氹氹转》《何家公鸡何家猜》《落雨大》《月光光》《鸡公仔》等，这些用粤语方言传唱的儿歌，用通俗的方式表现出岭南人民的生活，充满亲和力和感染力，不仅是儿童艺术启蒙的绝佳学习内容，也是他们感知本土文化的鲜活材料。

民间音乐具有强烈的集体性和参与性。在民间音乐活动中，观众往往参与到演唱、舞蹈和游戏等环节中，形成一种互动的、共享的美好体验。这种集体性与参与性使得民间音乐成为民众情感交流和文化传承的重要载体。民间音乐将艺术与生活紧密结合，使音乐成为民众日常生活的一部分。在庆典、婚礼、丧葬等场合，民间音乐发挥着调节情感、传递文化和凝聚民族精神的重要作用。

（4）中国舞中蕴含的美学观念对学前儿童艺术教育的意义

中国舞是指源于中国的舞蹈艺术，它包括了丰富多样的舞蹈类型和风格，反映了中华民族悠久的历史和丰富的文化。中国舞具有鲜明的民族特色和地域性，包括古典舞蹈、民间舞蹈、民族舞蹈、群众舞蹈等。中国舞是中华民族文化的重要组成部分，其美学观念同样体现着中国独有的民族特色和审美价值。

中国舞强调通过舞蹈表现人物的情感和心境。舞者通过舞蹈动作、表情、眼神等元素，展现内心的喜怒哀乐，传达对生活、自然、人际关系的感悟。这种情感表达使得中国舞具有丰富的内涵和感染力。

中国舞注重身体的律动美感，强调动作的流畅、协调和力度。舞者通过灵活的身体运动和形态变化，展现舞蹈的动态美和节奏感。此外，中国舞还注重线条美、色彩美和动作美等方面的表现。如柔美、轻盈、流畅，通过曼妙的手臂、腰肢、脚步等展现优美身段的傣族舞蹈；力量、豪放、挺拔，舞者通过鞭子、腰带、手指等动作展现力度感和节奏感的蒙古族舞蹈；强调情感和信仰的表达，通过舞蹈动作、表情、眼神等元素，展现对自然、生活、宗教信仰的敬仰和赞美的藏族舞蹈；具有独特的民族神韵和气质，表现热情、豪放、欢快的性格特点，力量、豪放、韵律感强的维吾尔族舞蹈；以生活、劳动、战斗等为题材，表现对大自然、家乡和生活的热爱，动作挺拔、豪放、韵律感强的壮族舞蹈。学前儿童学习和欣赏这些少数民族舞蹈，可以了解到不同民族的生活方式和审美倾向，提高身体的协调性，同时又从艺术学习的视角了解到不同的民族文化。

中国舞具有较强的象征性和寓意性。舞蹈中的动作、道具、服饰等元素往往具有特定的文化内涵和象征意义，表达了某种信仰、价值观或历史故事。扇子、伞、手绢、斗笠、鼓等中国舞常见的道具，配合特定的动作和服饰，表现了独特的地域特色和文化内涵。儿童通过中国舞的学习和欣赏，亲身体验到舞蹈活动的乐趣，并通过舞蹈活动反过来促使他们了解中国舞独特的审美追求。

(5) 中国戏剧和戏曲中蕴含的美学观念对学前儿童艺术教育的意义

中国戏剧和戏曲是中华民族悠久文化传统的重要组成部分，其中蕴含着丰富的美学观念。中国戏剧和戏曲强调表现手法的象征性和符号性。在舞台表演中，道具、服饰、化妆、动作等元素都具有象征意义，通过这些符号传达角色的性格、情感和故事情节。这种符号美学使得戏剧和戏曲具有更高的艺术表现力和审美价值。这种象征性和符号性的特点，非常贴合学前儿童的思维和表现方式，让儿童，特别是学前儿童欣赏和表现起来更容易引发好奇和兴趣，丰富儿童的艺术学习体验。学习中国戏剧和戏曲可以锻炼儿童的观察能力、记忆力、想象力和创造力，有助于提高他们的综合素质和智力水平。

中国戏剧和戏曲强调情感表达和传递。表演者通过唱、念、做、打等手法，将角色的内心情感和故事情节生动地呈现给观众。这种情感美学使得戏剧和戏曲具有强烈的感染力和艺术表现力，引起观众的共鸣和共感。幼儿通过学习、体验中国戏剧和戏曲的表现手法，可以了解中国戏剧和戏曲艺术独特的情感表现方式，从而提高表达能力。

中国戏剧和戏曲注重多种艺术形式的融合，如文学、音乐、舞蹈、美术等。这种融合美学使得戏剧和戏曲成为一种综合性的艺术，具有丰富的表现手段和魅力。学习中国戏剧和戏曲可以培养学前儿童的审美能力，通过欣赏不同类型的戏剧和戏曲表演，让他们感受到戏剧艺术的美感，提高他们的审美鉴赏水平。学习中国戏剧和戏曲还可以培养儿童的团队精神和合作意识，让他们在集体表演中学会相互协作，增进友谊，提高团队协作能力。

4. 学前儿童艺术教育不仅可以传承传统文化，还可以为传统文化的创新和发展提供新的活力。

在学前阶段，儿童具有较强的好奇心和探索欲，通过艺术教育，可以激发他们的创造力和想象力，从而为传统文化的创新和发展注入新的活力。

学前儿童学习中国传统书画，可以尝试到独特工具材料所能带来的可能性，刺激探索欲望，提高创造的兴趣。儿童可以通过材料的探索，结合"借形联想"等创作方法，表现变幻莫测的水墨效果，并利用儿童的想象力，为偶然的、不确定的痕迹创造活动插上想象的翅膀，激发创意表现的灵感。通过象形文字的书写和创作，激发儿童图形创造的兴趣，为儿童的艺术创造增添一抹浓重的"中国味"。学前儿童通过泥、面、纸等适合幼儿使用的材料的加工和造型，不但体验到不同材料所需不同工艺的加工特点，还能激发儿童动手制作的兴趣，提高创意表现的兴趣。

中国舞融合了各种传统舞蹈元素，如民族舞、古典舞和戏曲舞，具有丰富的肢体语言。学前儿童在学习这些舞蹈动作的过程中，可以提高他们的动作协调能力，培养他们的创造力和想象力。中国舞强调舞者的表情和情感表达，加上中国舞表演可以配合多样化的道具，这使得学前儿童在学习舞蹈的同时，更有机会创造性地利用这些道具，通过肢体表达不同的情绪和感情能够更好地理解和传递情感，从而增强他们的艺术表现力和想象力。

中国传统戏剧融合了文学、音乐、舞蹈、美术等多种艺术形式，具有很高的综合性。学前儿童在学习传统戏剧的过程中，可以接触到各种艺术形式，从而激发他们的创造力和想象力。中国传统戏剧包含了许多经典故事，这些故事情节丰富多样，富有哲理。学前儿童通过接触这些故事，可以激发他们的想象力，为他们提供丰富的创作灵感。中国传统戏剧中有丰富的角色设定，如生、旦、净、末、丑等。学前儿童通过学习戏剧角色的扮演，可以锻炼他们的表演能力，同时培养他们的同理心和情感表达能力，提升创造力和想象力。中国传统戏剧注重舞台表现力，如化妆、服装、道具等。学前儿童通过学习这些舞台艺术，可以培养他们的审美意识和创意表达能力，提升创造力和想象力。

这里必须强调，传统的中国书画、民间美术、中国舞、传统戏剧等艺术表现形式，都有独特的"程式化"的特点，对于这些艺术表现的传承在很长一段时间内，正是因为自觉遵循这这些流传下来的"程式"而产生浓浓的"中国味"。但学前儿童学习这些传统艺术有别于"传承人"的目标追求，他们更多的是通过接触、学习和体验这些传统的艺术表现形式实现个体的自我发展。因此，对学前儿童而言，最重要的在学习传统艺术表现形式的过程中，保护幼儿的想象力和创造力，包容他们的奇思妙想（哪怕有些想法是离经叛道，甚至不同于传统的程式），在尊重儿童的自主探索和表现的基础上，引导他们认识"传统"的程式所产生的独特的艺术效果，让幼儿可以在"包容不同"的氛围下学习和体验"共同的记忆"。

学前儿童艺术教育可以帮助孩子们建立起对自己民族文化的自信。通过学习和体验中华优秀传统文化，孩子们会对自己的民族文化感到自豪，从而在心理上建立起文化自信，为今后的成长奠定坚实基础。

中国传统艺术通过传统的艺术元素和典型的艺术形式表现出来的，是千百年来历史文化的结晶，具有独特的审美特征，反映和体现了中国的哲学智慧。中国传统艺术强调"天人合一"，追求自然与人类的和谐共生。这种审美特征体现了道家"无为而治"的哲学思想。在绘画、园林、建筑等艺术形式中，都可以看到对自然、人与环境之间和谐关系的追求。中国传统艺术讲究意境，强调表现事物的内在精神。这种审美特征体现了儒家"内圣外王"的哲学观念。例如，中国画注重线条、笔墨和白描，通过留白以表现事物的神韵，让观者在欣赏作品时能产生无限遐想。中国传统艺术倡导简约、质朴的审美观念，强调"去繁从简"。这种审美特征体现了儒家"中庸之道"和道家"道法自然"的哲学思想。在陶瓷、雕刻、书法等艺术形式中，都可以看到对简约、纯粹美的追求。中国传统艺术强调对称，以求形式的稳定和谐。这种审美特征体现了儒家"礼"的观念。在建筑、绘画、雕塑等艺术形式中，对称美的运用既体现了对规则和秩序的尊重，也传达了对和谐美的追求。中国传统艺术善于运用象征手法，以寓意深刻的形象表现抽象的思想。这种审美特征体现了道家的"道可道，非常道"的哲学智慧。在绘画、剪纸、民间艺术等领域，都可以看到丰富的象征意义。中国传统艺术在传承中不断创新，强调"古为今用"。这种审美特征体现了儒家"温故而知新"的哲学观念。在书法、绘画、音乐等艺术形式中，我们可以看到艺术家在继承传统的基础上，不断推陈出新，创造出新的艺术形式和风格。这些和谐美、意境美、简约美、对称美、象征美、变革美等中国传统艺术表现出来的独特美学特征，形塑了中国人理想的精神世界，是中华文化绵延不断的重要因素。幼儿从小接触和学习中国传统艺术，对这些形式美感形成敏锐的感知，从学习体验到亲近熟悉，潜移默化地形成一种认同的情感。